쉽게 풀어 쓴

고급
영문법

개정3판

독자에게 알림

- 독자들의 이해를 돕고 설명의 장황함을 방지하기 위해서 저자가 자의적으로 명명한 어법 용어를 다수 사용했음을 알려둔다. 예를 들면 He wants to eat apples에서 명사인 apples를 목적어로 가지는 것은 준동사(부정사)인 to eat이지만 이 책에서는 저자가 독자들의 이해를 돕기 위해 타동사 eat라고 자의적으로 표현했음을 이해해주기 바란다. 또 whether to succeed or not/what to eat/where to rest와 같은 표현은 의문사+to부정사의 구조이 지만 편의상 '의문사구'라고 표현했다.

- 각 도표 안의 번호는 아래쪽 예문 번호에 해당한다.

- 특정 부분마다 간혹 지나칠 정도의 반복 문구를 사용했는데 이는 독자들의 쉬운 이해를 돕기 위해서 쓴 것이지 책의 분량을 늘리려고 의도한 바가 아님을 이해해주기 바란다

- 어법을 서로 검증할 수 있도록 '참조' 표시를 많이 하였으니 목차 순서에 상관없이 이 참조 표시를 따라 학습하면 훨씬 효과가 클 것으로 생각한다.

- 영문법의 범위가 워낙 방대한 까닭에 이 책에서 서술한 내용은 토익, 토플, 수능에서 다루는 어법 위주로 언급했다.

- 토익, 토플, 수능 수험생들을 위해 유사단어들을 1,500개 정도(유사어, 반대말 포함) 부록으로 실었으니 어휘 학습에 많은 도움이 되길 바란다

- 〈상호작용 영문법〉 유튜브 채널은 저자와 독자 여러분을 위한 소통의 장입니다. 책의 내용 중 궁금하거나 이해가 안 되는 부분이 생길 때마다 언제든지 질문해 주세요. 저자가 여러분의 어법 갈증을 말끔히 해소해 드립니다.

　강의현장에서는 아주 쉽게 설명을 할 수 있는 내용인데 좁은 지면을 할애해서 쓰기에는 너무나 어려운 과정이었다.

　강의현장에서는 학생들이 쉽게 알아듣지 못하면 이렇게도 설명을 해보고 저렇게도 설명을 해보고 융통성을 발휘할 수 있는데 한정된 지면을 통하다 보니 수험생들을 한번에 쉽게 이해시켜야 한다는 강박관념이 내내 머릿속을 떠돌았다. 그러다 보니 책을 쓰기에 상당히 어려움을 겪을 수밖에 없었다. 또한 강의현장에서는 약간의 실수는 다음번의 설명으로 용서되는 그런 '분위기'가 존재하지만 책에서 한 번의 실수는 (적어도 개정판이 나올 때까지는) '저급한 교재'라는 인식으로 이어질 수 있다는 걱정도 떨칠 수 없었다. 결국 집필을 끝내는 순간까지 스트레스를 받을 수밖에 없었다.

　매번 검토를 할 때마다 나오는 실수들 때문에 이 책을 꼭 써야만 하나 하는 생각도 했었지만 그래도 이 책을 써야만 했던 이유는 현장강의에서는 못다 나타낸 나의 어법적 수준을 전국의 수험생들에게 평가받아보고 싶은 욕망이 컸던 것 같다.

　언제 책이 나오느냐, 책이 나오긴 나오느냐고 정성 어린 의심을 했던 많은(지금은 대학생이거나 사회인이 된) 제자들에게 고맙다는 말을 전하고 싶다.

Opportunity seldom knocks twice

이종한

**제1장
가주어·가목적어**

1. 명사상당어구와 가주어(it)/진주어, 그리고 강조 구문　12
　명사상당어구　12
　가주어(it)/진주어의 유형(it+명사절)　15
　가주어(it)/진주어 구문과 강조구문의 구분 ('강조용법과 관계사' 참조)　17
2. 가주어(it)/가목적어(it)의 발생이유 → 외치(外置)　19
　가주어(it)의 표현(외치)　19
　가목적어(it)의 표현(외치)　20
3. It is+형용사+to~/It is+형용사+that~구문(외치구문)의 표현
　22
　이성적(理性的) 판단을 나타내는 형용사의 it is~that/it is~to 표현　22
　난이(難易) 형용사의 it is~to 표현　24
4. too~to~ 구문에서 so~that~ 구문으로의 전환시 유의할 점
　25
5. 주어가 가주어(it)인 경우 종속절이며 진주어절인 that절을 구
　(phrase)로 전환할 때 발생하는 두 가지 현상　26

**제2장
분사, 동명사,
부정사**

1. 절(clause)을 구(phrase)로 전환하는 2가지 방법　28
　절(clause)을 for~to를 이용해서 구(phrase)로 전환하는 방법　28
　절이 구로 전환될 때 생략되는 관계(대명)사와 생략불가능한 의문(대명)사
　30
　절(clause)을 동명사(~ing) 또는 분사(~ing/~ed)를 이용해서 구로 전환하는 방법
　33
2. it seems that~의 단문 전환　36
3. He is said to be a teacher 표현이 나오기까지('준동사의 시제/
　준동사의 완료시제 표현' 참조)　39
4. He is believed to have been rich 표현이 나오기까지('준동사의
　시제/준동사의 완료시제 표현' 참조)　40
5. 주격보어로 쓰이는 to부정사의 명사적 용법에서 to가 생략 가능
　한 경우　42
6. 분사구문의 발생 이유　43
7. 분사구문의 역추론 방법(타동사 watch를 예로 들었을 때)
　45
8. 접속사와 동사, 그리고 분사의 상관관계　47

9. 분사구문에서 접속사가 남는 이유　　　　　　49

10. 자동사의 분사/타동사의 분사　　　　　　　52

11. 동사/준동사의 구분도표 및 어법문제의 이해(타동사 kill
　을 예로 들었을 때)　　　　　　　　　　　55

12. 동명사와 ~ing형 분사의 구분　　　　　　　58

　절(clause) 속에서의 동명사, ~ing형 분사의 구분법　　**58**

　구(phrase) 속에서의 동명사, ~ing형 분사의 구분법　　**61**

13. 분사와 동사의 구분　　　　　　　　　　　62

14. 분사의 주체　　　　　　　　　　　　　　64

15. 4형식 동사(간·목+직·목)의 분사구문　　　66

16. 분사구문에서 생략되는 being　　　　　　67

17. 분사구문이 들어간 문장 해석하기　　　　69

18. 분사구(문)와 전치사구(형용사구)의 어법적 유사성　71

19. when speaking(분사)과 when to speak(부정사)의 차이

　　　　　　　　　　　　　　　　　　72

20. 통격과 동명사　　　　　　　　　　　　73

21. with가 들어간 분사구문의 표현　　　　　75

22. in order to를 표시하는 이유　　　　　　77

**제3장
동사,
조동사**

1. 상태동사와 행위동사의 구분　　　　　　　78

2. 생각하다(think/believe/imagine/suppose/guess)는 의
　미를 가진 동사의 간접의문문에서의 어순　　80

3. 불완전 자동사(become/get)의 수동태(be+p.p) 표현　83

4. 타동사의 역할을 하는 자동사+전치사(타동사구)의 표현

　　　　　　　　　　　　　　　　　　84

5. be 동사의 1형식, 2형식 표현　　　　　　86

6. 조동사와 일반동사의 역할을 겸하는 have, be　87

7. 명령문+or/and의 표현　　　　　　　　　90

**제4장
관계사**

1. 편리하게 쓰이는 관계대명사/접속사 that의 제약　92

2. 접속사 that/관계대명사 that/동격접속사 that/관계대명사
　what 의 구분　　　　　　　　　　　　　94

3. 복합관계대명사, 복합관계형용사, 복합관계부사의 이해　97

4. how/however와 who/whoever의 구분　　　102

5. 이중 관계대명사의 이해　106

6. 선행사를 포함한 관계부사와 종속접속(부)사의 표현　107

7. 생략된 접속사와 생략된 관계사의 인식　108

8. 관계(의문)대명사(who, what, which)와 관계(의문)부사
　(when, where, why, how)의 비교 ①　116

관계형용사 및 의문형용사로서의 what과 which　118

9. 유사 관계대명사의 표현　119

접속사 than과 유사관계대명사 than의 구분　120

10. 삽입절이 들어간 관계대명사절의 표현 ①　121

11. 삽입절이 들어간 관계대명사절의 표현 ②　122

12. 관계대명사와 관계부사의 비교 ②　123

제한적용법의 관계대명사/관계부사의 비교　124

계속적 용법의 관계대명사/관계부사의 비교　125

13. 소유격 관계대명사의 분석　128

소유격 관계대명사를 쉽게 인식하는 방법　129

14. which(what)와 whether의 구분　129

15. what과 whatever(whichever)의 구분　130

16. which is(that is 또는 who is)의 생략 이유　131

17. 콤마(,) 다음에 올 수 없는 관계대명사 that과 what　132

18. which(관계대명사)와 on which(전치사＋관계대명사)의
　구분　134

19. 강조용법과 관계사　135

20. 의문대명사와 관계대명사의 what　138

제5장
도치의 유형

1. 1형식 도치(부사＋동사＋주어)　139

2. 2형식도치(주격보어＋동사＋주어)　141

3. 분사(구)가 문두에 위치할 때의 도치　142

4. 가정법도치　143

5. 문두에 부정어가 올 때의 도치(부정어＋조동사＋주어)　144

6. 비교급 표현(than)과 접속사 as(~처럼)를 쓰는 문장에서의
　도치('대부정사와 대동사' 참조)　145

7. So＋V(조동사)＋S(주어) 표현에서의 도치('so＋조동사＋주어/
　so＋주어＋조동사의 표현' 참조)　147

8. 인용문(" ") 표현에서의 도치　147

9. 관계절 내에서의 도치　148

제6장
대명사

1. a few, few, a little, little의 표현	149
2. 인칭대명사의 제약	150
3. 대명사 that(those)을 써야 하는 경우	153
4. some, any, all의 가산, 불가산 명사 표현	155
5. 재귀대명사의 관용적 용법	157

제7장
대(代)부정사와 대(代)동사

1. 대부정사	158
2. 대동사	159
3. so+조동사+주어 와 so+주어+조동사의 표현	161
4. not either/neither의 구분과 neither/nor의 공통점과 차이점	162

제8장
의문사

1. 의문부사 How의 대표적 2가지 용법	164
2. 전치사의 목적어로서의 의문사＋to부정사구	165
3. 의문사화하여 문두에 올 수 없는 4형식 구문에서의 간접목적어	167
4. 종속접속사, 관계부사, 의문부사의 when, where	168

제9장
시제

1. 가정절과 조건절의 차이	169
2. remember, regret, forget+~ing/to~의 시제표현	170
3. 준동사의 시제/준동사의 완료시제 표현	172
부정사의 시제/부정사의 완료시제 표현	**173**
분사의 시제/분사의 완료시제 표현	**174**
동명사의 시제/동명사의 완료시제 표현	**176**
4. 주절의 시제와 종속절의 시제 비교	178
5. 직설표현의 가정법 전환방법	180
6. 확신, 추측의 의미를 가지는 조동사의 표현과 시제	182
7. 때(when/until/before/as soon as/while/after/once)와 조건(if/as long as/as far as)을 나타내는 부사절에서의 시제표현	185
8. 제안, 주장, 요구, 명령류의 동사의 시제 표현	187
9. 시간부사와 동사의 시제 일치	190
10. 영문법의 12가지 시제표현	192

**제10장
목적어**

1. 영문법에서의 목적어   194
2. 목적어를 가지는 형용사들   196
3. 목적어와 목적보어/부사구의 도치   198
4. 목적어의 형태에 따라 의미가 바뀌는 동사들   200
5. that절을 목적어로 가진 3형식 문장의 5형식 전환   201
6. 직접목적어(절)가 부사구(전치사+명사)로 바뀌는 동사들

    203

**제11장
형용사, 부사**

1. 형용사의 어순   205
2. as~as 사이에 들어가는 형용사/부사의 표현   205
3. very와 much의 수식   208
4. 전치사적 부사(on, off, up, down 등)의 유의할 점('인칭대명
   사의 제약' 참조)   209
5. every/all/this/that/next/last의 시간부사화   211
6. 지시부사와 유도부사의 there   212
7. 후치형용사의 표현   214
8. 감정형용사의 ~ing/~ed 표현   215
9. 전치사구의 구분(형용사구/부사구)   216
10. with+추상명사/of+추상명사의 표현   217
11. the+비교급/the+비교급 표현의 이해   219
12. 라틴어(junior/senior/superior/inferior/prefer)의 비교
   표현   221
13. very, too, so 표현의 구분   223
14. like, alike/live, alive와 almost, mostly의 구분   225
15. 수사(數詞) 뒤에 오는 복수명사의 단수 표현   227
16. used to V/be used to ~ing/be used to V의 구분   228
17. nothing but과 anything but의 표현   229

**제12장
whether/if
(~인지 아닌지)**

1. '~인지 아닌지'의 의미로서 if/whether가 사용되는 조건

    230
2. '~인지 아닌지(명사절)'의 의미로서의 if/whether의 사용법

    231
3. 명사절과 부사절에서의 whether   234

제13장
접속사

1. doubt if와 suspect that의 구분　　　　　　　　237
2. be proud of how는 맞고 be proud that how는 틀리는
   이유　　　　　　　　　　　　　　　　　　　　238
3. 단독부사구와 형용사절(관계절)의 수식을 받는 부사구의
   비교　　　　　　　　　　　　　　　　　　　　239
4. so+(형용사/부사)+that과 so that+(can, will)~의 표현
   　　　　　　　　　　　　　　　　　　　　　240
5. 절의 종류와 성격/명사절, 형용사절, 부사절　　243
6. 전치사와 접속사 기능을 같이 가지고 있는 단어들 (since/
   until/before/after)　　　　　　　　　　　　　249
7. 같은 의미지만 접속사와 전치사(구)로 쓰이는 단어들
   (because/because of/while/during/though/despite)
   　　　　　　　　　　　　　　　　　　　　　250
8. 접속력 부족으로 인해 발생하는 어법적 제약 사항　251

제14장
전치사 및 표현

1. 전치사 in의 대표적 용법　　　　　　　　　　252
2. like의 4가지 품사　　　　　　　　　　　　　253
3. better than과 rather than의 구분　　　　　　253
4. 전치사로 쓰이는 to의 표현　　　　　　　　　254
5. by(~까지)와 until(~까지)의 구분　　　　　　256
6. than이 들어간 헷갈리는 표현들　　　　　　　257
7. as, so, the same, such+as의 표현　　　　　257
8. if ever/if any/if not의 표현　　　　　　　　258
9. 전치사 with의 대표적 용법　　　　　　　　　258

부록

부록 1. 어법 문제 예시 및 풀이요령　　　　　　260
부록 2. 토익, 토플, 수능 유사 단어　　　　　　267

제1장 가주어·가목적어

1. 명사상당어구와 가주어(it)/진주어, 그리고 강조 구문

■ 명사상당어구

　영문법에는 명사로 취급할 수 있는 유형이 크게 4가지가 존재한다(명사, 동명사구, 부정사구, 명사절). 주어 자리에 들어갈 수 있는 명사이면 목적어 자리, 또는 보어 자리에도 당연히 들어갈 수 있는 명사라고 보면 된다.

1-1) **Tom** is a good person.
　　고유명사
　　톰은 좋은 사람이다.

1-2) **Apples** are good for health.
　　보통명사
　　사과는 건강에 좋다.

1-3) 　**I**　met her yesterday.
　　인칭대명사
　　나는 어제 그녀를 만났다.

2-1) **Completing the writing** is no use.
　　　　동명사구
　　그 글을 완성하는 것은 소용없다.

2-2) **Visiting my home country** is no use.
　　　　동명사구
　　고국을 방문하는 것은 소용없다.

가주어(it)/진주어
발생 요건

3-1) **To write a novel** is my job.
　　　부정사구

소설을 쓰는 것이 내 직업이다.

3-2) **To play with kids** is our duty.
　　　부정사구

아이들과 노는 것이 우리의 임무다.

4-1) **That people are not honest** is a sin.
　　　명사절(that절)

사람들이 정직하지 않은 것은 죄이다.

4-2) **Whether he is sick (or not)** isn't sure.
　　　명사절(의문사절)

그가 아픈지 아닌지 확실치 않다.

4-3) **When she will leave** is a problem.
　　　명사절(의문사절)

그녀가 언제 떠날지가 문제이다.

4-4) **That he is rich** seems.
　　　명사절(that절)

그는 부유한 듯이 보인다.

가주어(it)/진주어
발생 요건

※특히 위 예문들 중에서 2-1부터 4-4까지의 문장의 경우에는 가주어(it)/진주어가 발생할 수 있는 요건이 된다.

명사상당어구의 예시	구분	외치(it/가주어, 가목적어) 가능 여부	비고
Tom, David, Seoul(고유명사)	명사	불가능	이외에도 물질명사, 추상명사, 집합명사 등이 있음
apples, a river, a car(보통명사)			
I, You, one, that(대명사)			
completing the writing visiting my home country	동명사구	가능	②-1, ②-2
to write a novel to play with kids	to부정사구 (명사구)		③-1, ③-2
that people are not honest(that절) that he is rich(that절)	명사절		④-1, ④-4
whether he is sick or not(의문사절) when she will leave(의문사절)			④-2, ④-3

※ '가주어(it)/가목적어(it)의 발생이유→외치(外置)' 참조

2-1) **Completing the writing** is no use.
　　　　　동명사구　　　　　외치

⇒ **It** is no use **completing the writing**.
　가주어　　　　　　진주어(동명사구)

2-2) **Visiting my home country** is no use.
　　　　　동명사구　　　　　외치

⇒ **It** is no use **visiting my home country**.
　가주어　　　　　　진주어(동명사구)

※위 예문에서처럼 동명사구도 가주어(it)/진주어가 발생할 수 있는 요건이긴 하지만 to부정사구 보다는 잘 쓰이지 않는다.

3-1) **To write a novel** is my job.
　　　　　부정사구　　　　외치

⇒ **It** is my job **to write a novel**.
　가주어　　　　　진주어(부정사구)

3-2) **To play with kids** is our duty.
　　　　　부정사구　　　외치

⇒ **It** is our duty **to play with kids**.
　가주어　　　　　진주어(부정사구)

4-1) **That people are not honest** is a sin.
　　　　　명사절　　　　　외치

⇒ **It** is a sin **that people are not honest**.
　가주어　　　　　진주어(명사절)

4-2) **Whether he is sick (or not)** isn't sure.
　　　　　명사절(의문사절)　　외치

⇒ **It** isn't sure **whether he is sick (or not)**.
　가주어　　　　　진주어(명사절)

4-3) **When she will leave** is a problem.
　　　　　명사절(의문사절)　　외치

⇒ **It** is a problem **when she will leave**.
　가주어　　　　　진주어(명사절)

4-4) **That he is rich** seems.
　　　　명사절　　　외치

⇒ **It** seems **that he is rich**.
　가주어　　　　진주어(명사절)

※it seems～의 표현에서 it은 비인칭으로 보는 관점도 있고 가주어로 보는 관점도 있지만 이 책에서는 가주어로 지칭하도록 하겠다(이유→'주어가 가주어(it)인 경우 종속절이며 진주어절인 that절을 구(phrase)로 전환할 때 발생하는 두 가지 현상' 참조).

※영문법에서는 가주어(it/진주어), 가목적어(it/진목적어)가 특히 발달했는데 관계사절(관계대명사절, 관계부사절)이 문장 뒤쪽에 위치한 이유에서 추측할 수 있을 듯하다. 문장 전체의 뼈대(형식)를 문장 앞쪽에 두고 수식어구는 문장 뒤쪽에 위치하는 쪽으로 발달한 언어이기 때문이다.

※It seems that～의 표현과 다음 표현과의 비교

5) **It would be better if you come here early tomorrow.**
　　비인칭　　　　　　　　　　　　　부사절
　네가 내일 여기에 일찍 온다면 좋을 텐데

6) **It seems as if he lost all his money in the gambling.**
　　비인칭　　　　　　　부사절
　그가 도박에서 돈을 모두 잃은 듯이 보인다

- 위 5번 예문에서 it을 가주어로, if절을 진주어로 본다면 if절이 문두에서도 쓰일 수 있어야 한다(If you come here early tomorrow would be better). 그런데 '만약 ～라면'의 의미를 가진 if가 접속하는 절은 원칙적으로 명사절이 아니라 부사절이며('12장 whether/if(～인지 아닌지)' 도표 참조), 설사 if절이 명사절의 성격을 띤다고 하더라도 그 의미는 '～인지 아닌지(=whether)'의 의미가 되는 것이지 위 예문처럼 명사절의 성질을 띤 채 '만약～라면'의 의미를 가질 수는 없다['～인지 아닌지(명사절)의 의미로서의 if/whether의 사용법' 참조]. if절이 명사절(진주어)이 될 수 없는 또 다른 이유가 if절의 시제이다. if절이 명사절(진주어)이라면 if you will come here early tomorrow라고 표현을 해야 맞다. 그러나 위 5번 예문에서는 '때(when, until, before～)와 조건(if～)을 나타내는 부사절에서는 현재시제(come)가 미래시제(will come)를 대신 할 수 있다'는 부사절의 시제표현의 원칙을 따르고 있다('때와 조건을 나타내는 부사절에서의 시제표현' 참조). 따라서 이 경우에 if절은 부사절로, 그리고 it은 비인칭 주어로 보는 편이 타당할 것 같다.

■ 가주어(it)/진주어의 유형(it+명사절)

　it is(was) 다음에 형용사나 분사(～ed, ～ing)가 온 후에 that절이 이어지는 경우는 대부분 가주어(it)/진주어 구문이다. 다만 it is 다음에 명사가 오는 경우[예: it is (a) pity that～]는 가주어(it)/진주어 구문과 강조구문이 혼재한다['가주어(it)/진주어 구문과 강조구문의 구분' 참조].

※가주어(it)/진주어의 유형 중 to부정사구 및 동명사구의 유형은 '가주어(it)/가목적어(it)의 발생 이유 → 외치(外置)' 참조.

1) It is(was)+분사(~ed/~ing)+that절(또는 의문사절)

1-1) <u>It</u> <u>is thought</u> <u>that he made a serious mistake.</u>
　　가주어　is+과거분사　　　　진주어(that절)

　　그가 중대한 실수를 저질렀다고 (사람들이 생각) 한다.

　　(= He is thought to have made a serious mistake)

1-2) <u>It</u> <u>is said</u> <u>that she didn't find her lost son</u>
　　가주어　is+과거분사　　　　진주어(that절)

　　그녀가 잃어버린 아들을 찾지 못했다고 (사람들이 말) 한다.

　　(= She is said not to have found her lost son)

1-3) <u>It</u> <u>is surprising</u> <u>that he passed the difficult exam.</u>
　　가주어　is+현재분사　　　　진주어(that절)

　　그가 어려운 시험에 합격한 것이 놀랍다.

1-4) <u>It</u> <u>was</u> <u>not known</u> <u>how the movie actress was shot to death.</u>
　　가주어　was+과거분사　　　　진주어(의문사절)

　　그 여배우가 어떻게 총에 맞아 사망했는지는 알려지지 않았다.

2) It is(was)+형용사(또는 명사)+that절(또는 의문사절)

2-1) <u>It</u> <u>is natural</u> <u>that people (should) keep their promises.</u>
　　가주어　is+형용사　　　　진주어(that절)

　　사람들이 약속을 지켜야 하는 것은 당연하다.

2-2) <u>It</u> <u>is a pity</u> <u>that she failed in the test.</u>
　　가주어　is+명사　　　　진주어(that절)

　　그녀가 시험에 떨어져서 유감이다.

2-3) <u>It</u> <u>is doubtful</u> <u>whether you will observe traffic rules.</u>
　　가주어　is+형용사　　　　진주어(의문사절)

　　네가 교통법규를 준수할지 의심스럽다.

※가주어(it), 진주어 구문을 쓸 때 아래와 같이 be동사 다음에 명사나 형용사 둘 중에 어느 것을 써
　도 무방하다. 주격보어 자리이기 때문에 명사나 형용사 둘 다 의미가 통하기 때문이다.

　　<u>It</u> <u>is</u> <u>an irony</u> <u>that he missed the train</u> (○)
　　가주어　　　명사　　　진주어
　　<u>It</u> <u>is</u> <u>ironic</u> <u>that he missed the train</u> (○)
　　가주어　　　형용사　　　진주어

　　그가 열차를 놓친 것이 아이러니하다.

3) It+(불완전)자동사+(형용사/부사구)+that절(또는 의문사절)

3-1) It **happened** that he came across his ex-wife.
　　 가주어　　자동사　　　　　진주어(that절)

　　(= He happened to come across his ex-wife)

　　그가 공교롭게도 전 부인을 만났다.

3-2) It doesn' **matter** when you will finish the translation.
　　 가주어　　　자동사　　　　진주어(의문사절)

　　네가 언제 그 번역을 끝낼지는 중요하지 않다.

3-3) It **looks** **certain** that they will participate in the street protest.
　　 가주어　불완전자동사　형용사　　　　진주어(that절)

　　그들은 거리시위에 참여할 것이 확실해 보인다.

3-4) So it came as no surprise that a Justice Ministry truth panel, which
　　　　가주어　자동사　　부사구　　　　진주어(that절)

　　had already been reviewing the case, called on the prosecution to reopen

　　the probe.

　　이미 그 사건을 들여다보고 있었던 법무부 진실위원회가 검찰에게 조사를 다시 하도록 요청한 것
　　은 놀랄 일이 아니었다.

4) It+타동사+목적어+that절(또는 의문사절)

4-1) It **surprised** me that he seldom talked to his mother.
　　 가주어　타동사　목적어　　　　진주어(that절)

　　그가 엄마와 대화를 거의 하지 않았다는 사실이 놀라웠다.

4-2) It **agitated** everybody whether she would show up at the gathering.
　　 가주어　타동사　　목적어　　　　진주어(의문사절)

　　그녀가 그 모임에 나타날지에 모든 사람들이 동요했다.

■ 가주어(it)/진주어 구문과 강조구문의 구분 ('강조용법과 관계사' 참조)

구분	it is(was) ~ that 사이에 들어가는 단어	that절의 구조
가주어(it)/진주어	⊙ 명사①⑤ ⊙ 형용사②	완전한 구조
강조구문	부사(구)③	완전한 구조
	명사④⑥	불완전한 구조

1) **It is** <u>a pity</u> **that** <u>you didn't show up at the party.</u> / 가주어(it), 진주어
　　　　명사　　접속사　　　　　　완전한 구조

네가 파티에 나타나지 않은 것이 유감이다.

2) **It is** <u>essential</u> **that** <u>people (should) walk along the sidewalk.</u> / 가주어(it), 진주어
　　　　형용사　　접속사　　　　　　　완전한 구조

사람들은 보도를 따라 걸어야 한다.

3) **It was** <u>in this garden</u>　**that**　<u>she lost her purse.</u> / 강조용법(관계부사)
　　　　부사(구)　　관계부사(= where)　완전한 구조

그녀가 지갑을 잃어버린 곳은 이 정원이다.

– 강조구문의 형태는 전체 문장에서 it is(was)/that을 제외한 나머지 단어들의 조합으로 완전한 구조가 돼야 한다. 3번 예문에서 it was/that을 제외하면 She lost her purse in this garden이라는 완전한 문장이 되므로 강조구문이다.

4) **It was** <u>medical school</u>　**that**　<u>she graduated from.</u> / 강조용법(관계대명사)
　　　　명사　　관계대명사(=which)　불완전한 구조(전치사 from의 목적어가 없음)

그녀가 졸업한 학교는 의대이다.

– 강조구문의 형태는 전체 문장에서 it is(was)/that을 제외한 나머지 단어들의 조합으로 완전한 구조가 돼야 한다. 4번 예문에서 it was/that을 제외하면 She graduated from medical school이라는 완전한 문장이 되므로 강조구문이다.

5) **It is** <u>a pity</u> **that** <u>you didn't go to the party.</u> / 가주어(it), 진주어
　　　　명사　　접속사　　　　　완전한 구조

네가 그 파티에 가지 않은 것이 유감이다.

6) **It was** <u>pity</u>　　**that**　　<u>she didn't want from him.</u> / 강조용법(관계대명사)
　　　　명사　　관계대명사(= which)　불완전한 구조(타동사 want의 목적어가 없음)

그녀가 그로부터 원하지 않은 것은 동정이었다.

– 위 5번 예문은 that절 이하(you didn't go to the party)가 문장구조상 완전하다. 따라서 가주어(it), 진주어 구문이다. 그런데 6번 예문의 that절 이하(she didn't want from him)를 보면 타동사(want)의 목적어 자리가 비어 있는 불완전한 구조이다. 6번 예문에서 it was/that을 제외하고 나머지 단어들을 조합해 보면 She didn't want pity from him이라는 완전한 문장이 되므로 강조구문이다.

2. 가주어(it)/가목적어(it)의 발생이유 → 외치(外置)

　　가주어와 가목적어를 쓰는 이유는 '명사상당어구'의 표현과 관련이 있다('명사상당어구와 가주어(it)/진주어, 그리고 강조구문' 참조). 영문법에서 구(phrase) 이상의 표현(구, 절)을 사용해서 주어와 목적어를 나타내야 하는 경우에는 가주어(it)와 가목적어(it)를 두고 진주어, 진목적어는 외치시켜야 구문 전체가 깔끔하고 간결해 보인다. 가주어(it) 또는 가목적어(it)를 구분하는 방법은 주어 또는 목적어 자리에 대명사인 it이 있고 문장 또는 절의 뒷부분에 to부정사구, 동명사구(~ing), 또는 명사절(접속사+주어+동사), 이 세 가지 중에 하나가 있으면 가주어 또는 가목적어 구문이다.

구분	주어 자리	목적어 자리	문장(절) 뒤쪽 표현
가주어	it	–	• to부정사구/①-1, ⑥-1, ⑦-1 • 동명사구/②-1, ⑧-1
가목적어	–	it	• that절/③-1, ⑤-1, ⑨-1 • 의문사절/④-1, ⑩-1

■ 가주어(it)의 표현(외치)

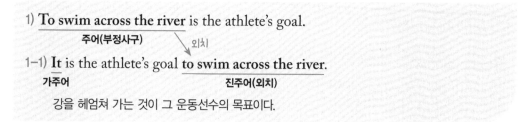

1) **To swim across the river** is the athlete's goal.
　　　주어(부정사구)　　　　　외치
1-1) **It** is the athlete's goal **to swim across the river.**
　　가주어　　　　　　　　　　진주어(외치)
　　강을 헤엄쳐 가는 것이 그 운동선수의 목표이다.

－ 1번 예문에서 주어 자리에 있던 to부정사구(to swim across the river)가 외치하면서 1-1번 예문에서처럼 그 자리에 가주어(it)를 집어넣었다.

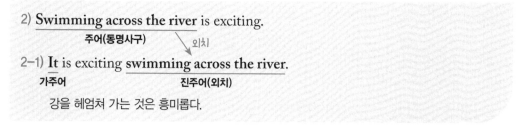

2) **Swimming across the river** is exciting.
　　　주어(동명사구)　　　　외치
2-1) **It** is exciting **swimming across the river.**
　　가주어　　　　　　　　진주어(외치)
　　강을 헤엄쳐 가는 것은 흥미롭다.

－ 2번 예문에서 주어 자리에 있던 동명사구(swimming across the river)가 외치하면서 2-1번 예문에서처럼 그 자리에 가주어(it)를 집어넣었다.

3) <u>That people (should) be upset about the result</u> is natural.
　　　　　주어(that절)　　　　　　　　　　외치

3-1) It is natural <u>that people (should) be upset about the result</u>.
　　　가주어　　　　　　　　　　진주어(외치)

(= It is natural (for people) to be upset about the result)
사람들이 그 결과에 화가 나는 것은 당연하다.

– 3번 예문에서 주어 자리에 있던 명사절(That people (should) be upset about the result)이 외치하면서 3-1번 예문에서처럼 그 자리에 가주어(it)를 집어넣었다(that절에서 should를 생략하는 이유는 '이성적 판단을 나타내는 형용사의 it is∼to표현' 참조).

4) <u>Whether he is sick or not</u> isn't sure.
　　　　주어(의문사절)　　　　외치

4-1) It isn't sure <u>whether he is sick or not</u>.
　　가주어　　　　　　　진주어(외치)

그가 아픈지 아닌지가 확실치 않다.

– 4번 예문에서 주어 자리에 있던 명사절(whether he is sick or not)이 외치하면서 4-1번 예문에서처럼 그 자리에 가주어(it)를 집어넣었다.

■ 가목적어(it)의 표현(외치)

5) We owe <u>that we arrived there on time</u> to you.
　　　　　목적어(that절)　　　　　　외치

5-1) We owe <u>it</u> to you <u>that we arrived there on time</u>. / 3형식
　　　가목적어　　　　　진목적어(외치)

우리가 거기에 정시에 도착한 것은 네 덕이다.

– 5번 예문에서 목적어 자리에 있던 that절(that we arrived there on time)이 외치하면서 5-1번 예문에서처럼 그 자리에 가목적어(it)를 집어넣었다.

6) We owe <u>to have arrived there on time</u> to you.
　　　　　목적어(부정사구)　　　　외치

6-1) We owe <u>it</u> to you <u>to have arrived there on time</u>. / 3형식
　　　가목적어　　　　　진목적어(외치)

우리가 거기에 정시에 도착한 것은 네 덕이다.

– 6번 예문에서 목적어 자리에 있던 to부정사구(to have arrived there on time)가 외치하면서 6-1번 예문처럼 그 자리에 가목적어(it)를 집어넣었다.

※ 위 5-1번과 6-1번 예문처럼 3형식 구문에서 가목적어(it)를 두고 to부정사구나 명사절을 외치시키는 경우는 있어도 동명사구(~ing)를 외치시키는 경우는 거의 없다.

7) We find **to spend much money** meaningless.
　　　　　목적어(부정사구)　　外치　　목적보어

7-1) We find **it** meaningless **to spend much money.** / 5형식
　　　　　가목적어　　목적보어　　진목적어(외치)

우리는 많은 돈을 쓰는 것이 의미 없다고 생각한다.

– 7번 예문에서 목적어 자리에 있던 to부정사구(to spend much money)가 외치하면서 7-1번 예문에서처럼 그 자리에 가목적어(it)를 집어넣었다.

8) We find **spending much money** meaningless.
　　　　　목적어(동명사구)　　外치　　목적보어

8-1) We find **it** meaningless **spending much money.** / 5형식
　　　　　가목적어　　목적보어　　진목적어(외치)

우리는 많은 돈을 쓰는 것이 의미 없다고 생각한다.

– 8번 예문에서 목적어 자리에 있던 동명사구(spending much money)가 외치하면서 8-1번 예문에서처럼 그 자리에 가목적어(it)를 집어넣었다.

9) We find **that we spend much money** meaningless.
　　　　　목적어(that절)　　外치　　목적보어

9-1) We find **it** meaningless **that we spend much money.** / 5형식
　　　　　가목적어　　목적보어　　진목적어(외치)

(= We find it meaningless (for us) to spend much money)

우리는 많은 돈을 쓰는 것이 의미 없다고 생각한다.

– 9번 예문에서 목적어 자리에 있던 명사절(that we spend much money)이 외치하면서 9-1번 예문에서처럼 그 자리에 가목적어(it)를 집어넣었다

10) We find **whether he will come or not** uncertain.
　　　　　　목적어(의문사절)　　　　　외치　　　목적보어

10-1) We find **it** uncertain **whether he will come or not.** / 5형식
　　　　　가목적어　목적보어　　　　진목적어(외치)

우리는 그가 올지 안 올지 확실치 않다고 생각한다.

‒ 10번 예문에서 목적어자리에 있던 명사절(whether he will come or not)이 외치하면서 10-1번 예문에서처럼 그 자리에 가목적어(it)를 집어넣었다.

※ 이러한 가목적어(it)/진목적어의 형태를 나타낼 수 있는 5형식동사는 make, find, believe, think, consider 등이 있다.

3. It is+형용사+to~/It is+형용사+that~구문(외치구문)의 표현

이러한 표현을 사용하는 형용사들로는 크게 '이성적(理性的) 판단'을 나타내는 형용사들과 '난이(難易)' 형용사들이 있다.

구분	it is(was)~to~ 표현	it is(was)~that 표현	비고
이성적 판단을 나타내는 형용사	가능/②, ④, ⑥	가능/①, ③, ⑤	it is(was)~to 표현시 타동사의 목적어나 전치사의 목적어가 가주어(it) 자리에 대체 가능/②-1, ④-1, ⑥-1, ⑦-1, ⑧-1
난이 형용사	가능/⑦, ⑧	불가능	

■ 이성적(理性的) 판단을 나타내는 형용사의 it is~that/it is~to 표현

It is	important necessary critical imperative essential natural vital desirable advisable preferable appropriate 등	that we (should) finish the project/○ =(for us) to finish the project/○

‒ 위 예문을 보면 이성적 판단을 나타내는 형용사들은 it is(was)~to~구문과 it is(was)~that절 둘 다 표현이 가능하다. 그리고 that절로 나타낼 때는 조동사 should가 생략된 채 **동사원형**으로 나타내야 한다('제안, 주장, 요구, 명령류의 동사의 시제 표현' 참조).

1) It is necessary that we (should) make friends with him.
　　가주어　　　　　　　　　진주어　　(for us) to make friends with him
　　　　　　　　　　　　　　　　　　생략가능

2) → It is necessary to make friends with him.
　　　　he
　　가주어　　　　　　　　　진주어

2-1) → **He** is necessary to make friends **with** him.

우리는 그와 친하게 지내야 할 필요가 있다.

- 복문구조(주절+종속절)인 1번 예문을 단문구조(동사가 하나)로 바꾸면 2번 예문이 된다('절 (clause)을 for∼to를 이용해서 구로 전환하는 방법' 참조). 그런데 2번 예문의 주어(it)는 허사(虛辭) 인 까닭에 전치사(with)의 목적어인 him이 주어 자리(it)에 대체될 수 있다. 이렇게 나타낸 문장이 2-1번 예문이 되는 것이다. 2-1번 예문을 보면 전치사(with)의 목적어가 비어 있는 불완전한 구조 인데 이는 정상적인 어법구조인 2번 예문에서 전치사(with)의 목적어(him)가 가주어(it) 자리로 빠져 나간 것이기 때문에 어법적으로는 틀리지 않는다.

※복문구조인 1번 예문에서 단문구조인 2번 예문으로 전환될 때 일반주어를 나타내는 'for us' 부분 은 생략 가능하다.

※허사(虛辭)인 가주어(it) 자리에 타동사나 전치사의 목적어, 또는 진주어절(that절) 속의 주어로 대체 되는 경우는 '주어가 가주어(it)인 경우 종속절이며 진주어절인 that절을 구(phrase)로 전환할 때 발 생하는 두 가지 현상', 'it seems that∼의 단문 전환' 및 'He is said to be a teacher 표현이 나오 기까지' 참조.

3) It is desirable that we (should) help the displaced people.
　　가주어　　　　　　　　진주어　　(for us) to help the displaced people
　　　　　　　　　　　　　　　　　　생략가능

4) → It is desirable to help the displaced people.
　　the displaced people
　　가주어　　　　　　　진주어

4-1) → **The displaced people** are desirable to **help** the displaced people.

이재민들을 도울 필요가 있다.

- 복문구조(주절+종속절)인 3번 예문을 단문구조(동사가 하나)로 바꾸면 4번 예문이 된다. 그런데 4 번 예문의 주어(it)는 허사(虛辭)인 까닭에 타동사(help)의 목적어인 the displaced people이 주어 자리(it)에 대체될 수 있다. 이렇게 나타낸 문장이 4-1번 예문이 되는 것이다. 4-1번 예문을 보면 타동사(help)의 목적어가 비어 있는 불완전한 구조인데 이는 정상적인 어법구조인 4번 예문에서 타 동사(help)의 목적어(the displaced people)가 가주어(it) 자리로 빠져나간 것이기 때문에 어법적으 로는 틀리지 않는다.

※복문구조인 3번 예문에서 단문구조인 4번 예문으로 전환될 때 일반주어를 나타내는 'for us' 부분 은 생략 가능하다

5) It is essential that people (should) remove the harmful insects.
가주어　　　　　진주어　　　(for people) to remove the harmful insects
　　　　　　　　　　　　　　　　생략가능

the harmful insects
6) → It is essential to remove the harmful insects.
가주어　　　　　　　진주어

6-1) → The harmful insects are essential to **remove** ~~the harmful insects.~~
사람들은 해충을 제거해야 한다.

– 복문구조(주절+종속절)인 5번 예문을 단문구조(동사가 하나)로 바꾸면 6번 예문이 된다. 그런데 6 번 예문의 주어(it)는 허사(虛辭)인 까닭에 타동사(remove)의 목적어인 the harmful insects가 주어 자리(it)에 대체될 수 있다. 이렇게 나타낸 문장이 6-1번 예문이 되는 것이다. 6-1번 예문을 보면 타동사(remove)의 목적어가 비어 있는 불완전한 구조인데 이는 정상적인 어법구조인 6번 예문에 서 타동사(remove)의 목적어(the harmful insects)가 가주어(it) 자리로 빠져나간 것이기 때문에 어 법적으로는 틀리지 않는다.

※복문구조인 5번 예문에서 단문 구조인 6번 예문으로 전환될 때 일반주어를 나타내는 'for people' 부분은 생략 가능하다.

■ 난이(難易) 형용사의 it is~to 표현

It is	easy difficult hard dangerous convenient tough impossible safe comfortable pleasant 등	for me to cross the river/○ that I cross the river/ ×

– 위 예문을 보면 난이 형용사들은 it is(was)~to~구문은 사용이 가능하지만 it is(was)~ that~절은 사용이 불가능하다.

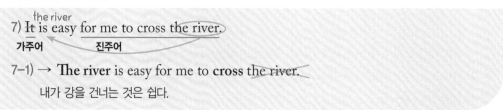

the river
7) It is easy for me to cross the river.
가주어　　　　　　　진주어

7-1) → **The river** is easy for me to **cross** the river.
내가 강을 건너는 것은 쉽다.

– 7-1번 예문의 원 표현은 7번 예문이다. 7번 예문은 난이(難易)를 나타내는 형용사(easy)를 가주어 (it), 진주어 구문(it is~to~)으로 나타냈다. 그런데 7번 예문의 주어(it)는 허사(虛辭)인 까닭에 타동

사(cross)의 목적어인 the river가 주어 자리(it)에 대체될 수 있다. 이렇게 나타낸 문장이 7-1번 예문이 되는 것이다.

※ 허사(虛辭)인 가주어(it) 자리에 타동사나 전치사의 목적어, 또는 진주어절(that절) 속의 주어로 대체되는 경우는 '주어가 가주어(it)인 경우 종속절이며 진주어절인 that절을 구(phrase)로 전환할 때 발생하는 두 가지 현상', 'it seems that~의 단문 전환' 및 'He is said to be a teacher 표현이 나오기까지' 참조

8) It is dangerous for kids to play with <u>matches</u>.
　　가주어　　　　　　　　　진주어

8-1) → **Matches** are dangerous for kids to play with matches.
　　아이들이 성냥을 가지고 노는 것은 위험하다.

- 8-1번 예문의 원 표현은 8번 예문이다. 8번 예문은 난이(難易)를 나타내는 형용사(dangerous)를 가주어(it), 진주어 구문(it is~to~)으로 나타냈다. 그런데 8번 예문의 주어(it)는 허사(虛辭)인 까닭에 전치사(with)의 목적어인 matches가 주어 자리(it)에 대체될 수 있다. 이렇게 나타낸 문장이 8-1번 예문이 되는 것이다.

4. too~to~ 구문에서 so~that~ 구문으로의 전환시 유의할 점

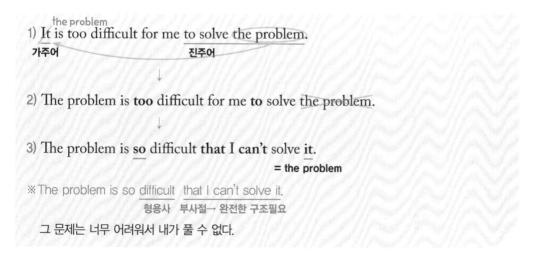

1) It is too difficult for me to solve the problem.
　　가주어　　　　　　　　진주어

↓

2) The problem is **too** difficult for me **to** solve the problem.

↓

3) The problem is **so** difficult **that I can't** solve **it**.
　　　　　　　　　　　　　= the problem

※ The problem is so <u>difficult</u>　<u>that I can't solve it</u>.
　　　　　　　　　형용사　부사절→ 완전한 구조필요
　그 문제는 너무 어려워서 내가 풀 수 없다.

- 위 예문 1, 2, 3번은 같은 표현이다('난이 형용사의 it is~to의 표현' 참조).
　단문(동사가 하나)구조인 1번 예문에서 가주어(it) 자리에 타동사(solve)의 목적어(the problem)를 대체시켜서 표현하면 2번 예문이 된다. 그리고 2번 예문을 복문으로 표현하면 3번 예문이 되는데,

that절 이하 부분(that I can't solve it)에서 주절(The problem is so difficult)의 주어(the problem)를 인칭대명사(it)로 표현해서 다시 쓸 수밖에 없는 이유는 that절이 부사절이기 때문이다('절의 종류와 성격/명사절, 형용사절, 부사절' 16, 17번 참조). 만약 that절(that I can't solve it) 속에서 인칭대명사인 it을 표현하지 않는다면 that절의 구조가 타동사(solve)의 목적어(it)가 없는 불완전한 구조(I can't solve)가 되며, 불완전한 구조를 가지고 있는 절(clause)은 형용사절, 즉 관계대명사절이 된다. 만약 그렇다면 선행사가 명사가 아니라 형용사(difficult)인 3번 예문에는 관계절이 연결될 수가 없다는 결론이 나오게 된다. 따라서 3번 예문의 종속절(that절)이 될 수 있는 절은 부사절이 돼야만 하는데 그러기 위해서는 that절의 구조가 빈 곳이 없이 완전해야 한다. 그런 과정에서 주절의 주어(the problem)를 지칭하는 인칭대명사(it)를 종속절(that절)에서 다시 표기하게 되었다.

5. 주어가 가주어(it)인 경우 종속절이며 진주어절인 that절을 구 (phrase)로 전환할 때 발생하는 두 가지 현상

– 일부 표현들에 이러한 현상이 일어난다.

    ① 종속절(that절)의 주어가 가주어(it) 자리로 나올 수 있으며('it seems that의 단문전환' 참조)

    ② 절이 구로 변하는 과정에서 to~부정사가 발생하게 된다('절을 구로 전환하는 2가지 방법' 참조).

※단, 가주어(it)와 진주어(that절) 사이에는 be+과거분사(~ed)나 be+형용사(sure, certain, likely 등) 또는 자동사(seem, happen, appear, turn out, prove 등)가 들어가야 한다.

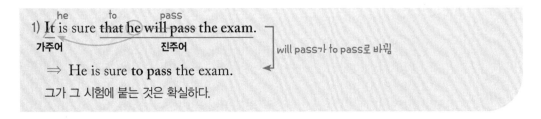

1) It is sure that he will pass the exam.
    가주어   진주어   will pass가 to pass로 바뀜

⇒ He is sure to pass the exam.

그가 그 시험에 붙는 것은 확실하다.

※will pass가 to pass로 바뀌는 과정은 '준동사의 시제/준동사의 완료시제' 맨 뒷부분 참조.

2) It seems **that he is sick.**
가주어 〰 진주어

⇒ He seems **to be sick.**
그가 아픈 듯하다.

※it seems~에서 it은 비인칭으로 보는 관점도 있고 가주어로 보는 관점도 있지만 이 책에서는 가주어로 지칭하도록 하겠다.

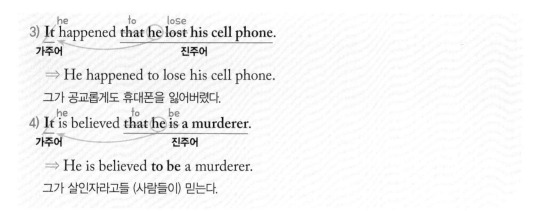

3) It happened **that he lost his cell phone.**
가주어 진주어

⇒ He happened to lose his cell phone.
그가 공교롭게도 휴대폰을 잃어버렸다.

4) It is believed **that he is a murderer.**
가주어 진주어

⇒ He is believed **to be** a murderer.
그가 살인자라고들 (사람들이) 믿는다.

※1, 2, 3, 4번 예문의 that절이 구(phrase)로 바뀌면서 to부정사가 발생하게 된 이유는 that절이 명사절이기 때문이다('절의 종류와 성격/명사절, 형용사절, 부사절' 참조).

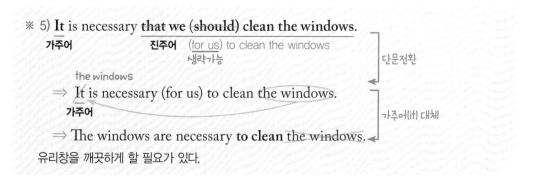

※ 5) It is necessary **that we (should) clean the windows.**
가주어 진주어 (for us) to clean the windows
생략가능
단문전환

⇒ It is necessary (for us) to clean the windows.
가주어
가주어(it) 대체

⇒ The windows are necessary **to clean** the windows.
유리창을 깨끗하게 할 필요가 있다.

– 5번 예문처럼 이성적 판단을 나타내는 형용사(necessary)류가 섞여서 가주어(it), 진주어(it is~that) 구문을 나타내는 경우는 1, 2, 3, 4번 예문처럼 종속절의 주어(we)가 가주어(it) 자리로 나올 수는 없지만, 단문전환 후 타동사(clean)의 목적어(the windows)가 가주어(it) 자리로 나올 수는 있다(the windows).

제2장 분사, 동명사, 부정사

1. 절(clause)을 구(phrase)로 전환하는 2가지 방법

영문법에서는 절을 구로 전환할 수 있는 방법을 크게 2가지로 한정시켜 놓고 있다. 그 첫 번째가 절을 for~to의 형태로 전환하는 방법(명사절, 형용사절, 부사절)이고 두 번째가 ~ing 나 ~ed의 형태(동명사, 분사)로 전환하는 방법(형용사절, 부사절)이다. ('절의 종류와 성격/ 명사절, 형용사절, 부사절' 참조)

■ 절(clause)을 for~to를 이용해서 구(phrase)로 전환하는 방법

1) It is common **that people sleep on the beds.**
　　가주어　　　　　　　　진주어(명사절-외치)
　　　　　　　　for people　to sleep

2) → It is common (**for people**) to sleep on the beds.
　　　　　　　　　생략

　　사람들은 대개 침대에서 잔다.

- for people 부분을 생략하는 이유는 우리가 수동태(be+p.p)에서 by people 부분을 생략하는 것 처럼 people이 흔히 지칭하는 '일반적인 주어(people, we, they 등)'이기 때문이다. 그리고 겉보 기에 같아 보이지만 위쪽 1번 예문의 that절에 있는 people은 주격이지만 아래쪽 2번 예문의 for people에 있는 people은 전치사(for)의 목적어가 되는 목적격이다. 다음 예문과 비교해 보자.

3) It is natural <u>that kids walk slowly</u>.
　for kids　　to walk
가주어　　　　진주어(명사절-외치)

4) → It is natural **for kids** to walk slowly.
　　　　　　　　생략 불가

아이들이 천천히 걷는 것은 당연하다.

– 위 4번 예문에서 for kids 부분이 생략이 안 되는 이유는 kids가 일반적인 주어(people, we, they)
가 아니기 때문이다. 마찬가지로 3번 예문의 kids는 주격이지만 4번 예문의 kids는 전치사 for의
목적어가 되는 목적격이다.

5) It is essential <u>that people swim across this river</u>.
　for people　　to swim
가주어　　　　　진주어(명사절-외치)

6) → It is essential (**for people**) to swim across this river.
　　　　　　　　생략

사람들은 이 강을 헤엄쳐서 건너야 한다.

– 위 6번 예문에서 보듯이 that절 속에서의 일반주어(people)는 구로 전환될 때(for people) 생략이
된다.

6-1) <u>That you get up early</u> is needless.(=It is needless **that you get up early.**)
　for you to get up
명사절(that절)

6-2) → **For you to get up early** is needless.
명사구(to부정사구)

네가 일찍 일어날 필요는 없다.

7) I don't know **how I should swim**.
　for me　　to swim
명사절(목적절-의문사절)

8) → I don't know how (**for me**) to swim.
　　　　　　　　생략

나는 수영하는 법을 모른다.

– 8번 예문에서 for me 부분이 생략될 수 있는 이유는 주절(I don't know)의 주어(I)와 주체가 같기
(I=me) 때문이다.

9) We don't know **whether we** ~~should accept~~ his proposal or not.

(for us) (to accept)

명사절(목적절-의문사절)

10) →We don't know whether (**for us**) to accept his proposal or not.

생략

우리가 그의 제안을 받아들여야 할지 모르겠다.

‐ 10번 예문에서 for us 부분이 생략될 수 있는 이유는 주절(We don't know)의 주어(we)와 주체가 같기(we=us) 때문이다.

※ 절이 구로 전환될 때 접속사 that과 관계사는 없어지지만 7번~10번 예문전환과정에서 보듯이 의 문사는 원칙적으로 생략 불가능하다(what, who, when, where, how, whether등).

■ 절이 구로 전환될 때 생략되는 관계(대명)사와 생략불가능한 의문(대명)사

11) I don't know **what I should do.**

⇒ I don't know **what** (for me) **to do.** / what은 의문대명사 → 생략불가

생략

나는 무엇을 해야 할지 모른다.

12) They should decide **who(m) they should vote for.**

⇒ They should decide **who(m)** (for them) **to vote for.**

생략

/ who(m)은 의문대명사→생략불가

그들은 누구에게 투표할지 결정해야만 한다.

13) I need someone **who can solve this dilemma.**

⇒ I need someone **to solve this dilemma.**

/ who는 관계대명사 주격→생략

나는 이 난관을 해결할 수 있는 사람이 필요하다.

14) There is something **that should be cleared about his stance.**

⇒ There is something **to be cleared** about his stance. /that은 관계대명사 주격→생략

그의 입장에 관해서 소명돼야 할 것이 있다.

15) I need someone __who(m)__ I can depend on. √

⇒ I need someone (for me) to depend on. /who(m)은 관계대명사 목적격 → 생략
   　　　　　　　　　생략

나는 의지할 수 있는 누군가가 필요하다.

16) There are many ways __that__ we can reach the top of the mountain.

⇒ There are many ways (for us) __to reach__ the top of the mountain.
   　　　　　　　　　　　생략

　　　/that은 관계부사→생략

산 정상에 도달할 수 있는 많은 방법이 있다.

17) The public needs more money __that__ they can spend √ to revive consumption.

⇒ →The public needs more money (for them) __to spend__ to revive consumption.
   　　　　　　　　　　　　　생략

　　　/that은 관계대명사 목적격→생략

소비를 되살리기 위해서는 대중들이 쓸 수 있는 더 많은 돈이 필요하다.

18) There is ample reason __that__ every eligible person should vote.

⇒ There is ample reason __for every eligible person to vote.__ /that은 관계부사→생략

모든 유권자들이 투표해야 할 충분한 이유가 있다.

■ 아래 예문처럼 조동사(can,should,will 등)가 들어간 형용사절은 to부정사가 들어간 형용사구로 전환가능하고(20-1번) 조동사가 없는 형용사절은 분사구(문)로 전환가능하다(19-1번)

19) I met my college alumni __who wanted__ jobs in my company.
   　　　　　　　　　　　　관계사 주격

19-1) → I met my college alumni __wanting__ jobs in my company.
   　　　　　　　　　　　　　분사구(형용사구)

나는 내 회사에서 일하기를 원하는 대학 동창생들을 만났다.

20) We have to decide our leader __who can push__ ahead with this project.
   　　　　　　　　　　　　　관계사 주격

20-1) → We have to decide our leader __to push__ ahead with this project.
   　　　　　　　　　　　　　to부정사구(형용사구)

우리는 이 프로젝트를 추진할 지도자를 결정해야 한다.

■ 다소 예외적인 경우로 조동사가 없는 형용사절이 to부정사로 전환되는 경우가 있다

21) He was the first head of the company **who was arrested** in its 100-year history.

21-1) → He was the first head of the company **to be arrested** in its 100-year history.
그는 그 회사의 100년 역사상 최초로 구속된 대표이다.

22) She was the first woman **who reached** the North Pole.

22-1) → She was the first woman **to reach** the North Pole.
그녀는 북극에 최초로 도달한 여성이었다.

■ 동격절과 부사절을 for~to~구문으로 전환했을 때 같은 모양으로 전환되는 경우가 있다

23) There was an opportunity **that I could get** some money needed for my business.
　　　　　　　　　　　　　　　　동격절(명사절)

23-1) → There was an opportunity **for me to get** some money needed for my business.
내 사업에 필요한 약간의 돈을 얻을 기회가 있었다.

24) He tried much **so that I could get** some money needed for my business.
　　　　　　　　　　부사절(목적/~하기위해)

24-1) → He tried much (in order) **for me to get** some money needed for my business.
그는 내가 사업에 필요한 약간의 돈을 얻을 수 있도록 많은 애를 썼다.

– 위 23-1번과 24-1번 예문에는 각각 for me to get이라는 같은 표현이 존재한다. 23-1번 예문은 23번 예문의 동격절(명사절)을 구로 전환한 형태이며 24-1번 예문은 24번 예문의 부사절을 구로 전환한(in order는 관용적으로 생략) 형태이다. 23-1번 예문처럼 for me to get이라는 표현 앞에 opportunity(기회)와 같은 추상명사가 있으면 대부분 동격절(명사절)을 구로 전환한 유형이고 그 이외의 표현은 24-1번 예문처럼 대부분 부사절을 구로 전환한 유형이다.

■ there is(are)~ 절의 구 전환방법

25) The possibility **that there could be conflict** between the two countries seems
to be real.　　　　　　　**(for there to be conflict)**
두 나라 간의 분쟁이 실제로 일어날 가능성이 있어 보인다.

– 위 예문에서 that절의 주어는 conflict이고 동사는 could be이다('be동사의 1형식, 2형식 표현', '1형식 도치', '지시부사와 유도부사의 there' 참조). 그러나 there is (are)~ 구문이 구(phrase)로 전환할

때는 there가 주어인 것처럼 인식해서 전환해야 한다. 절이 구로 전환하는 과정에서 조동사 could는 to부정사구로 대체되면서 생략된다(20번, 20-1번, '어법 문제 예시 및 풀이요령' 13번 참조).

■ 절(clause)을 동명사(~ing) 또는 분사(~ing/~ed)를 이용해서 구로 전환하는 방법

※여기서부터는 절(clause)이 동명사(~ing), 또는 분사(~ing, ~ed)로 전환되는 과정을 보게 된다. 특히 형용사 다음에 that절이 오는 경우에, 그 절(clause)이 다시 구(phrase)로 전환될 때에는 전치사를 동반한 동명사(~ing)를 쓰는 점이 특징이다('직접목적어(절)가 부사구(전치사+명사)로 바뀌는 동사들' 참조). 물론 모든 부사절이 그런 것은 아니다. 부사절이 구로 바뀔 때 to 부정사로 바뀌는 경우도 있다. (5.5-1, 6, 6-1번 참조) ('절의 종류와 성격/명사절, 형용사절, 부사절' 참조.)

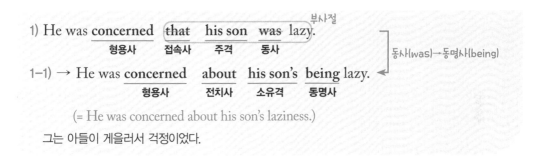

그는 아들이 게을러서 걱정이었다.

- 1번 예문을 보면 형용사(concerned) 다음에 that절(부사절)이 이어진다. 이 절(clause)을 구(phrase)로 바꾸기 위해서는 형용사(concerned) 다음에 전치사(about)를 하나 연결한 다음에 절 속에 있는 동사(was)를 동명사(being)로 바꾸어야 한다(※절이 구로 바뀐다는 것은 단순히 동사가 하나 줄어드는 것을 의미한다). 동사가 동명사로 바뀌었으므로 that절 속에 있던 인칭대명사 주격(his son)은 동명사를 수식하기 위한 소유격(his son's)으로 바뀌어야 한다.

※being이 분사가 아니라 동명사인 이유는 앞에 있는 전치사(about) 때문이다. 전치사의 목적어로써 동명사는 가능하지만 전치사의 목적어로서 분사는 불가능하다.

※1-1번 예문에서 형용사(concerned) 다음에 about이라는 특정 전치사가 따라온 이유는 사전에서 그렇게 특정하고 있기 때문이다.

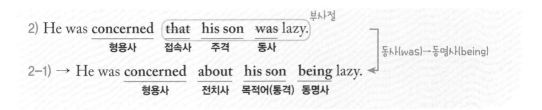

- 원칙적으로 동명사(being)의 의미상의 주어는 소유격(his son's)을 써서 나타내야 하지만 2-1번 예문처럼 통격을 써서 나타낼 수도 있다. 2-1번 예문에서 his son은 어법적으로 전치사(about)의 목적어가 되는 목적격이지만 주격이나 목적격으로 쓸 때 형태가 같다고 해서 통격이라고 한다('통격과 동명사' 참조).

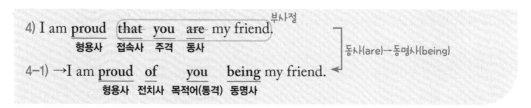

3) I am **proud** <u>that</u> <u>you</u> <u>are</u> my friend. ^{부사절}
　　　형용사　접속사　주격　동사

동사(are)→동명사(being)

3-1) → I am **proud** <u>of</u> <u>your</u> <u>being</u> my friend.
　　　　　형용사　전치사　소유격　동명사

네가 내 친구라서 자랑스럽다.

– 3번 예문을 보면 형용사(proud) 다음에 that절이 이어진다. 이 절을 구로 바꾸기 위해서는 형용사(proud) 다음에 전치사(of)를 하나 연결한 다음에 절 속에 있는 동사(are)를 동명사(being)로 바꾸어야 한다(※절이 구로 바뀐다는 것은 단순히 동사가 하나 줄어드는 것을 의미한다). 동사가 동명사로 바뀌었으므로 that절 속에 있던 인칭대명사 주격(you)은 동명사를 수식하기 위한 소유격(your)으로 바뀌어야 한다.

※3-1번 예문에서 형용사(proud) 다음에 of라는 특정 전치사가 따라온 이유는 사전에서 그렇게 특정하고 있기 때문이다.

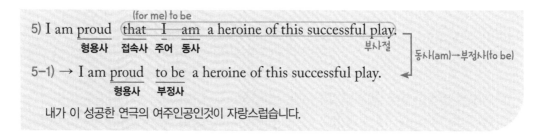

4) I am **proud** <u>that</u> <u>you</u> <u>are</u> my friend. ^{부사절}
　　　형용사　접속사　주격　동사

동사(are)→동명사(being)

4-1) → I am **proud** <u>of</u>　<u>you</u>　<u>being</u> my friend.
　　　　　형용사　전치사　목적어(통격)　동명사

– 원칙적으로 동명사(being)의 의미상의 주어는 소유격(your)을 써서 나타내야 하지만 4-1번 예문처럼 통격을 써서 나타낼 수도 있다. 4-1번 예문에서 you는 어법적으로 전치사(of)의 목적어가 되는 목적격이지만 주격이나 목적격으로 쓸 때 형태가 같다고 해서 통격이라고 한다('통격과 동명사' 참조).

■ 형용사 다음에 that절(부사절)이 이어지더라도 that절이 to부정사로 전환되는 경우가 있다. 이때 to부정사는 부사절에서 전환한 구문이므로 부사적용법이 된다.

5) I am proud <u>that</u> <u>I</u> <u>am</u> a heroine of this successful play. ^{(for me) to be}
　　　형용사 접속사 주어 동사　　　　　　　　　　　　　　　　부사절

동사(am)→부정사(to be)

5-1) → I am **proud** <u>to be</u> a heroine of this successful play.
　　　　　형용사　부정사

내가 이 성공한 연극의 여주인공인것이 자랑스럽습니다.

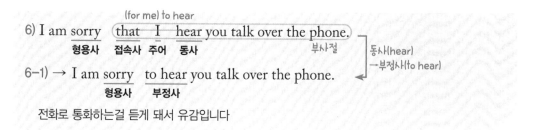

6) I am sorry ⌜that I hear⌟ you talk over the phone.
　　　형용사　　접속사　주어　동사　　　　　　　　　부사절

　　　　　　　　　　　(for me) to hear

6-1) → I am sorry　to hear you talk over the phone.
　　　　　　　형용사　　　부정사

전화로 통화하는걸 듣게 돼서 유감입니다

동사(hear)
→부정사(to hear)

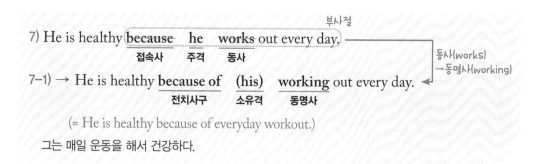

7) He is healthy ⌜because he works⌟ out every day.
　　　　　　　　　접속사　　주격　　동사　　　　　부사절

7-1) → He is healthy **because of** (his)　**working** out every day.
　　　　　　　　　　　전치사구　　소유격　　　동명사

(= He is healthy because of everyday workout.)
그는 매일 운동을 해서 건강하다.

동사(works)
→동명사(working)

– 7-1번 예문을 보면 7번 예문에 있던 접속사(because)가 없어지고 전치사구(because of)로 바뀌었다. 따라서 접속사가 없어졌으므로 동사가 하나 줄어들어야 한다. 그래서 7번 예문의 종속절의 동사(works)가 7-1번 예문에서는 전치사(of)의 목적어인 동명사(working)로 바뀌었다. 그리고 7번 예문에서의 인칭대명사 주격(he)은 7-1번 예문에서는 동명사(working)를 수식하기 위한 소유격(his)으로 바뀌었으며 주절(he is healthy)의 주어(he)와 같기 때문에 생략가능하다.

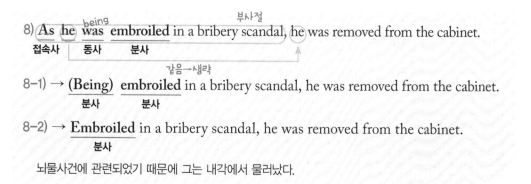

8) ⌜As he **was** embroiled in a bribery scandal,⌟ he was removed from the cabinet.
　　접속사　　동사　　분사　　　　　　　　　부사절

　　　being
　　　같음→생략

8-1) → (**Being**) **embroiled** in a bribery scandal, he was removed from the cabinet.
　　　　　분사　　　　분사

8-2) → **Embroiled** in a bribery scandal, he was removed from the cabinet.
　　　　　분사

뇌물사건에 관련되었기 때문에 그는 내각에서 물러났다.

– 8-1번 예문을 보면 8번 예문에 있던 접속사(as)가 사라짐으로 인해서 동사(was)가 분사(being)로 바뀌었다. 종속절(As he was embroiled in a bribery scandal)의 주어(he)는 주절(he was removed from the cabinet)의 주어(he)와 같으므로 생략해야 한다. 그리고 8-2번 분사구문에서 being을 다시 한번 생략해야 하는데 그 이유는, 뒤에 또 다른 분사(~ing/~ed)가 이어질 때 분사 being은 생략되기 때문이다('분사구문에서 생략되는 being' 참조).

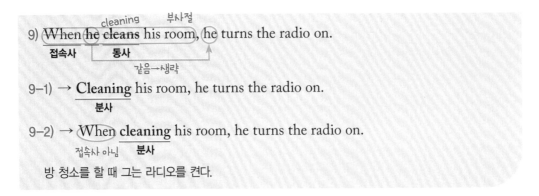

9) When he cleans his room, he turns the radio on.

9-1) → Cleaning his room, he turns the radio on.

9-2) → When cleaning his room, he turns the radio on.

방 청소를 할 때 그는 라디오를 켠다.

– 9-1번 예문을 보면 9번 예문에 있던 접속사(when)가 사라짐으로 인해서 동사(cleans)가 분사(cleaning)로 바뀌었다. 종속절(When he cleans his room)의 주어(he)는 주절(he turns the radio on)의 주어(he)와 같으므로 생략해야 한다. 그리고 9-2번 예문처럼 분사구문으로 바뀌었는데도 불구하고 원 문장의 접속사(when)가 따로 표시되는 이유는 막연한 접속사의 추론을 방지하기 위함이다('분사구문에서 접속사가 남는 이유' 참조). 그리고 이 경우에 when은 표시가 된다고 해도 접속사가 아니다. 만약 접속사라면 그 뒤의 어순이 접속사 + 주어 + 동사가 돼야 하지만 이미 cleaning은 동사가 아니라 분사이기 때문이다.

※정리하자면 절(clause)이 구(phrase)로 전환될 때는 접속사가 사라짐으로 인해서 절(clause) 속에 있던 동사가 to부정사나 동명사(~ing) 또는 분사(~ing/~ed)로 바뀌게 된다. 따라서 절과 구의 차이는 접속사가 있느냐(절) 없느냐(구), 그리고 동사가 있느냐(절) 없느냐(구)의 차이라고 하겠다.

2. it seems that~의 단문 전환

※it seems~에서 it은 비인칭으로 보는 관점도 있고 가주어로 보는 관점도 있지만 이 부분에서는 가주어로 지칭하도록 하겠다.

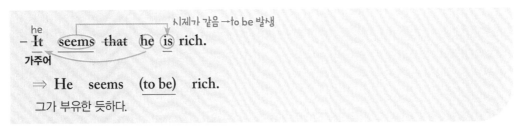

– It seems that he is rich.

⇒ He seems (to be) rich.

그가 부유한 듯하다.

1) that절 속의 주어(he)가 가주어(it) 자리로 나온다. 가주어(it) 자리는 허사(虛辭)라서 종속절(that절)의 주어(he)로 대체 가능하다.

2) 이 경우 종속절인 that절은 주어(he)가 없어짐으로 인해서 절(clause)에서 구(phrase)로 전환된다. 그리고 that절은 명사절이라서 구(phrase)로 전환될 때는 to 부정사구로 전환된다('절의 종류와 성격/명사절, 형용사절, 부사절' 참조).

3) that절 속의 동사인 is는 to부정사구와 연결되는 과정에서 원형(be)으로 바뀐다(to be)→'준동사의 시제/준동사의 완료시제 표현' 참조.

※ '절을 구로 전환하는 2가지 방법'의 1, 2번 예문에서 보듯이 It seems that he is rich가 It seems for him to be rich로 전환한 다음, for him 부분의 him이 가주어(it) 자리에 대체되면서 He seems to be rich로 최종 전환되었다고 볼 수도 있다.

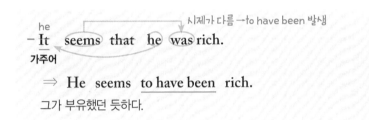

1) that절 속의 주어(he)가 가주어(it) 자리로 나온다. 가주어(it) 자리는 허사(虛辭)라서 종속절(that절)의 주어(he)로 대체 가능하다.

2) 이 경우 종속절인 that절은 주어(he)가 없어짐으로 인해서 절(clause)에서 구(phrase)로 전환된다. 그리고 that절은 명사절이라서 구(phrase)로 전환될 때는 to 부정사구로 전환된다('절의 종류와 성격/명사절, 형용사절, 부사절' 참조).

3) that절 속의 동사인 was는 to부정사구와 연결되는 과정에서 완료시제(have p.p)로 바뀐다(to have been).

4) 그런데 이 경우 to부정사 이하에서 완료시제(have been)가 발생하는 이유는 다음과 같다. 원 문장(It seems that he was rich)에서 주절의 동사(seems/현재)와 종속절의 동사(was/과거) 사이에 시제 차이가 존재했다. 이 원 문장 속의 종속절(that절)을 구(phrase)로 바꾸어서 문장 전체를 단문(동사가 하나) 처리하는 과정에서 종속절에 있던 동사(was)를 seem to와 연결해서 다시 표현해야 하는데, 이 경우 주절(seems/현재)과 종속절(was/과거)의 동사의 시제 차이가 나는 경우에는 종속절(was)의 동사를 완료시제(have p.p)로 처리해서 나타내야 한다. 따라서 was를 완료시제 처리하면 have been 이 되는 것이다.

※ 다시 말해서 종속절의 시제가 주절의 시제보다 한 시제 과거 쪽으로 앞선 경우에는 준동사 부분에서 완료시제(have p.p)로 표현해야 한다('준동사의 시제/준동사의 완료시제 표현' 참조).

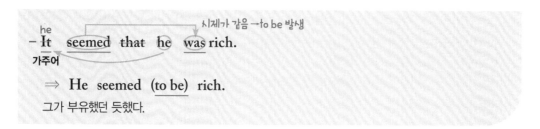

1) that절 속의 주어(he)가 가주어(it) 자리로 나온다. 가주어(it) 자리는 허사(虛辭)라서 종속절(that절)의 주어(he)로 대체 가능하다.

2) 이 경우 종속절인 that절은 주어(he)가 없어짐으로 인해서 절(clause)에서 구(phrase)로 전환된다. 그리고 that절은 명사절이라서 구(phrase)로 전환될 때는 to 부정사구로 전환된다('절의 종류와 성격/명사절, 형용사절, 부사절' 참조).

3) that절 속의 동사인 was는 to부정사구와 연결되는 과정에서 원형(be)으로 바뀐다(to be).

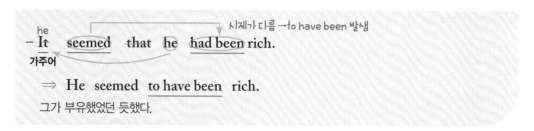

1) that절 속의 주어(he)가 가주어(it) 자리로 나온다. 가주어(it) 자리는 허사(虛辭)라서 종속절(that절)의 주어(he)로 대체 가능하다.

2) 이 경우 종속절인 that절은 주어(he)가 없어짐으로 인해서 절(clause)에서 구(phrase)로 전환된다. 그리고 that절은 명사절이라서 구(phrase)로 전환될 때는 to 부정사구로 전환된다('절의 종류와 성격/명사절, 형용사절, 부사절' 참조).

3) that절 속의 동사인 had been은 to부정사구와 연결되는 과정에서 완료시제(have p.p)로 바뀐다(to have been).

4) 그런데 이 경우 to부정사 이하에서 완료시제(have been)가 발생하는 이유는 다음과 같다. 원 문장(It seemed that he had been rich)에서 주절의 동사(seemed/과거)와 종속절의 동사(had been/대과거) 사이에 시제 차이가 존재했다. 이 원 문장 속의 종속절(that절)을 구(phrase)로 바꾸어서 문장 전체를 단문(동사가 하나) 처리하는 과정에서 종속절에 있던 동사(had been)를 seem to와 연결해서 다시 표현해야 하는데, 이 경우 주절(seemed/과거)과 종속절(had been/대과거)의 동사의 시제 차이가 나는 경우에는 종속절(had been)의 동사를 완료시제(have p.p)로 처리해서 나타내야 한다. 따라서 had been을 완료시제 처리하면 have been 이 되는 것이다.

※다시 말해서 종속절의 시제가 주절의 시제보다 한 시제 과거 쪽으로 앞선 경우에는 준동사 부분에서 완료시제(have p.p)로 표현해야 한다('준동사의 시제/준동사의 완료시제 표현' 참조).

3. He is said to be a teacher 표현이 나오기까지('준동사의 시제/준동사의 완료시제 표현' 참조)

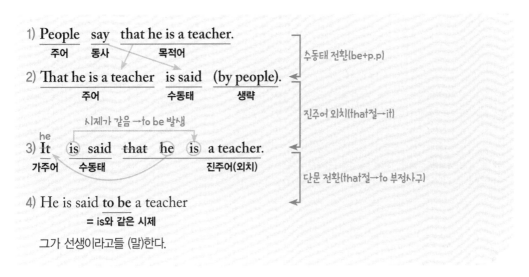

① 원 문장이 that절을 목적어(절)로 둔 3형식 문장이다.

② 원 문장을 수동태로 만드는 과정에서 목적어(절)(that절)가 주어 자리에 위치했다. 그리고 by people은 여기서부터 생략하기 시작한다.

③ 이번에는 주어 자리(that he is a teacher)에 가주어(it)를 놓고 that절은 외치(후치)시켰다.

④ that절 속의 주어(he)가 가주어(it) 자리로 나온다. 가주어(it) 자리는 허사(虛辭)라서 종속절의 주어(he)로 대체 가능하다.이 경우 that절은 주어(he)가 사라짐으로 인해서 구(phrase)로 전환된다. 그리고 that절은 명사절이라서 구(phrase)로 전환될 때는 to 부정사구로 전환된다('절의 종류와 성격/명사절, 형용사절, 부사절' 참조). 그리고 that절 속의 동사(is)는 to부정사구와 연결되면서 to be로 바뀐다.

※ 위 3번 예문에서 4번 예문으로 바뀌는 과정은 우리에게 매우 익숙한 과정이기도 하다.

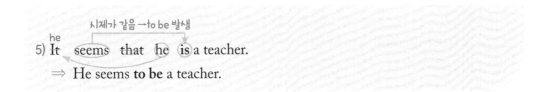

4. He is believed to have been rich 표현이 나오기까지('준동사의 시제/준동사의 완료시제 표현' 참조)

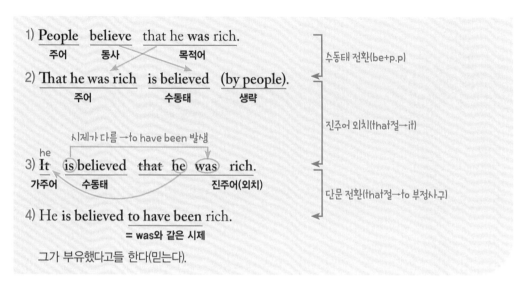

① 원 문장이 that절을 목적어(절)로 둔 3형식 문장이다.

② 원 문장을 수동태로 만드는 과정에서 목적어(절)(that절)가 주어 자리에 위치했다. 그리고 by people은 여기서부터 생략하기 시작한다.

③ 이번에는 주어 자리(that he was rich)에 가주어(it)를 놓고 진주어인 that절은 외치(후치)시켰다.

④ that절 속의 주어(he)가 가주어(it) 자리로 나온다. 가주어(it) 자리는 허사(虛辭)라서 종속절의 주어(he)로 대체 가능하다.이 경우 that절은 주어(he)가 사라짐으로 인해서 구(phrase)로 전환된다. 그리고 that절은 명사절이라서 구(phrase)로 전환될 때는 to 부정사구로 전환된다('절의 종류와 성격/명사절, 형용사절, 부사절' 참조). 그리고 that절 속의 동사(was)는 to부정사구와 연결되는 과정에서 주절의 동사(is)와의 시제 차이 때문에 완료시제(have+p.p)로 바뀐다(to have been).

※그런데 이 경우 to부정사 이하에서 완료시제(have+p.p)가 발생하는 이유는 다음과 같다('준동사의 시제/준동사의 완료시제 표현' 참조). 3번 예문(It is believed that he was rich)에서 주절의 동사(is/현재)와 종속절의 동사(was/과거) 사이에 시제 차이가 존재했다. 종속절(that he was rich)을 to부정사 구(phrase)로 바꾸어서 다시 표현해야 하는 과정에서 종속절에 있던 동사(was)를 to부정사와 연결해서 표현하면 to be가 된다. 그런데 이렇게 되면 3번 예문에 있는 주절(is)과 종속절(was)의 동사의 시제 차이를 나타내지 못하는 결과가 나오게 된다. 따라서 이 경우처럼 주절과 종속절의 동사의 시제 차이가 나는 경우에는 종속절(was)의 동사를 부정사구로 처리할 때 완료시제(have+p.p)로 처리해서 나타내야 한다(to have been).

■ She is said to have been famous의 문장변화 설명

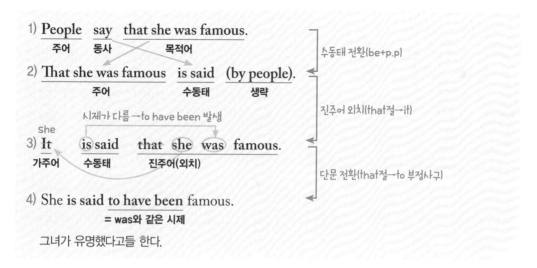

1) People say that she was famous.
   주어 동사 목적어

   수동태 전환(be+p.p)

2) That she was famous is said (by people).
   주어 수동태 생략

   진주어 외치(that절→it)

   시제가 다름 →to have been 발생
   she
3) It is said that she was famous.
   가주어 수동태 진주어(외치)

   단문 전환(that절→to 부정사구)

4) She is said to have been famous.
   = was와 같은 시제

   그녀가 유명했다고들 한다.

① 원 문장이 that절을 목적어(절)로 둔 3형식 문장이다.
② 원 문장을 수동태로 만드는 과정에서 목적어(절)(that절)가 주어 자리에 위치했다. 그리고 by peo-ple은 여기서부터 생략하기 시작한다.
③ 이번에는 주어 자리(that she was famous)에 가주어(it)를 놓고 that절은 외치(후치)시켰다.
④ that절 속의 주어(she)가 가주어(it) 자리로 나온다. 가주어(it) 자리는 허사(虛辭)라서 종속절의 주어(she)로 대체 가능하다. 이 경우 that절은 주어(she)가 사라짐으로 인해서 구(phrase)로 전환된다. 그리고 that절은 명사절이라서 구(phrase)로 전환될 때는 to 부정사구로 전환된다('절의 종류와 성격/명사절, 형용사절, 부사절' 참조). 그리고 that절 속의 동사(was)는 to부정사구와 연결되는 과정에서 주절의 동사(is)와의 시제 차이 때문에 완료시제(have+p.p)로 바뀐다(to have been).

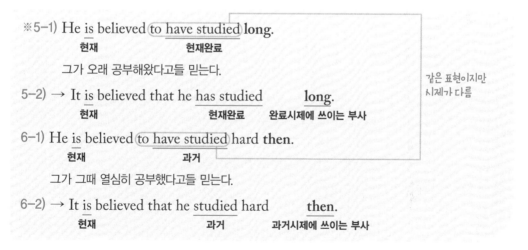

※5-1) He is believed to have studied long.
   현재 현재완료

   그가 오래 공부해왔다고들 믿는다.

   같은 표현이지만
   시제가 다름

5-2) → It is believed that he has studied long.
   현재 현재완료 완료시제에 쓰이는 부사

6-1) He is believed to have studied hard then.
   현재 과거

   그가 그때 열심히 공부했다고들 믿는다.

6-2) → It is believed that he studied hard then.
   현재 과거 과거시제에 쓰이는 부사

– 위 5-1번과 6-1번 예문에는 똑같은 완료준동사(to have studied)가 있다. 그러나 이 준동사들이 복문구조인 5-2번에서는 현재완료(has studied)로 표현이 되지만 6-2번에서는 과거시제(studied)

로 표현이 된다. 이 두 예문의 표현의 차이는 결국 시간 부사 때문에 발생했다(long/then). 5-1번 예문에서는 현재완료시제와 어울려 쓸 수 있는 시간부사인 long(오랫동안)이 있지만 6-1번 예문에서는 과거시제와 어울려 쓸 수 있는 시간부사인 then(그때)이 있기 때문이다(물론 이 경우는 좀 극단적인 설정이긴 하다). 일반적으로 주부의 동사의 시제가 현재(is)이고 준동사에서 완료시제(have p.p)가 쓰인 경우에 그 준동사의 완료시제는 문맥상 현재완료시제(5-1번)일 수도 있고 과거시제(6-1번)일 수도 있으나 위 5-1번과 6-1번 예문처럼 특정 부사(long, then)가 표현되지 않는다면 대부분의 경우에 그 준동사의 완료시제는 과거시제를 의미한다.

5. 주격보어로 쓰이는 to부정사의 명사적 용법에서 to가 생략 가능 한 경우

1) 주어가 all, what, the thing 등 이어야 하며

2) 이러한 주어들이 관계대명사절의 수식을 받아야 하며

3) 관계대명사절 내에서의 동사는 do동사여야 한다.

4) 그리고 문장 전체의 주어가 되는 all, what, the thing의 술어동사가 be 동사이어야 한다.

1) His habit is **to wash** his hands.
　　　　　　　주격보어

손을 씻는 것이 그의 취미이다.

2) **All** (that) he should do **is** (to) **wash** his hands.
　　　　관계대명사절　　　　　　주격보어

그가 해야만 할 일은 손을 씻는 것이다.

- 위 1, 2번 예문을 비교해보면 주격보어(to wash/wash) 자리에서 to 부정사가 있고(1번 예문) 없고(2번 예문)의 차이를 알 수가 있다. 일반적으로 동사가 주격보어(S.C)가 되기 위한 방법의 하나로서 부정사(to~V)의 형태를 취하게 되는데 2번 예문처럼 주어(all)가 관계절(he should do)의 수식을 받으며, 관계절 내에서의 동사를 do를 사용하고, 주절의 동사는 be동사(is)를 술어로 사용하는 경우에 한해서 주격보어 자리에서 to부정사의 생략이 가능하다.

3) **What** Japanese government should do **is** (to) **face** up to history.
　　　　　　관계대명사절　　　　　　　　　　주격보어

일본 정부가 할 일은 역사를 직시하는 것이다.

– 위 3번 예문에서 주어(what)가 관계절(Japanese government should do)의 수식을 받고 있으며 관계절 내에서의 동사는 do동사이며, 주절의 동사는 be동사(is)를 술어로 사용하고 있기 때문에 주격보어인 to face 부분에서 to가 생략 가능하다.

4) **The** only **thing** (that) he did **was** (to) **sleep** on his bed.
　　　　　　　　　관계대명사절　　　　　주격보어

　　그가 유일하게 한 일은 침대에서 잔 일이다.

– 위 4번 예문에서 주어(the only thing)가 관계절(he did)의 수식을 받고 있으며, 관계절 내에서의 동사는 do동사이며(did), 주절의 동사는 be동사(was)를 술어로 사용하고 있기 때문에 주격보어인 to sleep에서 to가 생략 가능하다.

6. 분사구문의 발생 이유

　분사구문이 발생하는 이유는 간단히 말해서 동사를 써야 하는 상황에서 접속사가 모자라서 발생한다고 보면 되겠다. 다시 말하면 원 문장에서 접속사의 개수는 동사의 개수보다 항상 1개가 적어야 하는데(동사의 개수–1 = 접속사의 개수) 접속사가 없어지면서 그에 따라 동사가 하나 없어지는 과정에서 발생한 것이다.

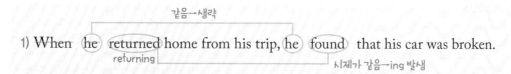

1) When (he) (returned) home from his trip, (he) (found) that his car was broken.
　　　　　returning

⇒ (When) Returning home from his trip, he found that his car was broken.
　여행에서 집으로 돌아왔을 때, 그는 차가 부서진 사실을 알았다.

– 위 1번 예문을 보면 원 문장에서 접속사인 when이 사라짐으로 인해서 동사인 returned가 분사인 returning으로 바뀌었다. 원 문장에서 종속절의 주어(he)는 동사(returned)가 분사(returning)로 바뀜으로 인해서, 그리고 주절의 주어(he)와 같으므로 인해서 생략되었다.

※ 분사구문에서 when을 다시 표시한다고 해도 접속사는 아니다. 만약 접속사라면 접속사+주어+동사의 어순이 돼야 하지만 이미 returning은 동사가 아니라 분사이기 때문이다.

같음→생략

2) As it was defeated again, the football team deserved harsh criticism
being   시제가 같음→ing 발생

→ (Being) Defeated again, the football team deserved harsh criticism
또 다시 졌기 때문에 그 축구팀은 맹비난을 받을 만했다.

– 위 2번 예문을 보면 원 문장에서 접속사인 as가 사라짐으로 인해서 동사인 was가 분사인 being으로 바뀌었다. 그리고 이 분사(being)는 분사구문의 원칙상 또 다른 분사(defeated)가 이어질 때 생략 가능하다('분사구문에서 생략되는 being' 참조). 원문장에서 종속절의 주어(it)는 동사(was)가 분사(being)로 바뀜으로 인해서, 그리고 주절의 주어(the football team)와 같음으로 인해서 생략되었다.

다름→표시

3) Because Jane disliked fishing, we went to the amusement park instead.
disliking   시제가 같음→ing 발생

⇒ Jane disliking fishing, we went to the amusement park instead.
제인이 낚시를 싫어해서 우리는 대신에 놀이공원에 갔다.

– 위 3번 예문을 보면 원 문장에서 접속사인 because가 사라짐으로 인해서 동사인 disliked가 분사 인 disliking으로 바뀌었다. 그리고 원 문장에서 종속절의 주어(Jane)는 주절의 주어(we)와 다름으로 인해서 생략이 불가능하다(독립분사구문).

※ 이 경우는 단순히 Jane을 표기만 한 것이지 주격(주어)의 성질을 그대로 지니고 있다고 보기는 어렵다. 만일 주격(주어)이라면 동사(disliked)가 뒤따라와야 하는데(주어+동사) disliking은 동사가 아니라 분사이기 때문이다. 이러한 분사구문의 형태를 독립분사구문이라고 한다.

begging

4-1) I met a friend of mine ~~who begged~~ for money on the street.
    동사   접속사+동사

4-2) → I met a friend of mine **begging** for money on the street.
    동사   분사
나는 길에서 돈을 구걸하는 친구 한 명을 만났다.

– 4-1번 예문은 관계절(who begged for money on the street)이 포함된 문장이며 문장 속에 접속 사 한 개(who/관계사도 접속력이 있다)와 동사 두 개(met, begged)가 있다. 그런데 4-2번 예문에 는 접속사(who)가 없어지고 동사 한 개(met)와 분사(begging) 한 개만 남았다. 결국 4-1번과 4-2 번 예문의 차이는 접속사로 인해서 발생했다. 문장 속에서 접속사의 개수는 동사의 개수보다 하 나 더 적어야 하므로 접속사(who)가 사라진 4-2번 예문에서는 그에 따라 동사도 하나 줄어들어 야 한다. 그 과정에서 접속사(who)가 속한 절(who begged for money on the street)의 동사인 begged 가 분사 begging으로 바뀌었다.

※ He loves, boasts, and cherishes his first bike.
　　　　　하나의 동사로 취급

그는 첫 번째 자전거를 사랑하고 자랑하고 아낀다.

– 위 예문처럼 연속적으로 발생하는 동사는 접속사의 개수와는 상관없음.

※ He threw away pens, notes, and albums.
　　　　　　분사구문과 관련된 접속사가 아님

그는 펜, 노트, 앨범 등을 버렸다.

– 위 예문의 접속사(and)는 타동사(threw away)의 목적어(pens, notes, albums)가 나열되는 과정에서 발생한 것이므로 접속사의 개수와는 상관없음.

7. 분사구문의 역추론 방법(타동사 watch를 예로 들었을 때)

분사의 예시	원 절에서의 표현	비고(독립분사구문 제외)
watched/①	be+watched/①-1	주절의 주어와 동사를 참고해서 be동사의 단·복수유형과 시제를 일치시켜야 함
watching/②	• watched(과거)/watch(현재) 둘 중 하나/②-1 • be+watching/②-2	• 과거/현재 시제인지 진행형(be+~ing) 시제인지는 주절과의 문맥상 판단해야 함. • 진행형이라고 판단되면 주절의 주어와 동사를 참고해서 be동사의 단·복수유형과 시제를 일치시켜야 함.

※분사구문에서 명사, 형용사, 전치사구만 남은 경우는 '분사구문에서 생략되는 being' 참조.
※완료분사구문(having+p.p)은 '분사의 시제/분사의 완료시제 표현' 참조.

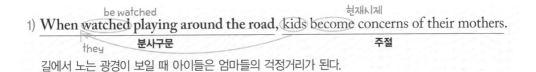

1) When watched playing around the road, kids become concerns of their mothers.
　　　　be watched　　　　　　　　　　　　　　현재시제
　　　　they　　　분사구문　　　　　　　　　　　주절

길에서 노는 광경이 보일 때 아이들은 엄마들의 걱정거리가 된다.

– 먼저 분사구문에서 생략된 주어와 동사를 유추해야 하는데 분사구문에서 주어가 생략되었다는 것은 주절(kids become concerns of their mothers)의 주어(kids=they)와 같음을 의미한다. 그리고 분사의 유형 중 watched는 위 도표에 의하면 be+watched(수동태)가 원 절에서의 표현이다. 여기

서 be동사의 시제는 주절 동사(become/현재)의 시제와 같아야 하므로 are가 된다(분사구문에서 생략된 주어가 they(= kids)이기 때문). 따라서 생략된 주어와 be동사를 채워 넣으면 they are가 된다. 이 부분을 분사구문 속에 삽입하면 아래 표현이 된다.

1-1) **When they are watched playing around the road,** kids become concerns of their mothers.

※ 1번 예문의 분사구문(When watched playing around the road) 중에 원 절의 접속사인 when을 그대로 표시한 이유는 접속사 추론의 오류를 방지하기 위해서이다. 물론 표시된다고 해도 접속사는 아니다('분사구문에서 접속사가 남는 이유' 참조). 접속사라면 뒤에 주어+동사의 어순이 따라야 하는데 이 분사구문은 주어도 없거니와 watched는 동사가 아니라 이미 분사이기 때문이다.

① watched/watch
② be + watching
과거 시제

2) (After) Watching carefully her leave the spot, he slowly walked to his car.

he / 분사구문 / 주절

그녀가 그 장소를 떠나는 것을 조심스레 관찰한 후에 그는 자기 차로 걸어갔다.

− 먼저 분사구문에서 생략된 주어와 동사를 유추해야 하는데 분사구문에서 주어가 생략되었다는 것은 주절(he slowly walked to his car)의 주어(he)와 같음을 의미한다. 그리고 분사의 유형 중 watching은 위 도표에 의하면 ①과거동사/현재동사 둘 중 하나이거나 ②진행형(be+~ing)일 수 있다. 그런데 주절(he slowly walked to his car)의 동사의 시제가 과거(walked)이므로 분사(watching)의 원 절의 표현은 과거시제를 축으로 한 두 표현(watched/was watching) 중 하나이다. 따라서 분사구문의 원 표현은 아래 두 예문 중 하나이다.

2-1) After he carefully **watched** her leave the spot, he slowly walked to his car.
2-2) After he **was** carefully **watching** her leave the spot, he slowly walked to his car.

그러나 문맥상 진행형(be+~ing)인 2-2번보다 단순과거시제인 2-1번이 더 적당해 보인다.

8. 접속사와 동사, 그리고 분사의 상관관계

문장 내의 접속사의 개수	문장 내의 동사의 개수	문장 내의 분사의 개수
1개(동사의 개수−1)	2개(=절의 개수)	상관없음
2개(동사의 개수−1)	3개(=절의 개수)	상관없음
3개(동사의 개수−1)	4개(=절의 개수)	상관없음
…	…	…

1) I think **that** she thinks **that** he thinks **that** we think **that** they think so.

   동사 접속사   동사 접속사   동사 접속사   동사 접속사   동사

– 위 1번 예문을 보면 문장(sentence) 속에 동사(think)가 5번, 접속사(that)는 4번 쓰였다. 예외적인 경우가 있긴 하지만 일반적으로는 문장 내에서 동사의 개수는 절(clause)의 개수와 일치하며 동사의 개수에서 −1을 하면 접속사의 개수가 나오게 된다. 이러한 접속사와 동사의 상관관계가 분사구문을 만드는 원리가 된다.

2) James read newspapers, **and ate** (eating) some snacks.

                        접속사 동사

3) James read newspapers, **eating** some snacks.

                                  분사

제임스는 과자를 먹으면서 신문을 읽었다.

– 위 2, 3번 예문을 보면 2번 예문의 뒤 절에서는 접속사(and)와 동사(ate)가 쓰였지만 3번 예문에서는 그 자리에 분사(eating)가 쓰였다. 다시 말하면 2번 예문에서 접속사(and)가 생략됨으로 인해서 동사(ate)가 하나 줄어들어야 했고 그 과정에서 분사(eating)로 바뀌었는데 그 예문이 3번 예문이다. 2번 예문에서는 접속사가 하나(and)에 동사가 두 개(read, ate)였지만, 접속사가 사라진 3번 예문에서는 동사가 하나(read)이다.

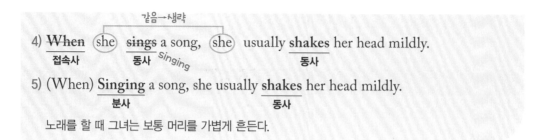

4) When (she) sings a song, (she) usually shakes her head mildly.
　　접속사　　동사　　　　　　　　　　　동사

5) (When) Singing a song, she usually shakes her head mildly.
　　　　　분사　　　　　　　　　　　　동사

노래를 할 때 그녀는 보통 머리를 가볍게 흔든다.

– 위 4번 예문의 종속절(when she sings a song)을 분사구문으로 바꾼 문형이 5번 예문의 분사구
문(singing a song)이다. 4번 예문의 종속절에서 접속사(when)가 생략됨으로 인해서 종속절 내에
서의 동사(sings)가 분사(singing)로 바뀌어야 한다. 4번 예문에서는 접속사(when)가 하나에 동사
가 두 개(sings, shakes)였지만, 접속사가 사라진 5번 예문에서는 동사가 하나(shakes)이다.

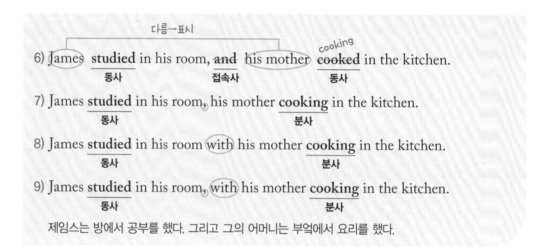

6) James studied in his room, and his mother cooked in the kitchen.
　　　　　동사　　　　　　　접속사　　　　　　　　동사

7) James studied in his room, his mother cooking in the kitchen.
　　　　　동사　　　　　　　　　　　　분사

8) James studied in his room with his mother cooking in the kitchen.
　　　　　동사　　　　　　　　　　　　분사

9) James studied in his room, with his mother cooking in the kitchen.
　　　　　동사　　　　　　　　　　　　분사

제임스는 방에서 공부를 했다. 그리고 그의 어머니는 부엌에서 요리를 했다.

– 위 6번 예문의 뒤 절(and his mother cooked in the kitchen)을 분사구문으로 바꾼 유형이 7번 예
문의 분사구문(his mother cooking in the kitchen)과 8번 예문의 분사구문(with his mother cook-
ing in the kitchen)이다. 6번 예문의 뒤 절에서 접속사(and)가 생략됨으로 인해서 절 내에서의 동
사(cooked)가 분사(cooking)로 바뀌어야 한다. 그리고 뒤 절의 주어(his mother)는 앞 절의 주어
(James)와 다른 사람이므로 생략되지 못하고 그대로 나타내야 한다. 8번 예문과 7번 예문의 차이는
분사구문을 나타내는 방법의 차이라고 보면 되겠다. 쉽게 말해서 6번 예문이 분사구문으로 변하기
위해서는 구두점(,)을 찍고 분사(cooking)를 사용해서 7번 예문처럼 나타내든지(독립분사구문), 아니
면 구두점(,) 없이 전치사(with/부대 상황)를 이용해서 8번 예문처럼 나타내면 된다(그러나 독립분사
구문 형태인 7번 예문에서도 콤마(,) 다음에 전치사 with를 나타낼 수 있다→9번). 결국 6번 예문에
서는 접속사(and) 한 개에 동사가 두 개(studied, cooked) 쓰였지만 분사구문인 7번과 8번, 9번 예
문에서는 동사가 한 개(studied)만 쓰이고 동사(cooked) 대신에 분사(cooking)가 쓰였다.

9. 분사구문에서 접속사가 남는 이유

분사구문에서 접속사가 남는 이유는 크게 두 가지로 요약된다

구분	비고
주절 뒤에 분사구가 위치했을 때 접속사가 남는 이유	① ② ③
주절 앞에 분사구가 위치했을 때 접속사가 남는 이유	④

1) I saw Jane **while** __taking__ a walk in the park.
             접속사 아님 **분사**

1-1) [=I saw Jane **while I took(was taking)** a walk in the park.]
   공원에서 산책을 하는 동안 나는 제인을 보았다.

- 위 1번의 원 문장은 아래쪽 1-1번이다. 만약 1번의 분사(taking) 앞에 분사구문으로 바뀌기 전인 1-1번 예문의 접속사(while)를 표시하지 않는다면 'I saw Jane taking a walk in the park.'로 표현이 되는데 이 문장의 원 문장은 'I saw Jane who took a walk in the park.'로 유추되기 때문에 분사(taking)의 주체가 원래 의도했던 'I'가 아닌 Jane이 되는 오류가 발생한다. 따라서 1번의 분사구문(taking a walk in the park) 앞에 1-1번의 접속사(while)를 그대로 표시하는 이유는 접속사 (while) 이하에서 생략된 주절의 원래 주어(I)를 유추하는데 있어서 오류를 방지하기 위한 수단이라 할 수 있겠다.

2) He usually visits his grandparents **when** __starting__ a new business.
                  접속사 아님 **분사**

2-1) (= He usually visits his grandparents **when he starts** a new business.)
   그는 새 사업을 시작하기 전에 보통 조부모님들을 방문한다.

- 위 2번의 원 문장은 아래쪽 2-1번이다. 만약 2번의 분사(starting) 앞에 분사구문으로 바뀌기 전인 2-1번 예문의 접속사(when)를 표시하지 않는다면, 'He usually visits his grandparents starting a new business'로 표현되는데, 이 문장의 원 문장은 'He usually visits his grandparents who start a new business.'로 유추되기 때문에 분사(starting)의 주체가 원래 의도했던 'he'가 아닌 his grandparents가 되는 오류가 발생한다. 따라서 2번의 분사구문(starting a new business) 앞에 2-1번의 접속사(when)를 그대로 표시하는 이유는 접속사(when) 이하에서 생략된 주절의 원래 주어(he)를 유추하는데 있어서 오류를 방지하기 위한 수단이라 할 수 있겠다.

3) The mechanic kept repairing a car **when**　 **approached** by a policeman.
　　　　　　　　　　　　　　　　　접속사 아님　　분사

3-1) (= The mechanic kept repairing a car **when he was approached** by a policeman.)
그 정비공은 경찰이 접근할 때 자동차를 계속 수리하고 있었다.

– 위 3번의 원 문장은 아래쪽 3-1번이다. 만약 3번의 분사(approached) 앞에 분사구문으로 바뀌기 전인 3-1번 예문의 접속사(when)를 표시하지 않는다면, 'The mechanic kept repairing a car approached by a policeman.'으로 표현이 되는데 이 문장의 원 문장은 'The mechanic kept repairing a car which was approached by a policeman.'으로 유추되기 때문에 분사(approached)의 주체가 원래 의도했던 the mechanic이 아닌 a car가 되는 오류가 발생한다. 따라서 3번의 분사구문(approached by a policeman) 앞에 3-1번의 접속사(when)를 그대로 표시하는 이유는 접속사(when) 이하에서 생략된 주절의 원래 주어(The mechanic)를 유추하는데 있어서 오류를 방지하기 위한 수단이라 할 수 있겠다.

4)　**If**　 **left**　unattended, the situation will become worse.
　접속사 아님　분사

4-1) (=**If it is left** unattended, the situation will become worse.)
= the situation
관심을 갖지 않는다면 상황은 더욱 악화될 것이다.

– 위 4번의 원 문장은 아래쪽 4-1번이다. 4-1번 예문의 접속사(if)가 분사구문(if left unattended)으로 바뀐 4번 예문에서도 그대로 표시되는 이유는, 이 분사구문에서 접속사(if)를 생략해 버리면 많은 접속사(as, because, while, if, when, though, whether 등) 중에서 특정 접속사(if)를 유추하기가 쉽지 않은 까닭에 접속사 유추의 오류를 방지하기 위해서 그냥 남겨둔 것이라고 보면 되겠다.

※정리하자면, 분사구문에서 접속사가 그대로 표시되는 이유는 위 1번, 2번, 3번 예문처럼 원 절의 구문상의 오류(주어 유추의 오류)를 방지하기 위해서와 위 4번 예문처럼 원 절의 접속사의 유추의 오류를 방지하기 위해서이다('분사의 주체' 참조).
※접속사가 생략된 대부분의 분사구문은 as, because(~때문에)가 생략

5) Being hungry,he ate up everything on the table
배가 고파서 그는 테이블 위에 있는 모든 것을 먹어치웠다.

– 위 5번 예문의 분사구문(being hungry)처럼 분사구문에서 원절의 접속사가 표시되지 않는 경우는 대부분 '~때문에'라는 의미를 가진 as나 because로 유추가 된다[As(=because) he was hungry, he ate up everything on the table].

5-1) (Though) being hungry, he didn't eat much

배가 고팠지만 그는 많이 먹지 않았다.

- 만약 5-1번 예문의 분사구문((Though) being hungry)처럼 원절의 생략된 접속사(though/~에도 불구하고)를 표시하지 않는다면 위 5번 예문의 분사구문(Being hungry)과 같은 모양이 되며 따라서 5번 예문처럼 생략된 접속사는 '~때문에'라는 의미를 가진 as나 because로 유추가 된다. 그렇게 되면 As(=because) he was hungry, he didn't eat much라는 '배고팠기 때문에 많이 먹지 않았다'라는 상당히 어색한 표현이 나오게 된다. 따라서 이 경우처럼 분사구문에서 특정 접속사가 남는 경우는 원절의 접속사 유추의 오류를 방지하기 위해서이다.

※분사구문에서 관용적으로 접속사가 남는 경우

The financial authority is keeping an eye on the foreign exchange rate while also looking at various measures it can take **if necessary**.

금융당국은 필요하면 취할 수 있는 다양한 조치들을 관찰하는 동안 환율을 감시하고 있다.

- if necessary의 원표현은 if it is necessary 정도로 보면 되겠다. 그리고 여기서 it은 앞 절의 take various measures(다양한 조치를 취하다)를 가리킨다

She said she would seek to attend the event **if needed**.

그녀는 필요하다면 그 행사에 참여하도록 노력하겠다고 말했다.

- if needed의 원표현은 if it was needed 정도로 보면 되겠다. 그리고 여기서 it은 앞 절의 attend the event(행사에 참여하다)를 가리킨다.

10. 자동사의 분사/타동사의 분사

분사의 종류	뒤에 목적어가 있을 때	뒤에 목적어가 없을 때	비고
타동사의 분사	~ing/②④	~ed/③⑤	
자동사의 분사	-	-	자동사는 목적어가 없는 동사이 므로 완료시제(have+p.p)를 나타 내지 않는 한 ~ing형밖에 없다/ ①⑥⑦

– 일반적인 어법 문제에서 타동사의 분사는 ~ing,~ed 두 가지지만, 자동사의 분사는 완료시제와 섞어 쓰지(have+p.p) 않는 한 ~ing 한 가지밖에 없다. 타동사의 분사를 고르는 방법은 뒤쪽에 목 적어가 있으면 ~ing가 정답이고, 뒤쪽에 목적어가 없으면 ~ed가 정답인 경우가 대부분이다('동 사/준동사 구분도표 및 어법문제의 이해' 참조). 그러나 목적어가 두 개가 필요한 4형식 동사(tell, ask, give, teach 등)가 목적어를 하나(직·목)만 가질 때는 '뒤에 목적어가 없을 때'로 판단을 해야 하고 목적어를 두 개 모두(간·목+직·목) 가질 때만 '뒤에 목적어가 있을 때'로 판단을 해야 하는 경우가 있다('4형식 동사(간·목+직·목)의 분사구문' 참조).

※분사 자리인지 동사 자리인지 헷갈리는 경우에는 문장 속의 동사와 접속사의 상관관계(동사의 개 수-1=접속사의 개수)를 고려하면 되겠다.

1) Tom reached finish line last, **running** very slowly.
　　　 동사　　　　　　　　 분사

　톰은 매우 천천히 뛰어서 마지막으로 결승점에 도착했다.

　※ 자동사인 run(뛰다) 의 분사이기 때문에 ~ing형 한 가지임.

– 위 1번 예문은 문장 전체에 접속사가 없기 때문에 동사가 한 개(reached)이어야만 한다. 따라서 더 이상의 동사를 쓰지 못하고 분사(~ing, ~ed)를 사용해야 하는데 run은 자동사이기 때문에 ~ing 형 분사인 running을 써야 한다.

2) Tom is reading a newspapers, **eating** potato chips.
　　　 동사　　　　　　　　　　　　　 분사

　톰은 감자칩을 먹으면서 신문을 읽고 있다.

　※ 타동사인 eat(~을 먹다)의 분사이며 뒤에 목적어인 potato chips가 있기 때문에 ~ing형임.

– 위 2번 예문은 문장 전체에 접속사가 없기 때문에 동사가 한 개(is)이어야만 한다. 따라서 더 이 상의 동사를 쓰지 못하고 분사(~ing, ~ed)를 사용해야 하는데 eat은 타동사이기 때문에 ~ing, ~ed 두 가지 분사의 형태를 취할 수 있다. 그러나 뒤쪽에 목적어(potato chips)가 있기 때문에 ~ing형 분사인 eating을 써야 한다.

※앞쪽 ~ing형인 분사(reading)도 뒤에 목적어(a newspapers)가 있다.

3) Tom is   reading a newspapers with his legs **stretched**.
　　　동사　　　　　　　　　　　　　　　　　　　　　　　　분사

톰은 다리를 쭉 뻗은 채 신문을 읽고 있다.

※ 타동사인 stretch(~을 뻗다) 의 분사이며 뒤에 목적어가 없기 때문에 ~ed형임.

- 위 3번 예문은 문장 전체에 접속사가 없기 때문에 동사가 한 개(is)이어야만 한다. 따라서 더 이상의 동사를 쓰지 못하고 분사(~ing, ~ed)를 사용해야 하는데 stretch는 타동사이기 때문에 ~ing, ~ed 두 가지 분사의 형태를 취할 수 있다. 그러나 뒤쪽에 목적어가 없기 때문에 ~ed형 분사인 stretched를 써야 한다.

4) My mom is busy **preparing** a dinner.
　　　　　　동사　　　　　분사

엄마가 저녁준비를 하느라 바쁘다.

※ 타동사인 prepare(~을 준비하다)의 분사이며 뒤에 목적어(a dinner)가 있기 때문에 ~ing형임.

5) A dinner **prepared**, they started to gather around the table.
　　　　　　분사　　　　　　　동사

(= As a dinner was prepared, they started to gather around the table.)

저녁이 준비되었기 때문에 그들은 테이블 주위로 모여들었다.

※ 타동사인 prepare(~을 준비하다) 의 분사이며 뒤에 목적어가 없기 때문에 ~ed형임.

6) While **sleeping**, he sometimes pinches his cheeks.
　　　　분사　　　　　　　　　　　동사

(= While he sleeps, he sometimes pinches his cheeks)

자는 동안 그는 때때로 뺨을 꼬집는다.

※ 자동사인 sleep(자다)의 분사이기 때문에 ~ing형 한 가지임.

7) When **travelling**, tourists are advised to carry their passports.
　　　　분사　　　　　　　동사

(= When they travel,tourists are advised to carry their passports.)

여행을 하는 동안 관광객들은 여권을 소지하기를 권장한다.

※ 자동사인 travel(여행하다) 의 분사이기 때문에 ~ing형 한가지임.

※위 1~7번 예문들은 모두 접속사가 없는 문장들이기 때문에 문장 속에 동사가 하나씩만 주어져야 한다. 따라서 굵은 글씨체 부분들은 모두 분사 자리이다.

8) It is indeed disappointing to see the president step down from the organiza-
   동사

   tion **forged** to fight the pressing challenges **facing** mankind.
        분사   분사

   인류에게 닥친 긴급한 현안들을 다루기 위해 만들어진 그 조직에서 대통령이 사임하는 것을 보게 돼
   서 정말 실망스럽다.

– 위 8번 예문은 문장 전체에 접속사가 하나도 없기 때문에 동사가 한 개여야만 한다. 그런데 이
  미 동사(is)가 하나 있으므로 더 이상의 동사를 쓰지 못하고 분사(~ing, ~ed)를 사용해야 한다.
  forge(~을 만들어내다)와 face(~을 대면하다)는 모두 타동사이기 때문에 ~ing, ~ed 두 가지 분
  사의 형태를 취할 수 있다. 그리고 forge는 뒤쪽에 목적어가 없이 to부정사(to fight)로 바로 연결되
  기 때문에 ~ed형 분사인 forged를 써야 한다. 반면에 face는 뒤쪽에 목적어(mankind)가 있기 때
  문에 ~ing형 분사인 facing을 써야 한다.

9) It is dangerous to provide dollars to a country **obsessed** with nuclear missiles
   동사   분사

   targeting South Korea and its ally, the US., stationed in South Korea.
   분사

   한국과 한국에 주둔한 동맹국 미국을 겨냥한 핵미사일에 정신이 팔린 국가에 달러를 공급하는 것은
   위험하다.

– 위 9번 예문은 문장 전체에 접속사가 하나도 없기 때문에 동사가 한 개여야만 한다. 그런데 이미
  동사가 하나(is) 있으므로 더 이상의 동사를 쓰지 못하고 분사(~ing, ~ed)를 사용해야 한다. ob-
  sess(~에 붙어 다니다)와 target(~을 목표로 하다)은 모두 타동사이기 때문에 ~ing, ~ed 두 가
  지 분사의 형태를 취할 수 있다. 그리고 obsess는 뒤쪽에 목적어가 없이 전치사(with)로 바로 연결
  되기 때문에 ~ed형 분사인 obsessed를 써야 한다. 반면에 target은 뒤쪽에 목적어(South Korea
  and its ally)가 있기 때문에 ~ing형 분사인 targeting을 써야 한다.

■ 타동사의 분사/자동사의 분사의 수식

앞서 타동사의 분사는 ~ing와 ~ed형 두 가지가 존재하며, 자동사의 분사는 완료시제(have
p.p)와 섞어 쓰지 않는 한 ~ing 형 한 가지밖에 없다고 언급했다. 마찬가지로 이 분사들이 명
사 앞에서 수식할 때 타동사는 ~ing/~ed형 두 가지의 형태로 수식이 가능하지만 자동사는
~ing형 한가지의 형태로만 수식이 가능하다.

remaining seats(○)/**remained** seats(×) /remain은 자동사라서 ~ing로만 수식 가능
여분의 좌석

a **travelling** exhibit(○)/a **travelled** exhibit(×) /travel은 자동사라서 ~ing로만 수식 가능
이동전시회

a **heated** debate(○)/a **heating** system(○) /heat는 타동사라서 ~ing,~ed 둘 다 수식 가능
가열된 토론   난방장치

a **surprising** result(○)/a **surprised** student(○) /surprise는 타동사라서 ~ing,~ed 둘 다 수식 가능
놀라운 결과   놀란 학생

11. 동사/준동사의 구분도표 및 어법문제의 이해(타동사 kill을 예로 들었을 때)

목적어를 가지는 유형			목적어를 가지지 않는 유형		
kill(현재)	동사	둘 다 동사임 →접속사와 상관 관계 필요	to kill(부정사)/형용사구⑤		둘 다 준동사 임→접속사 와 상관관계 불필요
killed(과거)/④					
to kill(부정사)/명사구⑦, 부사구⑧, 형용사구⑥	준동사	둘 다 준동사임 →접속사와 상관 관계 불필요	(to be) killed(과거분사)②③ 생략 가능		
(to be) killing(현재분사)① 생략 가능					

※목적어가 두 개가 필요한 4형식 동사(tell, ask, give, teach 등)가 목적어를 하나만 가질 때는 '목적
  어를 가지지 않는 유형'으로 판단해야 하고 목적어를 두 개 모두 가질 때만 '목적어를 가지는 유형'
  으로 판단을 해야 하는 경우가 있음→'4형식 동사(간·목+직·목)의 분사구문' 참조.

1) David **cleaned** his house, (killed/**killing**) many cock-roaches.
   동사   분사 자리
   데이비드는 집 안을 청소하고 많은 바퀴벌레를 죽였다.

– 1번 예문을 보면 문장 속에 접속사 없이 동사가 한 개(cleaned) 있다. 접속사의 추가 없이는 동사
  를 추가로 쓰지 못하므로 괄호(killed/killing) 자리는 분사 자리이다. 이 경우는 뒤의 목적어 유무로
  판단하면 된다. 위 도표에서 알 수 있듯이 목적어를 가지는 분사는 ~ing형이고, 목적어를 가지지
  않는 분사는 ~ed형이다. 1번 예문에서는 뒤에 목적어(many cock-roaches)가 있으므로 killing을
  써야 한다.

2) People should **honor** war dead (**killed/killing**) in Korean War.
　　　　　　　동사　　　　　　　　　　분사 자리

사람들은 한국전쟁에서 사망한 전사자들을 존경해야 한다.

– 2번 예문을 보면 문장속에 접속사 없이 동사가 한 개(honor) 있다. 접속사의 추가 없이는 동사를 추가로 쓰지 못하므로 괄호(killed/killing) 자리는 분사 자리이다. 이 경우에도 1번 예문과 마찬가지로 뒤의 목적어 유무로 판단하면 된다. 위 도표에서 알 수 있듯이 목적어를 가지는 분사는 ~ing형이고, 목적어를 가지지 않는 분사는 ~ed형이다. 2번 예문에서는 뒤에 목적어가 없이 전치사(in)로 바로 연결되므로 killed를 써야 한다.

3) He **escaped** desperately thinking **that**, if (**killed/killing**) in the spot, he would
　　동사　　　　　　　　　　　　　　접속사　　　　분사 자리

never **meet** his family again.
　　　동사

만약 그 장소에서 죽는다면 다시는 가족들을 못 볼 거라는 생각을 하면서 그는 필사적으로 달아났다.

– 3번 예문을 보면 문장 속에 접속사가 한 개(that) 있다(if는 접속사 아님.접속사라면 주어+동사로 연결돼야 하지만 주어가 없음('분사구문에서 접속사가 남는 이유' 참조). 따라서 동사의 개수는 접속사의 개수보다 한 개 많은 두 개를 사용할 수 있다. 그런데 이미 두 개의 동사(escaped, meet)가 있으므로 괄호(killed/killing) 자리는 분사 자리이다. 그리고 위 도표에서 알 수 있듯이 목적어를 가지는 분사는 ~ing형이고, 목적어를 가지지 않는 분사는 ~ed형이다. 3번 예문에서는 뒤에 목적어가 없이 전치사(in)로 바로 연결되므로 killed를 써야 한다. (if와 in the spot 사이에 he was가 생략되었다.

4) He **was** one of the prison officers **that** Mr.Brown, an inmate imprisoned
　　동사　　　　　　　　　　　　　　　　관계사(= 접속사)

for life in prison sentence, (**killed/killing**) √ in the shooting rampage.
　　　　　　　　　　　　　　　동사 자리

그는 종신형으로 수감 중인 죄수 브라운이 총기난사 사건에서 죽였던 교도관들 중에 한 명이었다.

– 4번 예문을 보면 문장 속에 접속사가 한 개(that) 있다. 따라서 동사의 개수는 접속사의 개수보다 한 개 많은 두 개를 사용할 수 있다. 그런데 동사가 한 개(was)밖에 없으므로 괄호(killed/killing) 자리는 동사 자리여야 한다. killed는 과거동사이고 killing은 분사이므로 동사인 killed가 와야 맞다(처음에 killed를 동사가 아닌 과거분사로 오인한다고 해도 접속사가 한 개라는 사실만 인식하면 동사가 하나 더 필요한 상황이라는 점을 고려한 후에, killing은 동사로서 사용이 불가능한 어형이지만 killed는 과거분사 이외에 과거동사로서 사용될 수 있는 어형이라는 사실을 늦게나마 인식해서 정답을 수정할 수 있다).

※5) There are many pests **to kill**√ in the orchard.
　　　　　　　　　　　　　　　형용사구

5-1) (=There are many pests that(= which) we should kill√ in the orchard.)
　　　　　　　　　　　　　　　　　관계대명사절

　　과수원에 우리가 죽여야 할 많은 해충들이 있다.

6) There is a way **to kill** many pests in the orchard.
　　　　　　　　　형용사구

6-1) (=There is a way that we can kill many pests in the orchard.)
　　　　　　　　　　　　　　　관계부사절

　　과수원에 있는 많은 해충들을 죽이기 위한 방법이 하나 있다.

- 위 5, 6번 예문은 접속사가 없는 단문이다. 따라서 동사가 각각 한 개씩이다(are/is). 그런데 준동사 (to kill) 다음에 목적어가 없는 유형(5번)과 준동사 다음에 목적어가 있는(many pests) 유형이 있다 (6번). 이는 원래 형용사구(to kill) 자체가 뒤에 명사가 비어있는 유형이 있고(5번→관계대명사절을 형용사구로 전환한 유형) 뒤에 빈 곳이 없이 완전한 유형(6번→관계부사절을 형용사구로 전환한 유형)의 두 가지가 있기 때문이다.

7) **It** is difficult **to kill** all the cock-roaches in the house.
　가주어　　　　　　　명사구(진주어-외치)

　　집안의 모든 바퀴벌레를 죽이는 것은 어렵다.

8) We did everything we could **to kill** all the cock-roaches in the house.
　　　　　　　　　　　　　　　부사구(목적)

　　집안의 모든 바퀴벌레를 죽이기 위해 할 수 있는 모든 것을 했다.

예제 1) One probable hypothesis **is**　　**that**　　**as** we easily **become** upset with
　　　　　　　　　　　　　　동사　　접속사　접속사　　　　　동사
　　　　our daily lives, people (surround/**surrounding**) us **get** unwilling to make
　　　　　　　　　　　　　　　　　분사 자리　　　　　동사
　　　　frequent contacts with us.

　　가능한 가설 중의 하나는, 우리가 우리의 삶에 쉽게 화를 냄에 따라 우리 주위의 사람들이 우리와 자 주 접촉 하기를 꺼린다는 것이다.

- 위 예문에서 접속사가 두 개(that, as) 보인다. 따라서 문장 속에서 동사는 접속사보다 한 개 많은 세 개를 쓸 수 있다. 그런데 문장 속에 이미 동사가 세 개(is, become, get) 있으므로 추가로 동사 를 쓸 수 없다. 따라서 동사(surround)는 불가능하고 분사(surrounding)를 써야 한다.

예제 2) The first thing ___ we should **do** **is** to raise fund (devotes/**devoted**/devot-
           that 생략   동사 동사   분사 자리

ing) to non-governmental organization.

우리가 첫 번째 해야 할 일은 비정부단체에 돌아갈 돈을 모금하는 것이다.

– 위 예문에서 the first thing과 we 사이에 관계대명사 목적격 that이 생략돼 있다('생략된 접속사/생략된 관계사의 인식' 참조), 관계대명사도 접속력이 있으므로 문장 내에서 동사는 접속사의 개수보다 한 개 많은 두 개가 필요하다. 그런데 위 예문에는 이미 do, is 두 개의 동사가 존재하므로 동사(devotes)는 사용이 불가능하다. 따라서 동사가 아닌 분사(devoted/devoting)가 와야 한다. 두 가지 분사(devoting, devoted)중 뒤에 목적어가 있으면 ～ing형 분사를, 목적어가 없으면 ～ed형 분사를 쓰면 된다. 위 예문에서는 괄호 뒤에 목적어가 없이 전치사(to)와 바로 연결되므로 devoted를 써야 맞다.

12. 동명사와 ～ing형 분사의 구분

구분	동명사(～ing)	분사(～ing)
동사적인 성질	○	○
명사적인 성질	○	×

– 동명사와 ing형 분사를 구분하는 요령은 논리적으로 접근하면 어렵지만은 않다. 위 도표에서 보듯이 동명사는 명사적인 기능과 동사적인 기능을 동시에 가지고 있고, 분사는 동사적인 기능만을 가지고 있을 뿐이다. 그러나 이 둘의 큰 차이점은 문장, 또는 절 내에서의 기능에 의해 판명 난다. 동명사는 문장구성 요소상 필수성분이기 때문에 이 부분(동명사)을 제외하면 문장, 또는 절이 불완전하다. 반면에 분사는 비필수 성분이기 때문에 이 부분(분사구(문))을 제외해도 문장 또는 절의 주축이 되는 부분은 완전하다.

■ 절(clause) 속에서의 동명사, ～ing형 분사의 구분법

1) He is busy   **sorting** out his reports.
   완전한 구조   분사   목적어

그는 보고서를 분류하느라 바쁘다.

– 앞에 있는 He is busy가 2형식의 완전한 구조이다. 따라서 sorting은 분사이다.

※현대영어에서는 have, spend, waste, take, employ, lose 등의 동사와 busy, weary, late, long, happy, engaged, occupied, employed 등의 형용사가 쓰이는 절이나 문장에서 전치사 없이 동명사(~ing)가 쓰이는 경우가 있다. 1번 예문과 뒤쪽 3번 예문도 그런 예문 중의 하나이다(He is busy (in) sorting out his reports/Jane has difficulty (in) watching TV long). 하지만 전치사가 생략된 이 표현을 분사구문으로 보는 견해도 존재한다. 이 책에서는 어법설명의 통일성을 위해서 전치사가 있는 경우에는 동명사, 전치사가 없는 경우에는 분사로 칭하도록 하겠다.

2) He is fond **of** **sorting** out his reports.
　　　전치사
　　불완전한 구조　　동명사　　목적어
　　그는 보고서를 분류하는 것을 좋아한다.

– 앞에 있는 He is fond of가 절의 구조상 불완전하다(전치사 of의 목적어가 없음). 따라서 sorting은 동명사이다(sorting이 전치사 of의 목적어 역할(명사)과, 명사인 his reports를 목적어로 가지는 타동사 역할을 동시에 겸하고 있다).

3) Jane has difficulty **watching** TV long.
　　완전한 구조　　　분사
　　제인은 TV를 오래 시청하는 데 어려움을 겪는다.

– 앞에 있는 Jane has difficulty가 3형식의 완전한 구조이다. 따라서 watching은 분사이다.

4) A girl came to see me with her brother **accompanying** her.
　　　　　　　　　　　　　부대상황
　　　　　　　완전한 구조　　　　　　　　분사
　　남동생을 동반한 채로 한 소녀가 나를 보러 왔다.

– 앞에 있는 A girl came to see me with his brother 까지가 문장구조상 완전하다(1형식 구문). 따라서 accompanying은 분사이다.

5) My team is interesting **in** **winning** a next baseball game.
　　　　　　　　　전치사
　　불완전한 구조　　동명사
　　우리 팀은 다음번 야구 경기를 이기는 데 관심이 있다.

– 앞에 있는 My team is interesting in까지가 문장구조상 불완전하다(전치사 in의 목적어가 없음). 따라서 winning은 동명사이다.

6) **Investing** money in stocks is very risky.
　　동명사　　　　　　　　불완전한 구조

　주식에 돈을 투자하는 것은 매우 위험하다.

– investing money 부분을 문장에서 제외하면 in stock is very risky만 남게 되는데 문장구조상 불완전하다(be동사(is)의 주어가 없음). 따라서 investing은 동명사이다.

　　　　　　타동사
7) He （finished） **cleaning** the room.
　　불완전한 구조　　　　동명사

　그는 방 청소를 끝마쳤다.

– cleaning the room을 문장에서 제외하면 He finished만 남게 되는데 문장구조상 불완전하다(타동사 finished의 목적어가 없음). 따라서 cleaning은 동명사이다

※8) I wallpapered every room in my house **with** my daughter **assisting** me.
　　　　　　완전한 구조　　　　　　　　　　부대상황　　목적격　　　분사

　나는 딸의 도움을 받아서 집 안의 모든 방을 도배했다.

9) I have nothing to do **with** you **winning** the lottery.
　　불완전한 구조　　　　　통격　　동명사

　나는 네가 복권에 당첨되든 상관이 없다.

– 위 8번 예문과 9번 예문에는 공통적으로 with+명사+~ing형태의 어구가 존재한다(with my daughter assisting/with you winning). 그런데 8번 예문에서는 ~ing형태의 단어가 분사가 되지만 9번 예문에서는 ~ing형태의 단어가 동명사가 되는 이유는 8번 예문의 전치사(with)의 성격 때문이다. 8번 예문의 전치사(with)는 앞 절(I wallpapered every room in my house)과는 상관없는 부대 상황을 나타내는 분사구문에 쓰이는 단어인 반면에 9번 예문의 전치사(with)는 앞 절(I have nothing to do with)에 속한 관용구(have nothing to do with/~와 관련 없다)의 일부이다. 따라서 you는 통격으로, winning은 통격동명사로 각각 인식이 된다('통격과 동명사' 참조).

10) I am interested **in** you **winning** the lottery.
　　불완전한 구조　　　통격　　동명사

　나는 네가 복권에 당첨되는 것에 관심이 있다.

■ 구(phrase) 속에서의 동명사, ~ing형 분사의 구분법

1) a <u>**sleeping**</u> baby(→ a baby is sleeping/○)
　　　분사

– 위 표현 중 baby와 sleeping의 위치를 바꾸어서 a baby is sleeping으로 바꿔보면 진행형의 의미가 통한다(아기가 자고 있다/○). 따라서 sleeping은 **분사**이다.

2) a <u>**sleeping**</u> car(→ a car is sleeping/×)
　　　동명사

– 위 표현 중 car와 sleeping의 위치를 바꾸어서 a car is sleeping으로 바꾸어보면 진행형의 의미가 통하지 않는다(자동차가 자고 있다/×). 따라서 sleeping은 **동명사**이다.

3) <u>**running**</u> shoes(→ shoes are running/×)
　　동명사

– 위 표현 중 shoes와 running의 위치를 바꾸어서 shoes are running으로 바꾸어보면 진행형의 의미가 통하지 않는다(신발이 달리고 있다/×). 따라서 running은 **동명사**이다.

4) a <u>**running**</u> athlete(→ an athlete is running/○)
　　　분사

– 위 표현 중 athlete와 running의 위치를 바꾸어서 an athlete is running으로 바꾸어보면 진행형의 의미가 통한다(운동선수가 달리고 있다/○). 따라서 running은 **분사**이다.

13. 분사와 동사의 구분

■ 분사와 동사의 큰 차이점은 접속사와의 연관성에 있다

1) A man **stood** on the river bank **smoking** alone.
　　　　동사　　　　　　　　　　　　분사
한 남자가 강둑에서 홀로 담배를 피우며 서 있었다.

– 위 1번 예문에서 동사처럼 보이는 것이 두 개 있다(stood, smoking). 그런데 문장 속에서 접속사 없이는 동사는 한 개만 쓸 수 있다. 따라서 첫 번째 동사(stood)를 제외한 나머지(smoking)는 분사 이다.

2) An athlete **ran** to the finish line with his right arm **broken**.
　　　　　동사　　　　　　　　　　　　　　　　　　　　　　분사
한 운동선수가 오른팔이 부러진 채로 결승선까지 달려갔다.

– 위 2번 예문에서 동사처럼 보이는 것이 두 개 있다(ran, broken). 그런데 문장 속에서 접속사 없이는 동사는 한 개만 쓸 수 있다. 따라서 첫 번째 동사(ran)를 제외한 나머지(broken)는 분사이다.

3) He **visited** his relatives **living** in a remote area with his secretary **hired** just a
　　동사　　　　　　　　분사　　　　　　　　　　　　　　　　　　분사
week ago.

그는 일주일 전에 채용된 그의 비서와 함께 먼 곳에 살고 있는 친척들을 방문했다.

– 위 3번 예문에서 동사처럼 보이는 것이 세 개 있다(visited, living, hired). 그런데 문장 속에서 접속사 없이는 동사는 한 개만 쓸 수 있다. 따라서 첫 번째 동사(visited)를 제외한 나머지(living, hired)는 분사이다.

4) She **thought that** her daughter **travelling** abroad **had to** carry a traveller's check
　　동사　　접속사　　　　　　　　　　　분사　　　　　　　동사

used for an emergency.
분사

그녀는 해외여행 중인 자신의 딸이 응급상황에 사용되는 여행자수표를 휴대해야만 한다고 생각했다.

– 위 4번 예문에서 동사처럼 보이는 것이 네 개 있다(thought, travelling, had to, used). 그런데 문장 속에서 접속사가 한 개(that)이므로 동사는 접속사의 개수보다 한 개 많은 두 개를 쓸 수 있다. 따라서 thought, had to는 동사이고 travelling, used는 분사이다.

※ I **saw** her **dance** gracefully
　　동사　　　　분사

나는 그녀가 우아하게 춤추는 것을 보았다.

■ 동사는 시제를 띠고 있지만 분사는 항상 동일한 형태(~ed, ~ing)이다

1) I **see** a dog **following** his owner now.
　　현재시제　　　　　분사

나는 지금 개 한 마리가 주인을 따라가는 것을 본다.

2) I **saw** a dog **following** his owner yesterday.
　　과거시제　　　　　분사

나는 어제 개 한 마리가 주인을 따라가는 것을 보았다.

3) I **have seen** a dog **following** his owner until now.
　　현재완료　　　　　　분사

나는 지금까지 개 한 마리가 주인을 따라가는 것을 보고 있다.

– 위 1~3번 예문에서 동사 see는 시제에 따라 변화를 할 수 있지만(see→saw→have seen) 분사 following은 시제변화 없이 그대로이다. 이처럼 분사는 동사와 달리 시제 변화를 하지 못하고 항상 ~ed 나 ~ing형태만으로 나타내야 한다.

4) I **watch** a house **decorated** with many pictures now.
  현재시제   분사

나는 지금 많은 그림들로 장식된 집을 본다.

5) I **watched** a house **decorated** with many pictures just now.
  과거시제   분사

나는 방금 많은 그림들로 장식된 집을 보았다.

6) I **had watched** a house **decorated** with many pictures until then.
  대과거   분사

나는 그때까지 많은 그림들로 장식된 집을 보아왔다.

– 위 4~6번 예문에서 동사 watch는 시제에 따라 변화를 할 수 있지만(watch → watched → had watched) 분사 decorated는 시제변화 없이 그대로이다. 이처럼 분사는 동사와 달리 시제 변화를 하지 못하고 항상 ~ed 나 ~ing형태만으로 나타내야 한다.

※ 완료분사(having+p.p)의 형태가 있긴 하지만 예외적인 경우이니 여기서는 설명을 생략하도록 하겠다('준동사의 시제/준동사의 완료시제 표현' 참조).

14. 분사의 주체

일반적으로 분사의 주체는 문장(sentence) 내의 주절(main clause)의 주어와 일치한다. 그러나 경우에 따라서는 가까이에 있는 명사가 분사의 주체가 되는 경우도 있다.

1) **Having** slept less, (she) still feel fatigue.
  분사

(= As she slept less, she still feel fatigue.)
잠을 조금 밖에 못 자서 그녀는 여전히 피곤하다.

– 위 1번 예문에서 분사(having)의 주체는 주절(she still feel fatigue)의 주어인 she이다.

2) Jane saw a man, **dancing** intensely.
　　　　　　　　　　분사

[= Jane saw a man, and (Jane) danced intensely.]
제인은 격렬히 춤추면서 한 남자를 보았다.

– 위 2번 예문에서 분사(dancing)의 주체는 주절(Jane saw a man)의 주어인 Jane이다.

3) Jane saw　a man　**dancing** intensely.
　　　　　　　　　　　　분사

(= Jane saw a man who danced intensely.)
제인은 한 남자가 격렬히 춤추는 것을 보았다.

– 위 3번 예문에서 분사(dancing)의 주체는 바로 앞에 있는 a man이다. 5형식(주어 + 동사 + 목적어 + 목적보어)인 문장구조상 목적어(a man)가 목적보어(dancing)의 주체가 되는 것이다.

4)　I　met a girl while **working** at a fast-food chain.
　　　　　　　　　　　　　분사

[= I met a girl while I worked(=was working) at a fast-food chain.]
나는 패스트푸드점에서 일하는 동안 한 소녀를 만났다.

5) I met　a girl　**working**　at a fast-food store.
　　　　　　　　　　분사

[= I met a girl who worked(was working) at a fast-food store.]
나는 패스트푸드점에서 일하는 한 소녀를 만났다.

– 위 4번과 5번 예문을 보면 분사(working)의 주체가 누구인지 확연해진다. 4번 예문에서의 분사(working)의 주체는 주절(I met a girl)의 주어인 I가 되지만 5번 예문에서의 분사(working)의 주체는 바로 앞에 있는 명사인 a girl이 된다('분사구문에서 접속사가 남는 이유' 참조).

6) He watched TV **with**　his left hand　**holding**　a remote controller.
　　　　　　　　　　　　　　　　　　　　　분사

– 위 6번 예문에서 분사(holding)의 주체는 바로 앞에 있는 his left hand이다.
= He watched TV, **and** his left hand **held(= was holding)** a remote controller.
　　　　　　　　　　접속사　　　　　　　　　동사
= He watched TV, his left hand **holding** a remote controller.
　　　　　　　　　　　　　　　분사
그는 왼손에 리모컨을 쥔 채 TV를 시청했다.

15. 4형식 동사(간·목+직·목)의 분사구문

구분	목적어가 하나(직·목)만 있을 때의 분사의 유형	목적어가 두 개(간·목/직·목) 있을 때의 분사의 유형	비고
4형식 동사	~ed/①, ④	~ing/②, ③	• 3형식 동사의 경우 목적어가 있을 때의 분사 → ~ing • 3형식 동사의 경우 목적어가 없을 때의 분사 → ~ed

※ 어법 문제에서 주로 다루는 대표적인 4형식 동사는 tell, ask, give, teach, show, offer, buy 등이다.

1) When (**asked**/asking) if he wanted to leave, he said 'NO'.
　　　　　　분사　　　　　　　　직접목적어

떠나고 싶으냐는 질문을 받았을 때 그는 '아니오'라고 말했다.

− 1번 예문 속에 동사 두 개(wanted, said)와 접속사 한 개(if)가 있으므로 빈칸은 분사 자리이다(뒤에 주어가 없으므로 when은 접속사가 아니라 접속사 종류의 오인을 방지하기 위해서 표시해 놓은 것임). 앞서 타동사의 분사를 고를 때 뒤에 목적어가 있으면 ~ing형 분사가 정답이고 뒤에 목적어가 없으면 ~ed형 분사가 정답이라고 언급했다('동사/준동사의 구분도표 및 어법문제의 이해' 참조). 그 경우는 목적어가 한 개 오는 3형식(주어+동사+목적어) 동사를 의미할 때이지만 ask는 4형식 구문(주어+동사+간·목+직·목)에 쓰이는 동사라서 목적어가 두 개 따라와야 한다. 그런데 괄호(asked/asking) 뒤에 사람을 지칭하는 간접목적어는 보이질 않고 직접목적어가 되는 명사절(if he wanted to leave)만 있다. 따라서 4형식에서 필요한 목적어 2개가 모두 따라오지 않았으므로 '목적어가 없다'라고 간주해서 ~ed형 분사인 asked를 써야 한다.

− 원 표현은 When he was asked if he wanted to leave, he said 'NO'이다('분사구문에서 생략되는 being'참조).

2) When (asked/**asking**)　me　how old I was, he lit a cigarette.
　　　　　　분사　　　　 간·목　　　 직·목

나에게 몇 살이냐고 질문을 했을 때 그는 담뱃불을 붙였다.

− 2번 예문 속에 동사 두 개(was, lit)와 접속사 한 개(how)가 있으므로 빈칸은 분사 자리이다(1번 예문과 마찬가지로 when은 접속사가 아니다). 앞서 타동사의 분사를 고를 때 뒤에 목적어가 있으면 ~ing형 분사가 정답이고 뒤에 목적어가 없으면 ~ed형 분사가 정답이라고 언급했다. 그 경우는 목적어가 한 개 오는 3형식(주어+동사+목적어) 동사를 의미할 때이지만 ask는 4형식 구문(주어+동사+간·목+직·목)에 쓰이는 동사라서 목적어가 두 개 따라와야 한다. 괄호(asked/asking) 뒤에 간접목적어(me)와 직접목적어가 되는 명사절(how old I was) 둘 다 있으므로 '목적어가 있다'라고 간

주해서 ~ing형 분사인 asking을 써야 한다.

– 원 표현은 When he asked me how old I was, he lit a cigarette이다.

＋목적어 2개

3) (After) **Telling** him how bad her health was, she took medicine.

　　　　　　간·목　　　　직·목

(= After she told him how bad her health was, she took medicine.)

자신의 건강이 얼마나 안 좋은지 그에게 말한 후에 그녀는 약을 먹었다.

＋목적어 1개

4) **Told** that she was not allowed to enter the building, she returned home.

　　　　　　직·목

(= As she was told that she was not allowed to enter the building, she returned home.)

건물에 입장 불가하다는 얘기를 들었기 때문에 그녀는 집으로 돌아갔다.

16. 분사구문에서 생략되는 being

① 분사 being 다음에 형용사가 이어질 때

② 분사 being 다음에 명사가 이어질 때

③ 분사 being 다음에 전치사구/부사(구)가 이어질 때

④ 분사 being 다음에 또 다른 분사(~ing/~ed)가 이어질 때

※ '분사구문의 발생 이유' 참조

1) He gained much weight **when he was young**.

　　　　　　　　　　부사절

⇒ He gained much weight **when (being) young**.

　　　　　　　　　　분사구문에서 being 생략

그는 어렸을 때 체중이 많이 늘었다.

– 위 1번 예문에서와같이 분사 being 다음에 형용사(young)가 이어질 때 분사 being을 생략할 수 있다.

2) Because he was a son of the president, he was exempted from access inspection.
부사절

⇒ **(Being) A son of the president**, he was exempted from access inspection.
분사구문에서 being 생략

회장의 아들이라서 그는 출입검사기록부에서 면제되었다.

– 위 2번 예문에서와같이 분사 being 다음에 명사(a son of the president)가 이어질 때 분사 being을 생략할 수 있다.

※ With Tom being his son(As Tom is his son/탐이 그의 아들이기 때문에)에서는 being이 생략 불가능하다. with가 들어간 분사구문에서 앞(Tom) 뒤(his son)가 명사로 이어질 때 중간에 위치한 being은 원칙적으로 생략되지 않는다('어법 문제 예시 및 풀이요령' 14번 참조).

3) When he is in trouble, he proactively tries to overcome it.
부사절

⇒ **When (being) in trouble**, he proactively tries to overcome it.
분사구문에서 being 생략

그는 곤경에 처했을 때 적극적으로 극복하기 위해 애를 쓴다.

– 위 3번 예문에서와같이 분사 being 다음에 전치사구(in trouble)가 이어질 때 분사 being을 생략할 수 있다. 이때의 전치사구(in trouble)는 형용사(구)의 역할을 한다.

4) Pet owners must leash their dogs and muzzle fierce ones **when they are outside their houses**
부사절

⇒ Pet owners must leash their dogs and muzzle fierce ones **when (being) outside their houses**
분사구문에서 being 생략

견주들은 집 밖에 있을 때 개 목줄을 채우고 사나운 개들은 입마개를 채워야 한다.

– 위 예문에서와 같이 분사 being 다음에 부사구(outside their houses)가 이어질 때 분사 being을 생략할 수 있다.

5) As she **was injured** severely, she had to be carried to the hospital immediately.
　　　　　　　　부사절

　⇒ **(Being) Injured** severely, she had to be carried to the hospital im-
　　　　분사구문에서 being 생략
　　mediately.

심하게 부상을 입어서 그녀는 즉시 병원으로 이송되어야만 했다.

－ 위 5번 예문에서와같이 분사 being 다음에 또 다른 분사(injured)가 이어질 때 분사 being을 생략할 수 있다.

6) Though **she was driving** fast, she couldn't feel the speed.
　　　　　　부사절

　⇒ **Though (Being) driving fast**, she couldn't feel the speed.
　　　분사구문에서 being 생략
빠른 속도로 운전했지만 그녀는 속도를 느끼지 못했다.

－ 위 6번 예문에서와같이 분사 being 다음에 또 다른 분사(driving)가 이어질 때 분사 being을 생략할 수 있다.

17. 분사구문이 들어간 문장 해석하기

1) The conception of imitating a writing of (an author) **writing** prose may be a
　　　　　　　　　　　　　　　　　　　명사　　　　분사
good option for (students) **devoted** to writing his own novel
　　　　　　　　　명사　　　분사
산문을 쓰는 작가의 글들 모방하는 개념은 자신의 소설을 쓰는데 몰입한 학생들에게 좋은 선택이 될 수 있다.

－ 1번 예문 전체에 접속사가 없으므로 동사는 한 개여야 하며 그 동사는 be이다. 따라서 writing과 devoted는 둘 다 분사이다. 이 두 분사의 공통점은 바로 앞에 명사를 각각 두고 있다는 점이다. writing은 앞에 an author를 명사로 두고 있는 분사이고 devoted는 앞에 students를 명사로 두고

있는 분사이다. 이 말은 이 분사를 먼저 해석을 한 다음에 앞에 있는 명사를 해석해야 한다는 의미이다. 잘 이해가 안 되는 사람들은 분사와 명사 사이에 who is나 which is를 넣어보면 이해가 빠를 것이다(an author who is writing/students who are devoted). 따라서 writing prose(산문을 쓰는)가 an author(작가)를 수식해야 하며(산문을 쓰는 작가), devoted to(~에 몰입한)가 students를 수식해야 한다(~에 몰입한 학생들)는 의미이다.

2) I talked with a strange man wearing a red jacket made in a country located between China and India.

나는 중국과 인도 사이에 위치한 나라에서 생산된 붉은색 재킷을 입고 있는 이상한 남자와 얘기를 했다.

– 2번 예문 전체에 접속사가 없으므로 동사는 한 개여야 하며 그 동사는 talked이다. 따라서 wearing, made, located는 모두 분사이다. 이 세 분사의 공통점은 바로 앞에 명사를 각각 두고 있다는 점이다. wearing은 앞에 a strange man을 명사로 두고 있는 분사이고 made는 앞에 a red jacket을 명사로 두고 있는 분사이고, located는 앞에 a country를 명사로 두고 있는 분사이다. 이 말은 이 분사를 먼저 해석을 한 다음에 앞에 있는 명사를 해석해야 한다는 의미이다. 잘 이해가 안 되는 사람들은 분사와 명사 사이에 who was나 which was를 넣어보면 이해가 빠를 것이다(a strange man who was wearing/a red jacket which was made/a country which was located). 따라서 wearing a red jacket(붉은 재킷을 입고 있는)이 a strange man(이상한 남자)을 수식해야 하며(붉은 재킷을 입고 있는 이상한 남자), made in a country(어떤 나라에서 생산된)가 a red jacket(붉은 재킷)을 수식해야 하며(어떤 나라에서 생산된 붉은 재킷), located between China and India(중국과 인도 사이에 위치한)가 a country(어떤 나리)를 수식해야 한다(중국과 인도 사이에 위치한 어떤 나라)는 의미이다.

18. 분사구(문)와 전치사구(형용사구)의 어법적 유사성

1) A politician　　working on revising laws is called a lawmaker.
　　명사　↑　수식　분사구(문)

[A politician who works(=is working) on revising laws is called a lawmaker.]
법을 개정하는 일을 하는 정치인을 '국회의원'이라 부른다.

2) A politician　　in charge of revising laws is called a lawmaker.
　　명사　↑　수식　전치사구(형용사구)

[A politician who is in charge of revising laws is called a lawmaker.]
법 개정 임무를 담당하는 정치인을 '국회의원'이라 부른다.

– 위 1번 예문의 분사구인 working at revising a law가 앞에 있는 명사인 a politician을 수식하고 있으며 2번 예문의 전치사구인 in charge of revising a law가 앞에 있는 명사인 a politician을 수식하고 있다. 결국 분사구나 전치사구나 똑같이 앞에 있는 명사를 수식하는 역할을 하고 있으며 절 속에서 차지하는 어법적 기능에는 별 차이가 없다는 것을 알 수 있다(둘 다 형용사구이기 때문이다).

3) The boy　　hurrying to the entrance is my nephew.
　　명사　↑　수식　분사구(문)

[The boy who hurries(= is hurrying) to the entrance is my nephew.]
출입구로 서둘러 가는 소년은 내 조카이다.

4) The boy　　under a tree is my nephew.
　　명사　↑　수식　전치사구(형용사구)

(The boy who is under a tree is my nephew.
나무 아래 있는 소년은 내 조카이다.

– 위 3번 예문의 분사구인 hurrying to the entrance가 앞에 있는 명사인 the boy를 수식하고 있으며 4번 예문의 전치사구인 under a tree가 앞에 있는 명사인 the boy를 수식하고 있다. 결국 분사구나 전치사구나 똑같이 앞에 있는 명사를 수식하는 역할을 하고 있으며 절 속에서 차지하는 어법적 기능에는 별 차이가 없다는 것을 알 수 있다(둘 다 형용사구이기 때문이다).

19. when speaking(분사)과 when to speak(부정사)의 차이

구분	사용가능 구(phrase)	행위의 시점
when to speak	명사구 ①	미래시점
when speaking	부사구 ②	현재시점(분사구문 표현)

1) He doesn't know **when to speak** to her.
　　　　　　타동사　　　　명사구

1-1) → He doesn't know **when he should speak** to her.
　　　　　　　타동사　　　　명사절

그는 그녀에게 언제 말을 걸어야 할지 모른다.

– 위 1번 예문의 when to speak 부분을 절로 바꾸면 1-1번 예문의 when he should speak이 된다. 조동사 should(~해야 한다)가 있기 때문에 '**미래시점의 행위**'를 나타내고 있다.

2) He sometimes folds his arms **when speaking** to his students.
　　　완전한 구조　　　　　　　부사구(분사구문)

2-1) → He sometimes folds his arms **when he speaks(is speaking)** to his students.
　　　　완전한 구조　　　　　　　　　　부사절

그는 학생들에게 말할 때 가끔 팔짱을 낀다.

– 위 2번 예문의 when speaking 부분을 절로 바꾸면 2-1번 예문의 when he speaks(또는 when he is speaking)가 된다. 동사의 시제(speaks/is)로 봐서 '**현재시점의 행위**'를 나타내고 있다. 2번 예문의 when speaking은 흔히 '분사구문'이라고 하는 표현인데 이 예문에서 보듯이 분사구문은 2-1번 예문에 있는 부사절 표현을 구(phrase)로 줄여서 만드는 경우가 대부분이다.

20. 통격과 동명사

주격과 형태가 같은 목적격을 통격(=공통격)이라고 하는데 통격이 들어간 동명사구문을 만드는 방법은 그리 어렵지 않다.

주격 예시	소유격 예시	목적격 예시	비고
the student	the student's	the student/②	주격과 목적격의 형태가 같음(통격)
his mother	his mother's	his mother/④	
the battery	the battery's	the battery/⑥	

1) __The student__ wants to play in the gymnasium.
     주격   동사

그 학생은 체육관에서 놀고 싶어 한다.

2) The teacher is worried about __the student__ __wanting__ to play in the gymnasium.
         전치사 통격(목적격)   동명사

(= The teacher is worried about __the student's wanting__ to play in the gymnasium.)

그 선생님은 그 학생이 체육관에서 놀고 싶어 해서 걱정이다.

– 위 1번 예문은 정상적인 3형식의 문장이다. 1번 예문이 2번 예문의 전치사인 about 뒤로 통째로 들어가야 하는데 그냥 삽입될 수는 없고 어법적인 형식을 갖춰서 삽입돼야 한다. 일단 두 문장(1, 2번)이 접속사 없이 한 문장으로 합쳐지는 경우이므로 동사가 하나 줄어들어야 한다. 1번 예문이 2번 예문의 전치사(about) 뒤로 들어가는 것이므로 1번 예문의 동사(wants)를 전치사의 목적어가 되는 동명사(wanting)로 바꾸면 해결된다. 그리고 1번 예문에서 주격이었던 the students는 2번 예문에서는 전치사(about)의 목적어가 되는 목적격으로 자동으로 인식이 되므로(통격) 따로 신경 쓸 필요는 없다. 결국 우리가 한 일은 1번 예문을 2번 예문의 전치사(about) 뒤에 통째로 삽입을 하면서 동사(wants)를 동명사(wanting)로 바꿔준 일뿐이다.

※ 원칙적으로 동명사(wanting)의 의미상의 주어는 소유격(the student's)이 돼야 한다. 그러나 현대영어에서는 표현의 용이함을 위해서 통격의 쓰임이 활발하게 되었는데 2번 예문에서 보듯이 어법적으로는 전치사(about)의 목적어가 나란히 두 개(the student(목적격)/wanting(동명사))가 나열되는 셈이다('동명사와 ~ing형 분사의 구분' 8, 9번 참조).

3) <u>His mother</u> is the principal of our school.
　　　　주격　　　동사

그의 어머니는 우리 학교의 교장 선생님이다.

4) We are surprised at / **his mother** **being** the principal of our school.
　　　　　　　　　전치사　　통격(목적격)　　　동명사

(= We are surprised at **his mother's being** the principal of our school.)

우리는 그의 어머니가 우리 학교의 교장선생님이어서 놀랍다.

– 위 3번 예문은 정상적인 2형식의 문장이다. 3번 예문이 4번 예문의 전치사인 at 뒤로 통째로 들어 가야 하는데 그냥 삽입될 수는 없고 어법적인 형식을 갖춰서 삽입돼야 한다. 일단 두 문장(3, 4번) 이 접속사 없이 한 문장으로 합쳐지는 경우이므로 동사가 하나 줄어들어야 한다. 3번 예문이 4번 예문의 전치사(at) 뒤로 들어가는 것이므로 3번 예문의 동사(is)를 전치사의 목적어가 되는 동명사 (being)로 바꾸면 해결된다. 그리고 3번 예문에서 주격이었던 his mother는 4번 예문에서는 전치 사(at)의 목적어가 되는 목적격으로 자동으로 인식이 되므로(통격) 따로 신경 쓸 필요는 없다. 결국 우리가 한 일은 3번 예문을 4번 예문의 전치사(at) 뒤에 통째로 삽입을 하면서 동사(is)를 동명사 (being)로 바꿔준 일뿐이다.

5) <u>The battery</u> <u>explodes</u> or <u>catches</u> fire while being charged.
　　　주격　　　　　　　　동사

그 배터리는 충전 중에 폭발하거나 불이 난다.

6) There are some reported cases **of** / <u>the battery</u> <u>exploding or catching</u> fire while
　　　　　　　　　　　　　　전치사　　통격(목적격)　　　　　동명사

being charged.

그 배터리가 충전 중에 폭발하거나 불이 난다는 신고가 몇 건 있다.

※ There are some reported cases of **the battery's exploding or catching** fire while be-ing charged. (×)

– 위 예문처럼 무생물(the battery)을 동명사(exploding or catching)의 의미상의 주어로서 소유격 (the battery's)으로 표현하면 틀린다. 무생물이 동명사의 의미상의 주어인 경우는 6번 예문처럼 통 격을 쓰는 방법밖에 없다.

21. with가 들어간 분사구문의 표현

1) Tom ~~is~~ sitting in a chair, ~~and~~ Jane ~~is~~ watching TV
   주격 being   주격 being

   톰은 의자에 앉아 있고 제인은 TV를 보고 있다.

분사구문 / being 생략
1-1) (With Tom ∨ sitting in a chair), Jane is watching TV
         목적격   분사

독립분사구문
1-2) (Tom ∨ sitting in a chair,) Jane is watching TV
  being 생략   분사   주격

                        being 생략   분사구문
1-3) Tom is sitting in a chair, (with Jane ∨ watching TV)
                                 목적격   분사

                  being 생략   독립분사구문
1-4) Tom is sitting in a chair, (Jane ∨ watching TV)

- 1번 예문은 문장(sentence) 속에 동사가 두 개(is/is)이며 접속사가 한 개(and)이다. 동사가 두 개라는 말은 절(clause)이 두 개라는 말과 같다. 그런데 1번 예문의 앞 절(Tom is sitting in a chair)에서 동사(is)가 없어지거나 뒤 절(Jane is watching TV)에서 동사(is)가 없어지면 문장 속의 접속사(and)가 하나 줄어들어야 하는데(문장 속의 동사의 개수−1=문장 속의 접속사의 개수) 이 과정에서 부대 상황을 나타내는 전치사 with가 쓰이는 것이다(1-1, 1-3). 만약 부대 상황을 나타내는 전치사 with를 쓰지 않으면 독립분사구문의 형태가 된다(1-2, 1-4).

with가 들어간 분사구문을 만드는 방법은 간단하다. 위 1번 예문에서 접속사(and)가 생략되면 앞 절(Tom is sitting in a chair)의 동사(is)나 뒤 절(Jane is watching TV)의 동사(is) 둘 중 하나가 분사(being)로 바뀌어야 한다. 그리고 분사(being)로 바뀐 후의 being은 생략이 된다('분사구문에서 생략되는 being' 참조). 그런 다음에 이 분사구문 앞에 전치사 with를 삽입하면 된다. 물론 이 경우에 전치사(with) 다음에 오는 (인칭대)명사는 목적격이 된다.

2) ~~As~~   my watch   ~~was~~ out of order, I ordered another one
          주격   being

(시계가 고장나서 나는 하나를 더 주문했다.)

                                 분사구문
2-1) (With my watch ∨ out of order,) I ordered another one
           목적격   being 생략

독립분사구문
2-2) (My watch ∨ out of order,) I ordered another one
             being 생략

- 2번 예문의 앞절(종속절)에서 접속사(as)를 없애면 동사(was)가 분사(being)로 바뀌어야 한다. 그러

나 이 분사(being)는 분사구문 원칙상 뒤에 형용사(구)(out of order)가 이어질 때 또다시 생략 가능하다('분사구문에서 생략되는 being' 참조). 이 과정을 거치게 되면 my watch (being) out of order 가 남게 되는데 이 분사구문 앞에 부대 상황을 나타내는 전치사 with를 삽입하게 되면 with my watch (being) out of order가 된다. 여기서 my watch의 (인칭대)명사의 격에 주의하지 않아도 되는 이유가 2번 예문에서의 주격의 형태나 2-1번 예문에서의 전치사(with)의 목적격의 형태나 같기 때문이다. 2-1번의 형태에서 부대 상황을 나타내는 전치사 with를 쓰지 않으면 2-2번의 앞쪽 부분과 같은 독립분사구문이 된다.

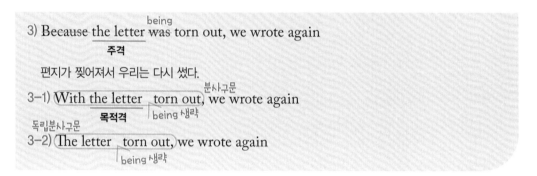

3) Because the letter was torn out, we wrote again
   (being)   주격

편지가 찢어져서 우리는 다시 썼다.

3-1) With the letter torn out, we wrote again
     목적격   │being 생략   분사구문

독립분사구문
3-2) The letter torn out, we wrote again
             │being 생략

– 3번 예문의 앞절(종속절)에서 접속사(because)를 없애면 동사(was)가 분사(being)로 바뀌어야 한다. 그러나 이 분사(being)는 분사구문의 원칙상 또 다른 분사(torn)가 이어질 때 생략 가능하다('분사구문에서 생략되는 being' 참조). 이 과정을 거치게 되면 the letter (being) torn out이 남게 되는데 이 분사구문 앞에 부대 상황을 나타내는 전치사 with를 삽입하게 되면 with the letter (being) torn out이 된다. 여기서 the letter의 (인칭대)명사의 격에 주의하지 않아도 되는 이유가 3번 예문에서의 주격의 형태나 3-1번 예문에서의 전치사(with)의 목적격의 형태나 같기 때문이다. 3-1번의 형태에서 부대 상황을 나타내는 전치사 with를 쓰지 않으면 3-2번의 앞쪽 부분과 같은 독립분사구문이 된다.

※1번 예문은 등위접속사(and)가 들어간 문장이라서 앞절, 뒷절 어느 쪽이나 분사구문으로의 전환이 가능하지만 2번, 3번 예문은 종속접속사(as/because)가 들어간 문장이라서 종속절을 분사구문으로 전환해야만 한다.

22. in order to를 표시하는 이유

1) We hired an excellent lawyer in order to fend off a criminal punishment.

우리는 형사 처벌을 면하기 위해서 유능한 변호사를 고용했다.

(=We hired an excellent lawyer in order that we could fend off a criminal punishment.)

[=(In order) to fend off a criminal punishment, we hired an excellent lawyer.]

2) We hired an excellent lawyer to fend off a criminal punishment.

우리는 형사 처벌을 면할 수 있는 변호사를 고용했다.

(=We hired an excellent lawyer who could fend off a criminal punishment.)

– 위 예문들을 보면 in order to를 쓴 1번 예문과 in order를 생략한 채 to부정사만 쓴 2번 예문의 의미론적 차이가 확연히 보인다. 1번 예문에서는 피하다(fend off)의 주체가 문장 전체의 주어인 we이지만 2번 예문에서는 피하다(fend off)의 주체가 바로 앞에 있는 명사인 an excellent lawyer가 될 수 있는 의미론적 모호성에 빠질 가능성이 있다. 이런 경우에 in order를 표현해 줌으로써 좀 더 명확한 의미를 표현할 수 있다. 그리고 1번 예문에서 보듯이 in order to~ 표현이 문장 맨 앞에 오는 경우는 in order를 제외하고 to부정사만 쓰더라도 ~하기 위해서라는 부사적 용법의 의미를 가지게 된다. to부정사구 중에서 명사적 용법과 형용사적 용법은 외치(후치)할 수 있는 표현들이지 위 1번 예문과 같이 문장 앞으로 이동해서 [(In order) to fend off a criminal punishment, we hired an excellent lawyer] 쓰이는 경우는 거의 없기 때문에 위 1번 예문처럼 to 부정사구가 문두에 보이고 주절 앞에 콤마(,)가 보인다면 ~하기 위해서라고 해석되는 경우가 대부분이다.

제3장 동사, 조동사

1. 상태동사와 행위동사의 구분

   동사는 크게 자동사와 타동사로 나뉘는 것 이외에도 자동사, 타동사를 막론하고 상태동사와 행위동사로 다시 나눌 수 있다. 일반적으로 상태동사와 행위동사를 구분하는 방법 중의 하나가 현재시점 이후로 그 행위가 계속 이어질 수 있느냐의 여부이다. 다시 말해서 행위동사는 지금 이 순간이 지나면 그 행위가 끊어질 수 있는 동사를 의미하고 상태동사는 지금 이 순간이 지나도 그 행위가 자동적으로 지속 가능한 동사를 의미한다. 상태동사는 진행형(be+~ing)을 사용할 수 없는 반면에 행위동사는 진행형(be+~ing)을 사용할 수 있다.

구분	진행형(be+~ing) 가능 여부	대표적 동사의 종류
상태동사	불가능/①②③⑥	like, prefer, hate, mind, believe, belong, depend, resemble, seem, sound, appear, own, have(소유하다) 등
행위(동작)동사	가능/④⑤⑦	live, work, watch, laugh, listen to, look, have(먹다) 등

1) I am **believing** in the rumor. (×)
   진행형→의미가 어색함
1-1) I **believe** in the rumor. (○)
   나는 그 소문을 믿는다.

– 위 1번 예문의 believe라는 동사는 굳이 현재시점이 아니더라도 행위의 지속성을 지니고 있다고 봐야 한다. '믿음을 가진다'는 행위가 현재시점을 지나자마자 '믿지 않는다'로 바뀐다고 보기 어렵기 때문이다. 따라서 상태동사이며 진행형(~ing)을 사용하는 것이 불가능하다.

2) He is **owning** a nice villa. (×)
  진행형→의미가 어색함

2-1) He **owns** a nice villa. (○)

  그는 좋은 빌라를 소유하고 있다.

- 위 2번 예문의 own이라는 동사는 굳이 현재시점이 아니더라도 행위의 지속성을 지니고 있다고 봐야 한다. '소유하다'는 행위가 현재시점을 지나자마자 '소유하지 않는다'로 바뀐다고 보기 어렵기 때문이다. 따라서 상태동사이며 진행형(~ing)을 사용하는 것이 불가능하다.

3) She is **resembling** her mother. (×)
  진행형→의미가 어색함

3-1) She **resembles** her mother. (○)

  그녀는 엄마를 닮았다.

- 상태동사를 대표하는 동사 중의 하나가 resemble인데 위 3번 예문의 resemble이라는 동사는 굳이 현재시점이 아니더라도 행위의 지속성을 지니고 있다고 봐야 한다. '닮다'라는 행위가 현재시점을 지나자마자 '닮지 않는다'로 바뀐다고 보기 어렵기 때문이다. 따라서 상태동사이며 진행형(~ing)을 사용하는 것이 불가능하다.

4) I am **watching** a movie. (○)
  진행형→의미가 통함

  나는 영화를 보고 있다.

- 위 4번 예문의 watch라는 동사는 현재시점이 지나면 행위의 단절이 일어날 수 있는 동사이다. 현실적으로 '몇 시간을 쉬지 않고 계속 영화를 시청하기'는 어렵기 때문이다. 따라서 행위동사이며 진행형(~ing)을 사용할 수 있다.

5) He is **laughing** at me. (○)
  진행형→의미가 통함

  그가 나를 보고 웃고 있다.

- 위 5번 예문의 laugh라는 동사는 현재시점이 지나면 행위의 단절이 일어날 수 있는 동사이다. 현실적으로 '몇 시간을 쉬지 않고 계속 웃기'는 어렵기 때문이다. 따라서 행위동사이며 진행형(~ing)을 사용할 수 있다.

6) I am **having** two sons. (×)
   진행형→의미가 어색함

6-1) I have two sons. (○)
   나는 아들이 둘 있다.

- 위 6번 예문의 have(소유하다)라는 동사는 굳이 현재시점이 아니더라도 행위의 지속성을 지니고 있다고 봐야 한다. '(아들 둘을) 소유하다'는 행위가 현재시점을 지나자마자 '소유하지 않는다'로 바뀐다고 보기 어렵기 때문이다. 따라서 상태동사이며 진행형(~ing)을 사용하는 것이 불가능하다.

7) I am **having** breakfast. (○)
   진행형→의미가 통함
   나는 아침을 먹고 있다.

- 위 7번 예문의 have(먹다)라는 동사는 현재시점이 지나면 행위의 단절이 일어날 수 있는 동사이다. 현실적으로 '몇 시간을 쉬지 않고 계속 아침을 먹기'는 어렵기 때문이다. 따라서 행위동사이며 진행형(~ing)을 사용할 수 있다.

2. 생각하다(think/believe/imagine/suppose/guess)는 의미를 가진 동사의 간접의문문에서의 어순

1) I don't <u>know</u> <u>where he lives</u>. 명사절(목적절)
   타동사   의문사+주어+동사
   나는 그가 어디에 사는지 모른다.

- 위 1번 예문에서 where절(where he lives)은 타동사(know)의 목적어 역할을 하는 명사절이며 간접의문문의 어순(의문사+주어+동사)을 취하고 있다.

2) I <u>know</u> <u>when he will leave us</u>. 명사절(목적절)
   타동사   의문사+주어+동사
   나는 그가 언제 우리를 떠날지 안다.

- 위 2번 예문에서 when절(when he will leave us)은 타동사(know)의 목적어 역할을 하는 명사절이며 간접의문문의 어순(의문사+주어+동사)을 취하고 있다.

※ 간접의문문이라서 이러한 특권적인 어순이 나오는 것은 아니다. 복문(절 2개 이상) 구조에서 종속절이 주절 뒤에 이어질 때는 항상 접속사+주어+동사의 어순이 돼야 하기 때문이다. 물론 간접의문에서의 의문사는 접속사의 역할을 겸하고 있기도 하다.

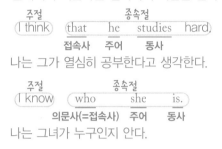

나는 그가 열심히 공부한다고 생각한다.

나는 그녀가 누구인지 안다.

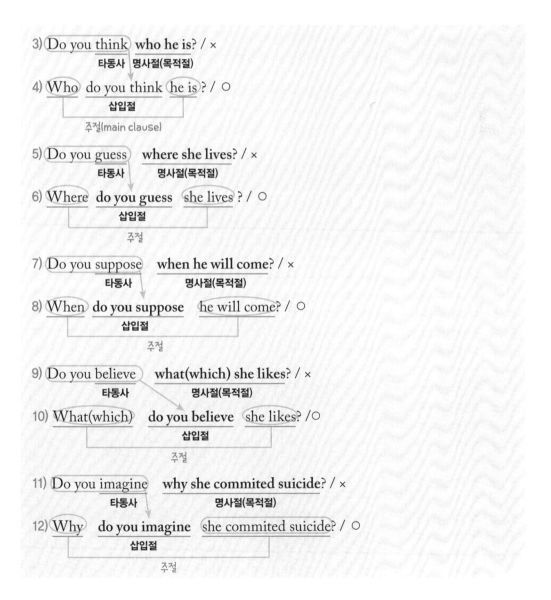

– 위 3, 5, 7, 9, 11번 예문 속에 있는 think, guess, suppose, believe, imagine 동사들은 1~2번 예문 속에서의 어순(간접의문문:의문사+주어+동사)처럼 의문사(who, where, when, what(which), why)들과 나란히 연결될 수 없으며 이 경우 의문사들이 문두로 빠져나가야 한다. 이러한 현상은 이 동사들의 의미론적 특징에서 기인한다고 볼 수 있다. 이 다섯 가지 동사들은 '생각하다, 추측하다, 추정하다, 믿다, 상상하다'는 비슷비슷한 뜻을 가지고 있는데 이 동사들이 의문사(who, when, where, what(which), why)가 접속하는 명사절을 목적어로 두게 되면 정확한 의문사의 의미를 묻는다기보다는 '생각하기에(think)', 추측하기에(guess), '추정하기에(suppose)', '믿기에(believe)', '상상하기에(imagine)'라는 의미로 수정이 되는데 우리 식으로 해석해서 '그가 누구라고 생각하니(Do you think who he is?)'라고 표현하면 맞을 것 같지만 영어식으로는 '네가 생각하기에 그가 누구니(Who do you think he is)?'라고 해야 맞는 표현이 된다.

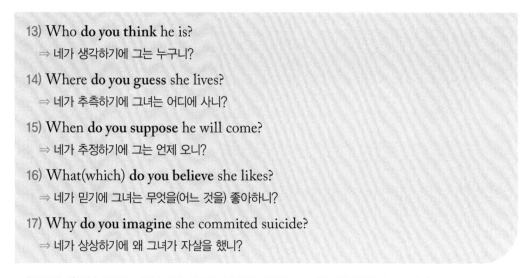

13) Who **do you think** he is?

⇒ 네가 생각하기에 그는 누구니?

14) Where **do you guess** she lives?

⇒ 네가 추측하기에 그녀는 어디에 사니?

15) When **do you suppose** he will come?

⇒ 네가 추정하기에 그는 언제 오니?

16) What(which) **do you believe** she likes?

⇒ 네가 믿기에 그녀는 무엇을(어느 것을) 좋아하니?

17) Why **do you imagine** she commited suicide?

⇒ 네가 상상하기에 왜 그녀가 자살을 했니?

※ '생각하다'류의 동사는 아니지만 이러한 어순을 취하는 또 하나의 동사가 say이다.

 – Did he say who she was? / ○
 – Who **did he say** she was? / ○
  그녀가 누구인지 그가 말했습니까?

※ 여기서 중요한 어법적 변화과정 하나를 살펴보자.

– 어법적으로 틀린 표현이지만 Do you think who he is? 라고 표현한 상태에서는 do you think 부분이 주절이며 who he is가 종속절이며 동시에 타동사(think)의 목적어(절)가 된다. 그러나 올바른

어법적 표현인 Who do you think he is? 에서는 who he is 부분이 주절이 되며 do you think는 삽입절의 성격을 띠고 있다. 아래 예문에서 what we call이라는 표현 역시 우리가 알고 있는 관용적인 표현인데 이 표현 역시 삽입절의 표현이다.

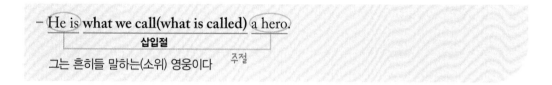

3. 불완전 자동사(become/get)의 수동태(be+p.p) 표현

수동태(be+p.p)의 표현을 나타낼 때 be동사 대신에 get, become 등의 불완전 자동사를 사용해서 나타낼 수도 있다.

1) I got   interested in reading a novel when young.
   = was   분사(= 형용사)

(get interested in = be interested in)
나는 어렸을 때 소설을 읽는 것에 관심이 많았다.

2) I became   involved in an anti-government protest.
   = was   분사(= 형용사)

(become involved in = be involved in)
나는 반정부 시위에 참여했었다.

- 위 1번과 2번 예문을 보면 be동사 대신에 불완전 자동사인 get과 become을 각각 썼다. 불완전 자동사인 get이나 become도 수동(be+p.p)의 의미를 전달함에 있어서 be동사와의 차이가 없다.

3) He <u>got</u>　<u>frustrated</u> with the result of the test.
　　= was　분사(= 형용사)

(get frustrated with = be frustrated with)

그는 그 시험결과에 좌절했다.

4) He <u>became</u>　<u>accustomed</u> to the noise of the factory.
　　= was　　분사(= 형용사)

(become accustomed to = be accustomed to)

그는 공장의 소음에 익숙해졌다.

– 위 3번과 4번 예문을 보면 be동사 대신에 불완전 자동사인 get, become을 각각 썼다. 불완전 자동사인 get이나 become도 수동(be+p.p)의 의미를 전달함에 있어서 be동사와의 차이가 없다.

※be+p.p(수동태)의 표현에서 불완전 자동사인 get과 become이 be동사 대신에 쓰일 수 있는 이유는 be+p.p의 구조에서 p.p(과거분사)가 형용사화된 경우가 많기 때문이다. 1~4번 예문의 interested, involved, frustrated, accustomed는 p.p(과거분사)라기보다는 이미 형용사화된 단어들이다. be interested라고 하면 수동태(be+p.p)로 인식을 하고 get interested라고 하면 get+형용사라고 인식을 하는데 실제 be interested에서도 interested는 p.p(과거분사)라기보다는 형용사라고 보는 편이 맞다.

※진짜 수동태의 표현이라면 일반적으로는 전치사는 by를 쓰는 게 맞다. She is satisfied with the money와 같은 표현에서는 전치사가 by가 아니라 with가 오기 때문에 be satisfied는 수동태의 표현이 아니라 이미 형용사화된 표현이라고 보는 것이 타당하다.

※be, get, become, grow는 대표적 '불완전 자동사'들이다.

4. 타동사의 역할을 하는 자동사+전치사(타동사구)의 표현

　일반적으로 목적어를 가지는 동사를 타동사라고 하고 목적어를 가지지 않는 동사를 자동사라고 한다. 그런데 영문법에서는 일부 자동사들 뒤에 전치사를 붙여 쓰게 되면(타동사구) 타동사에 준하는 취급을 하고 있다(상태동사는 제외, 행위동사만 해당).

1) (I)　(<u>look at</u>)　(a cat).
　주어　타동사　목적어
　　자동사+전치사=타동사

2) → A cat <u>is looked at</u> by me.

나는 고양이를 본다.

- 위 1번 예문을 수동태로 바꾸면 2번 예문이 된다. 1번 예문에서 자동사+전치사(look at)로 이루어진 타동사구를 하나의 타동사로 인식했음을 수동태로 변한 2번 예문에서 알 수가 있다. 결국 1번 예문에서 주어(I)+타동사(look at)+목적어(a cat)의 구조라고 인식을 해서 2번 수동태의 예문이 나온 것이다.

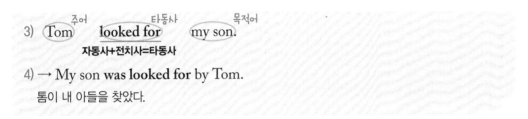

3) Tom looked for my son.
   자동사+전치사=타동사

4) → My son **was looked for** by Tom.
   톰이 내 아들을 찾았다.

- 위 3번 예문을 수동태로 바꾸면 4번 예문이 된다. 3번 예문에서 자동사+전치사(looked for)로 이루어진 타동사구를 하나의 타동사로 인식했음을 수동태로 변한 4번 예문에서 알 수가 있다. 결국 3번 예문에서 주어(I)+타동사(looked for)+목적어(tom)의 구조라고 인식을 해서 4번 수동태의 예문이 나온 것이다.

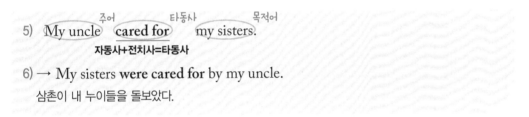

5) My uncle cared for my sisters.
   자동사+전치사=타동사

6) → My sisters **were cared for** by my uncle.
   삼촌이 내 누이들을 돌보았다.

- 위 5번 예문을 수동태로 바꾸면 6번 예문이 된다. 5번 예문에서 자동사+전치사(cared for)로 이루어진 타동사구를 하나의 타동사로 인식했음을 수동태로 변한 6번 예문에서 알 수가 있다. 결국 5번 예문에서 주어(my uncle)+타동사(cared for)+목적어(my sisters)의 구조라고 인식을 해서 6번 수동태의 예문이 나온 것이다.

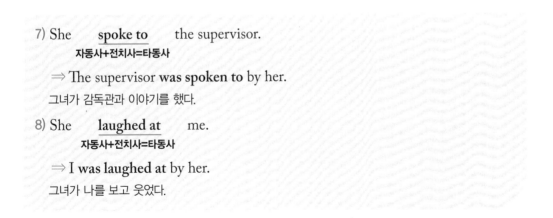

7) She spoke to the supervisor.
   자동사+전치사=타동사

   ⇒ The supervisor **was spoken to** by her.
   그녀가 감독관과 이야기를 했다.

8) She laughed at me.
   자동사+전치사=타동사

   ⇒ I **was laughed at** by her.
   그녀가 나를 보고 웃었다.

5. be 동사의 1형식, 2형식 표현

be동사가 1형식구문에서 쓰일 때는 '있다, 존재하다(=exist)'는 의미로 사용되며, 2형식 구문에서 쓰일 때는 '~이다'라는 의미로 사용된다.

■ 2형식에서의 be동사는 '~이다'라는 의미로 사용된다

> 1) He **is** a handsome boy.
>   ~이다
>
>   그는 잘 생긴 소년이다
>
> 2) She **is** pretty.
>   ~이다
>
>   그녀는 예쁘다.
>
> 3) They **are** members of our club.
>   ~이다
>
>   그들은 우리 클럽의 회원이다.

■ 1형식에서의 be동사는 주로 '있다(=exist)'라는 의미로 사용되며 주어와 동사가 도치를 하고 있는 유형과 그렇지 않은 유형이 있다.

※도치가 이루어지지 않은 정상적인 1형식 구문

> 1) I **am** here.
>   = exist
>   내가 여기 있다.
>
> 2) They **were** at the market at that time.
>   = exist
>   그들은 그때 시장에 있었다.

※도치가 이루어진 1형식 구문

3) Here **is** a small vase on the desk.
   = exist
   여기 책상 위에 조그만 꽃병이 하나 있다.

– 위 예문의 원 표현은 A small vase is here on the desk이다. 부사(here)가 문두로 가면서 주어(a small vase)와 동사(is)가 도치된 유형이다.

4) There **are** some books on the shelf.
   = exist
   선반에 몇 권의 책이 있다.

– 위 예문의 원 표현은 Some books are on the shelf이다. 유도부사(there)를 외부에서 끌어와서 주어(some books)와 동사(are)를 도치시켰다.
※위 예문에서 유도부사 there는 주어, 동사를 도치시키는 역할을 하며 의미는 없다[허사(虛辭)]. ('지시부사와 유도부사의 there' 참조)

5) On top of the car **is** a little cat.
   = exist
   자동차 위에 작은 고양이 한 마리가 있다.

– 위 예문의 원 표현은 A little cat is on top of the car이다. 부사구(on top of the car)가 문두로 가면서 주어(a little cat)와 동사(is)를 도치시켰다.

6. 조동사와 일반동사의 역할을 겸하는 have, be

 문장 내에서 조동사가 있는지 없는지를 알아볼 수 있는 방법은 문장을 부정문으로 만들어 보면 된다. 그런 다음에 부사 not 바로 앞에 위치한 단어가 조동사가 된다. 그리고 영문법 원칙상 문장(sentence) 속에는 일반동사(verb)가 최소한 하나씩은 존재해야 하기 때문에, 이러한 동사(have, be)를 제외하고 일반동사가 하나도 보이지 않는다면, 이 동사(have, be)들이 조동사(auxiliary verb) 및 일반동사(verb)의 역할을 동시에 하고 있다고 보면 된다.

1) I am sick now.
   나는 아프다.

   ⇒ I __am__ not sick now.
   　　조동사+일반동사

– 위 1번 예문(I am sick)을 부정문으로 만들어 보니 부정어 not이 be동사인 am 뒤에 위치하고 있다. 따라서 이 문장에서는 am이 조동사이며 일반동사의 역할을 겸하고 있다[모든 문장(절)에서 기본적으로 동사가 하나씩은 존재해야 하기 때문이다].

2) You can be healthier with regular exercise.
   규칙적인 운동으로 더욱 건강해질 수 있다.

   ⇒ You __can__ not __be__ healthier with regular exercise.
   　　　 조동사　　　일반동사

– 위 2번 예문을 부정문을 만들어 보니 이번에는 부정어 not이 be 동사 앞에 위치하고 있다. 따라서 이 문장에서는 can이 조동사이며 be동사는 일반동사의 역할만을 하고 있다.

3) I have been sick since yesterday.
   어제부터 아팠다.

   ⇒ I __have__ not been sick since yesterday.
   　　조동사+일반동사

– 위 3번 예문을 부정문을 만들어 보니 부정어 not이 완료조동사인 have 동사 뒤에 위치하고 있다. 따라서 이 문장에서 have는 조동사 및 일반동사의 역할을 겸하고 있다(been은 동사가 아니라 분사이다).

4) I could have been healthier with more exercise.
   좀 더 운동을 했으면 더욱 건강해질 수 있었을 텐데.

   ⇒ →I __could__ not __have__ been healthier with more exercise.
   　　　 조동사　　　일반동사

– 위 4번 예문을 부정문을 만들어 보니 이번에는 부정어 not이 완료조동사인 have 동사 앞에 위치하고 있다. 따라서 이 문장에서는 could가 조동사이며 have는 일반동사의 역할만 하고 있다. 조동사 두 개가 나란히 연결돼서 쓰일 수는 없기 때문이다.

※ He **will can** overcome the adversities. (X)

He **will be able to** overcome the adversities. (O)

그는 그 역경을 극복할 수 있을 것이다.

4-1) Did you walk your dog this morning?

아침에 개를 산책시켰니?

I should have (done), but I forgot.

그랬어야 했는데, 깜빡했어.

- 위 4-1번의 아래쪽 예문 (I should have (done), but I forgot)을 보면 have까지 조동사 취급을 하고 있는 것을 볼 수가 있다(대동사는 반드시 조동사를 이용해서 나타내야 하기 때문. '대부정사와 대동사' 중 대동사 1, 2, 3, 4, 5번 참조). 이 경우 have는 조동사와 일반동사의 기능을 절반씩 가지고 있다고 봐야 할 듯하다. 이 문장을 부정문으로 나타내면 I should not have (done), but I forgot이 되는데 부정어 not의 위치로 봐서는 should가 조동사이지만, 또한 대동사 표현을 have까지 나타내는 거로 봐서는 have마저 조동사로 인식이 되기 때문이다.

5) I **have** been here for 2 hours.

　　조동사+일반동사

나는 여기에 두 시간 있었다.

- 위 5번 예문에서 have는 조동사와 일반동사의 역할을 겸하고 있다.

6) I **would** **have** been here if you had called me earlier.

　조동사　일반동사

네가 조금 더 일찍 전화했었다면 내가 여기에 있었을 텐데.

- 위 6번 예문에서 주절(I would have been here) 속의 have는 일반동사의 역할만을 하고 있다.

7) He **is** not here.

　　조동사+일반동사

그는 여기에 없다.

- 위 7번 예문에서 is는 조동사와 일반동사의 역할을 겸하고 있다.

8) He **will**　　not　　**be**　　here.
　　　조동사　　　　　일반동사

그는 여기에 없을 것이다.

– 위 8번 예문에서 be 동사는 일반동사의 역할만을 하고 있다.

7. 명령문+or/and의 표현

　명령문 다음에 절(clause)이 이어질 때 and와 or 두 가지의 접속사가 발생하게 되는데 일반적으로 뒤 절의 내용이 부정적일 경우(좋지 않은 내용)에는 접속사 or가 오고 뒤 절의 내용이 긍정적일 경우(좋은 내용)에는 접속사 and가 오게 된다.

1) Start now, **or** <u>you will be late for school.</u>
　　　　　　　　　　좋지 않은 내용

지금 출발하지 않으면 학교에 늦을 것이다.

– 1번 예문의 뒤 절이 좋지 않은 내용(학교에 늦을 것이다) 이라서 접속사는 or를 썼다.

2) Start now, **and** <u>you will be there in time.</u>
　　　　　　　　　　좋은 내용

지금 출발하면 시간 안에 거기에 도착할 것이다.

– 2번 예문의 뒤 절이 좋은 내용(시간 안에 도착할 것이다) 이라서 접속사는 and를 썼다.

3) Eat sugar-free food only, **or** <u>your diabetes level will rise up.</u>
　　　　　　　　　　　　　　좋지 않은 내용

무설탕 음식만을 먹지 않으면 당뇨 수치가 올라갈 것이다.

– 3번 예문의 뒤 절이 좋지 않은 내용(당뇨 수치가 올라갈 것)이라서 접속사는 or를 썼다.

4) Eat sugar-free food only, **and** your diabetes level will be lowered.
<u>좋은 내용</u>

(무설탕 음식만을 먹으면 당뇨 수치가 내려갈 것이다.)

– 4번 예문의 뒤 절이 좋은 내용(당뇨 수치가 내려갈 것)이라서 접속사는 and를 썼다.

제4장 관계사

1. 편리하게 쓰이는 관계대명사/접속사 that의 제약

　편리하게 쓰이는 관계대명사 that은 그 편리함 만큼이나 중요한 곳에서 어법적인 제약 때문에 쓰이지 못하는 경우가 많다.

■ 계속적 용법의 관계대명사로서의 that의 제약

　1) He has a nice villa, __that__ is very expensive. (×)
　　　관계대명사로 못 쓰임→지시대명사로 인식

－1번 예문은 어법적으로 틀린다. 콤마(,) 다음에 오는 관계대명사 that은 영문법에서 원칙적으로 허용되지 않기 때문이다. 콤마(,) 다음에 오는 관계대명사로서의 that은 허용되지 않지만 지시대명사로서의 that은 사용 가능하다. 따라서 지시대명사 that 앞에 접속사 and나 but을 추가해서 쓰거나 계속적 용법의 관계대명사인 which를 쓰면 가능하다.

　⇒ He has a nice villa, __and that__ is very expensive. (○)
　　　　　　　　　　　= and it

　⇒ He has a nice villa, __which__ is very expensive. (○)
　　　　　　　　　　= and it(=and that)

　그가 좋은 빌라를 소유하고 있는데 그것은 매우 비싸다.

※위 예문에서 지시대명사(that) 앞에 접속사(and)를 써야 하는 이유는 문장 속에서의 동사와 접속사의 상관관계 때문이다(접속사의 개수=동사의 개수-1). 이러한 이유 때문에 접속사의 기능과 지시(인칭)대명사의 기능을 동시에 가진 계속적 용법의 관계사(which)를 쓰는 것이다('콤마(,) 다음에 올 수 없는 관계대명사 that과 what' 참조).

■ 전치사의 목적어가 되는 관계대명사로서의 that의 제약

2) He won the first prize **of that** his parents are very proud. (×)
　　　　　　　　　　　　전치사의 목적어로서 that 불가

－ 2번 예문은 어법적으로 틀린다. 전치사(of) 다음에 쓰일 수 있는 관계대명사는 원칙적으로 that은 제외하고 있기 때문이다. 따라서 전치사 다음에 관계대명사 which를 붙여 쓰거나 전치사를 관계절 뒤로 보낸 후에 which나 that 둘 중 하나를 골라 써야 한다.

⇒ He won the first prize **of which** his parents are very proud. (○)
⇒ He won the first prize **which** his parents are very proud **of**. (○)
⇒ He won the first prize **that** his parents are very proud **of**. (○)
그는 부모님들이 매우 자랑스러워 하는 일등을 수상했다.

■ 전치사의 명사절을 접속할 때의 that의 제약

3) I am interested　in　　**where** he lives. (○)
　　　　　　　　　　전치사　전치사의 목적어(명사절)

나는 그가 어디에 사는지에 관심이 있다.

4) I am interested　in　　**that** he is rich. (×)
　　　　　　　　　　전치사　전치사의 목적어(명사절)

－ 위 3, 4번 예문은 모두 전치사(in)의 목적어로써 명사절을 취하고 있다(where he lives/that he is rich). 그러나 3번 예문처럼 의문사(where)가 접속하는 명사절은 전치사(in)의 목적어인 명사절로서 사용 가능하지만, 4번 예문처럼 접속사 that이 접속하는 명사절은 전치사(in)의 목적어인 명사절로서는 사용이 불가능하다.

5) I　know　　**where** he lives. (○)
　　타동사　　타동사의 목적어(명사절)

나는 그가 어디에 사는지 안다.

6) I　know　　**that** he is rich. (○)
　　타동사　　타동사의 목적어(명사절)

나는 그가 부자라는 것을 안다.

－ 위 5, 6번 예문은 모두 타동사(know)의 목적어로써 명사절을 취하고 있다(where he lives/that he

93

is rich). 타동사의 목적어(명사절)로서 의문사 where가 접속하는 명사절이 오든(5번) 접속사 that 이 접속하는 명사절이 오든(6번) 둘 다 어법적으로 맞다. 이 점이 위 3, 4번 예문과의 차이점이다.

※위 3~6번 예문의 내용을 요약하자면 접속사 that이 접속하는 명사절은 타동사의 목적어(절)로서 는 사용이 가능하지만 전치사의 목적어(절)로서는 사용이 불가능하다는 것이다.

※ <u>In that he is rich</u>,he deserves a chairmanship.
관용구(= because)

그가 부자이기 때문에 회장자리를 맡을 만하다.

---

2. 접속사 that/관계대명사 that/동격접속사 that/관계대명사 what 의 구분

구분	주절(선행절)의 구조	종속절(접속사절)의 구조
접속사 that/①②	불완전	완전
관계대명사 that/③	완전	불완전
동격접속사 that/⑦⑧⑨	완전	완전
관계대명사 what/④⑤⑥	불완전	불완전

1) <u>I think</u>   <u>that</u>   <u>he is a liar.</u>
   불완전한 구조   **접속사**   **완전한 구조**

   나는 그가 거짓말쟁이라고 생각한다.

– 1번 예문은 접속사 that을 기준으로 앞쪽 절(I think)은 타동사 think의 목적어가 없는 불완전한 구 조이지만 뒤쪽 절(he is a liar)은 2형식의 완전한 구조이다. 이 경우 that은 목적어(절)를 접속하는 접속사이다.

2) <u>My belief is</u>   <u>that</u>   <u>she will surely come back.</u>
   불완전한 구조   **접속사**   **완전한 구조**

   내 믿음은 그녀가 분명히 돌아온다는 것이다.

– 2번 예문은 접속사 that을 기준으로 앞쪽 절(my belief is)은 be동사(is)의 보어가 없는 불완전한 구 조이지만 뒤쪽 절(she will surely come back)은 1형식의 완전한 구조이다. 이 경우 that은 주격보 어절을 접속하는 접속사이다.

3) <u>I know a man</u>   <u>that</u>   <u>you met ∨ days ago.</u>
   완전한 구조   **관계대명사**   **불완전한 구조**
   나는 네가 며칠 전에 만났던 남자를 안다.

3번 예문은 관계대명사 that을 기준으로 앞쪽 절(I know a man)은 3형식의 완전한 구조이지만 뒤쪽 절(you met days ago)은 타동사 met의 목적어가 없는 불완전한 구조이다. 관계절 내에서 목적어가 없으므로 that은 관계대명사 목적격이다.

4) <u>I need ∨</u>   <u>what</u>   <u>∨ is also necessary for you.</u>
   불완전한 구조   **관계대명사**   **불완전한 구조**
   나는 네게 필요한 것이 필요하다.

– 4번 예문은 관계대명사 what을 기준으로 앞쪽 절(I need)은 타동사 need의 목적어가 없는 불완전한 구조이며, 뒤쪽 절(is also necessary for you) 또한 동사(is)의 주어가 없는 불완전한 구조이다. 이 경우에 앞·뒤 절에 각각 필요한 명사 하나씩, 도합 명사 두 개의 역할을 할 수 있는 관계대명사 what이 필요하다.

※ what = the thing **which**
           = the thing

– 선행사를 포함한 관계대명사 what은 the thing which로 전환이 가능하고, 여기서 다시 관계대명사 which는 선행사인 the thing을 관계절 내에서 또다시 사용하는 것이므로 결론적으로 관계대명사 what은 문장 내에서 the thing이 두 번 쓰이는 것과 마찬가지이다. 그래서 관계대명사 what이 들어갈 자리는 명사(the thing) 두 개가 필요한 자리여야 한다.

5) <u>I saw ∨</u>   <u>what</u>   <u>you didn't see ∨ yesterday.</u>
   불완전한 구조   **관계대명사**   **불완전한 구조**
   나는 네가 어제 못 본 것을 보았다.

– 5번 예문은 관계대명사 what을 기준으로 앞쪽 절(I saw)은 타동사(saw)의 목적어가 없는 불완전한 구조이며, 뒤쪽 절(you didn't see yesterday) 또한 타동사(see)의 목적어가 없는 불완전한 구조이다. 따라서 명사 두 개의 역할을 할 수 있는 관계대명사 what을 사용해야 한다.

6) What $\vee$ is needed $\vee$ is your help.
　　관계대명사　　　불완전한 구조　　　불완전한 구조
필요한 것은 너의 도움이다.

– 6번 예문은 관계대명사 what을 기준으로 앞쪽 절(is needed)은 동사(is)의 주어가 없는 불완전한 구조이며, 뒤쪽 절(is your help) 또한 동사(is)의 주어가 없는 불완전한 구조이다. 따라서 명사 두 개의 역할을 할 수 있는 관계대명사 what을 사용해야 한다.

7) You need a confidence　that　you can do anything.
　　　완전한 구조　　　　동격접속사　　　완전한 구조
너는 어떤 것이든 할 수 있다는 확신이 필요하다.

– 7번 예문은 동격접속사 that을 기준으로 앞쪽 절(You need a confidence)은 3형식의 완전한 구조이며 뒤쪽 절(you can do anything) 또한 3형식의 완전한 구조이다. 이처럼 동격절은 접속사 that을 기준으로 앞뒤 모두 완전한 구조가 돼야 한다.
※동격절 앞에 놓이는 명사는 confidence 같은 추상명사가 와야 한다.

8) Chances are high　that　she will not turn up at the meeting.
　　　완전한 구조　　　동격접속사　　　　완전한 구조
그녀가 회의에 나타나지 않을 가능성이 높다.

– 8번 예문은 동격접속사 that을 기준으로 앞쪽 절(Chances are high)은 2형식의 완전한 구조이며 뒤쪽 절(she will not turn up at the meeling) 또한 1형식의 완전한 구조이다. 원 표현은 Chances that she will not turn up at the meeting are high이다. 주부(Chances that she will not turn up at the meeting)가 술부(are high)보다 길어서 주부의 수식어구인 동격절(that she will not turn up at the meeting)을 외치(후치)시켰다.

9) The fact　that　he was dead in the war was heart-breaking to his family.
　①　동격접속사　　　완전함　　　　　　완전함　　②
그가 전쟁에서 죽었다는 사실은 그의 가족에게 상심을 주었다.

– 9번 예문은 동격의 접속사 that을 제외하면 he was dead in the war라는 하나의 절과 ①+②번을 합친 또 하나의 절인 The fact was heart-breaking to his family라는 완전한 절이 나오게 된다. 따라서 완벽한 구조의 두 개의 절이 접속사(that)를 기준으로 앞뒤로 이어졌으므로 that은 동격의 접속사이다.

3. 복합관계대명사, 복합관계형용사, 복합관계부사의 이해

구분	품사	명사절 접속	부사절 접속	비고
whatever (whichever)	복합관계대명사, 복합관계형용사	가능/②,③-1	가능/①③	• 이 단어들을 제외하면 절의 구조가 불완전함(복합관계형용사의 경우는 제외)
whoever (whomever)	복합관계대명사	가능/⑤	가능/④	
however	복합관계부사	불가능	가능/⑥,⑥-1,⑥-2	• 이 단어들을 제외해도 절의 구조가 완전함
wherever		불가능	가능/⑦,⑧	
whenever		불가능	가능/⑨,⑩	

– 복합관계사란 관계대명사, 또는 관계부사에 ~ever라는 접사를 붙여서 본래 지니고 있던 관계사적 기능 이외에 다른 어법적 기능을 추가로 가지고 있는 단어들을 말한다. 좀 쉽게 말하면, 일반적으로 관계사가 접속하는 절(관계대명사절, 관계부사절)은 형용사절인데 반해서 복합관계사는 명사절과 부사절을 접속할 수 있다는 점이 기존의 관계대명사절, 관계부사절과의 큰 차이점이다.

1) **Whatever** you do for others, it is always meaningful.
　　　부사절

(whatever = no matter what)
네가 다른 사람들을 위해서 무슨 일을 하든지 간에, 그것은 항상 의미가 있다.

– 1번 예문에서 whatever(복합관계대명사)가 접속하는 절은 부사절이다. 이 경우 whatever는 '양보'를 의미하는 no matter what(무엇을 ~하더라도)과 같은 의미가 된다. 그리고 whatever는 복합관계대명사로서 부사절을 접속하는 역할과 타동사 do의 목적어 역할을 겸하고 있다.
※ whaterver 대신 whichever를 써도 의미가 통한다.

2) **Whatever** you choose is crucial to our future.
　　　명사절

(whatever= anything that)
네가 무엇을 선택하든 그것은 우리의 미래를 위해서 중요하다.

– 2번 예문에서 whatever(복합관계대명사)가 접속사는 절은 명사절이다. 이 경우 whatever는 '어떤 것, 모든 것'을 의미하는 'anything that'과 같은 의미가 된다. 그리고 whatever는 복합관계대명사로서 명사절을 접속하는 역할과 타동사 choose의 목적어 역할, 그리고 be 동사(is)의 주어 역할을 겸하고 있다.
※ whatever 대신 whichever를 써도 의미가 통한다.

3) <u>Whatever color you choose</u>, it will suit our purpose.
  부사절

  (whatever color=no matter what color)
  네가 무슨 색상을 선택하든지 간에, 그것은 우리의 목적에 부합할 것이다.

– 3번 예문에서 whatever(복합관계형용사)가 접속하는 절은 **부사절**이다. 이 경우 whatever는 뒤에 있는 명사(color)를 수식하고 있으므로 **복합관계형용사**로서 쓰였다. 그리고 whatever는 복합관계형용사로서 부사절을 접속하는 역할과 명사(color)를 수식하는 형용사 역할, 그리고 피수식어인 color와 함께 어구를 형성해서(whatever color) 타동사 choose의 목적어 역할을 겸하고 있다.
※whatever 대신 whichever를 써도 의미가 통한다.

3–1) <u>Whatever color you choose</u> will suit our purpose.
  명사절

  (whatever color=any color that)
  네가 무슨 색상을 선택하든 그것은 우리의 목적에 부합할 것이다.

– 위 3–1번 예문에서 whatever(복합관계형용사)가 접속하는 절은 **명사절**이다. 이 경우 whatever는 뒤에 있는 명사(color)를 수식하고 있으므로 **복합관계형용사**로서 쓰였다.그리고 whatever는 복합관계형용사로서 명사절을 접속하는 역할과 명사(color)를 수식하는 형용사 역할을 겸하고 있다. 그리고 피수식어인 color와 함께 어구를 형성해서(whatever color) 타동사(choose)의 목적어 역할과 조동사(will)의 주어 역할을 겸하고 있다.
※whatever 대신 whichever를 써도 의미가 통한다.

※복합관계대명사와 복합관계형용사는 둘 다 명사절과 부사절을 접속할 수 있다는 공통점이 있다. 그러나 복합관계대명사가 단독으로 쓰이는 반면에(whatever/whoever) 복합관계형용사는 뒤에 피수식 명사가 따라와야 한다(whatever color/whichever color).

4) <u>Whoever opens the door</u>, he or she will be hurt.
  부사절

  (whoever = no matter who)
  누가 그 문을 열든지 간에, 그 사람은 다칠 것이다.

– 4번 예문에서 whoever(복합관계대명사)가 접속하는 절은 **부사절**이다. 이 경우 whoever는 '양보'를 의미하는 no matter who(누가 ~하더라도)와 같은 의미가 된다. 그리고 whoever는 복합관계대명사로서 부사절을 접속하는 역할과 동사 opens의 주어 역할을 겸하고 있다.

5) <u>__Whoever__ opens the door will be hurt.</u>
       명사절

  (whoever = anyone who)

  누가 그 문을 열든 그는 다칠 것이다.

－ 5번 예문에서 whoever(복합관계대명사)가 접속하는 절은 **명사절**이다. 이 경우 whoever는 '어떤 이, 모든 이'를 의미하는 'anyone who'와 같은 의미가 된다. 그리고 whoever는 복합관계대명사로서 명사절을 접속하는 역할과 동사 opens/will 두 개의 주어 역할을 겸하고 있다.

5-1) <u>__Whoever__ opens the door</u> will be hurt.
         명사절

  누가 문을 열든지 그는 다칠 것이다.

5-2) <u>__Those who__ opens the door</u> will be hurt.

  문을 여는 사람은 다칠 것이다.

－ 위 5-1, 5-2번 두 예문을 보면 whoever가 명사절을 접속할 때 그 자리에 those who를 써도 의미가 통한다는 것을 알 수가 있다. 따라서 이 경우 whoever는 선행사(those)를 포함한 인칭관계대명사 주격(who) 정도로 보면 되겠다.

6) <u>__However__ hard you study,</u> the success sometimes depends on luck.
          부사절

  (however = no matter how)

  네가 아무리 열심히 공부한다고 해도, 성공은 때로는 운에 달려 있다.

－ 6번 예문에서 however(복합관계부사)가 접속하는 절은 **부사절**이다. 이 경우 however는 '양보'를 의미하는 no matter how(아무리 ～하더라도)와 같은 의미가 된다.

6-1) <u>__However__ you try to achieve it,</u> the success sometimes depends on luck
          부사절

  (however = no matter how)

  네가 어떤 방식으로 그것을 성취하려고 애를 써도, 성공은 때로는 운에 달려 있다.

－ 6-1번 예문과 6번 예문의 차이점은 however 다음에 형용사나 부사(hard)가 이어지느냐 아니냐의 차이인데('의문부사 How의 대표적 2가지 용법' 참조), 6번 예문처럼 however 다음에 형용사나 부사(hard)가 이어지면 '아무리 ～하더라도'의 의미가 되지만(아무리 열심히 공부한다고 하더라도)

6-1번 예문처럼 however가 형용사나 부사 없이 단독으로 쓰이게 되면 '어떤 방식으로 ~하더라도' 의 의미가 된다(어떤 방식으로 그것을 성취하려고 애를 써도).

6-2) All it cares for is to fight for its own interests, **no matter how much**

=however much damage

damage the violent protests may cause to the economy.

그것이 오직 신경 쓰는 것은 그 폭력적인 시위가 경제에 얼마나 많은 피해를 줄지라도, 그것의 이익을 위해 투쟁하는 것이다

– 위 예문은 no matter how(=however)가 형용사(much)+명사(damage)를 동시에 수식하고 있다. the violent protests may cause much damage to the economy(그 폭력시위는 경제에 많은 해를 끼칠지 모른다)가 원표현인데 no matter how(=however)가 형용사(much)만 문두로 끌고 갈 수 없으므로 형용사(much)와 붙은 명사(damage)를 동시에 문두로 끌고 간 경우이다.

7) **Wherever** you live, you must be careful about surroundings.
   <u>부사절</u>

(wherever = no matter where)
네가 어디에 살든지 간에, 주변 환경에 주의해야 한다.

– 7번 예문에서 wherever(복합관계부사)가 접속하는 절은 **부사절**이다. 이 경우 wherever는 '양보'를 의미하는 no matter where(어디에 ~하더라도)와 같은 의미가 된다.

8) Take a seat **wherever** you want to.
   <u>부사절</u>

(wherever = at any place where)
원하시는 곳 어디에서든 앉으십시오.

– 8번 예문에서 wherever(복합관계부사)가 접속사는 절은 **부사절**이다. 이 경우 wherever는 '어떤 곳, 모든 곳'을 의미하는 'at any place where'와 같은 의미가 된다.

9) **Whenever** you start your business, money is always a must
부사절

(whenever = no matter when)
언제 사업을 시작하든지 간에, 돈이 항상 필수적이다.

– 9번 예문에서 whenever(복합관계부사)가 접속하는 절은 부사절이다. 이 경우 whenever는 '양보'를 의미하는 no matter when(언제 ∼하더라도)과 같은 의미가 된다.

10) You may come **whenever** you feel hungry.
부사절

(whenever = at any time when)
배고플 때는 언제나 와도 된다.

– 10번 예문에서 whenever(복합관계부사)가 접속하는 절은 부사절이다. 이 경우 whenever는 '언제나'를 의미하는 'at any time when'과 같은 의미가 된다.

ex 1) I'll hire (whoever/**whomever**) my colleagues want to work with.
　　　 타동사　　　　　　　　　　　　　　　　　　　　　 전치사
나는 내 동료들이 같이 일하고 싶어하는 사람이면 누구든 채용할 것이다.

– 위 ex 1) 예문에서 정답은 whomever가 되는데 그 이유는 타동사(hire)의 목적어인 이유로서 복합관계대명사 목적격인 whomever가 정답이 되는 것이 아니라 관계절(my colleagues want to work with)에서 전치사(with)의 목적어가 필요한 이유에서 복합관계대명사 목적격인 whomever(= anyone whom)가 정답이 된다. 결국 복합 관계사도 다른 관계사들처럼 관계절 속에서 정답이 되는 이유를 찾아야 한다.

ex 2) I am looking for (**whoever**/whomever) can manage my shop well.
　　　　　　　　　 전치사　　　　　　　　　　　　 조동사
나는 누구든 내 가게를 잘 운영할 수 있는 사람을 찾고 있다.

– 위 ex 2) 예문에서 정답은 whoever가 되는데 그 이유는 전치사(for)의 목적어인 이유로서 복합관계대명사 목적격인 whomever가 정답이 되는 것이 아니라 관계절(∼can manage my shop well)에서 주어가 필요한 이유에서 복합관계대명사 주격인 whoever(= anyone who)가 정답이 된다. 결국 복합관계사도 다른 관계사들처럼 관계절 속에서 정답이 되는 이유를 찾아야 한다.

We know the girl who(m) you had a relationship with a few months ago.
who,whom 둘 다 가능(둘 다 생략도 가능)

우리는 네가 몇 달 전에 만났던 소녀를 안다.

We want to give our documents to whomever we can trust
whoever 불가능(생략도 불가능)

우리는 신뢰할 수 있는 사람이면 누구에게든 우리의 서류를 주고 싶다.

We want to give our documents to whoever can live for the underprivileged
whomever 불가능(생략도 불가능)

우리는 사회적약자를 위해서 살 수 있는 사람이면 누구에게든 우리의 서류를 주고 싶다

4. how/however와 who/whoever의 구분

■ how와 however의 구분

구분	공통점	차이점	비고
how	접속사	의문부사 → 명사절 접속	문장 내에서 주절과 연결될 때 구두점(,)이 발생하지 않음 /①, ②, ⑤ → 주절의 구조가 불완전함.
however		복합관계부사 → 부사절 접속	문두에 위치할 때 주절과의 사이에 구두점(,)이 발생함 /③, ④, ⑥ → 주절의 구조가 완전함.

1) **I don't know** **how tall he is.**
주절 / 명사절(목적절) / 불완전

나는 그가 얼마나 큰지 모른다.

– 위 1번 예문을 보면 how tall he is 부분이 타동사(know)의 목적어가 되는 명사절이 된다. 그리고 주절(I don't know)이 타동사(know)의 목적어가 없는 불완전한 구조이다.

2) **How rich he is doesn't matter.**
명사절(주어절) / 주절 / 불완전

(= It doesn't matter how rich he is)
그가 얼마나 부유한지는 중요치 않다.

– 위 2번 예문을 보면 how rich he is 부분이 doesn't matter의 주어가 되는 명사절이 된다. 그리고 주절(doesn't matter)이 주어가 없는 불완전한 구조이다.

3) <u>**However** rich he is</u> , <u>she is not willing to marry him.</u>
　　　　　부사절　　　　구두점　　　　　　주절

완전

그가 아무리 부유하더라도, 그녀는 그와 결혼하려 하지 않는다.

– 위 3번 예문을 보면 1, 2번 예문과 달리 문장(sentence) 속에 있는 두 개의 절(clause)과 절 사이가 구두점(,)에 의해 끊어진 것을 볼 수 있다. 이는 복합관계부사인 however가 접속하는 절의 성격이 부사절이기 때문이다. 다시 말해서 부사 how가 접속하는 절은 명사절이기 때문에 문장 속에서 주절과 구두점(,) 없이 이어지지만 복합관계부사 however가 접속하는 절은 부사절이기 때문에 문두에 올 때 구두점(,)에 의해 끊긴 채로 주절과 이어지게 된다. 그리고 1, 2번 예문과는 달리 주절(she is not willing to marry him)의 구조가 빈 곳이 없이 완전하다.

4) <u>**However** we tried to solve the problem,</u> <u>we could not do it.</u>
　　　　　　부사절　　　　　　　　　구두점　　　주절　　　　완전

아무리 그 문제를 풀려고 애를 써도, 우리는 그것을 할 수 없었다.

– 4번 예문의 주절(we could not do it)도 1, 2번 예문의 주절과는 달리 3형식의 완전한 구조이다.

5) <u>The secret to solving the conflict is</u> (**how**/however) <u>they can narrow their dif-</u>
　　　　　　　　주절　　　　　　　　　　　　　　　　　　　명사절(보어절)
<u>ferences.</u>

그 갈등을 해결하는 열쇠는 그들이 의견의 차이점을 어떻게 좁힐수 있느냐이다.

– 5번 예문의 주절(The secret to solving the conflict is)이 be동사(is)의 보어가 없는 불완전한 구조이다. 따라서 보어가 될 수 있는 명사절을 접속할 수 있는 how가 와야 한다.

6) <u>They couldn't reach a consensus</u> (how/**however**) <u>they tried to solve the conflict.</u>
　　　　　　　　주절　　　　　　　　　　　　　　　　　　　　　부사절

그들이 아무리 그 갈등을 풀려고 해도 합의에 도달할 수 없었다.

– 6번 예문의 주절(They couldn't reach a consensus)이 3형식의 완전한 구조이다. 따라서 뒤쪽 절은 부사절이며 부사절을 접속할 수 있는 however가 와야 한다.

■ who와 whoever의 구분

구분	공통점	차이점	비고
who	접속사	의문대명사	명사절접속/⑤
		관계대명사	형용사절(관계절)접속
whoever		복합관계대명사	명사절접속/⑥⑦
			부사절접속

※who는 '관계(의문)대명사(who, what, which) 와 관계(의문)부사(=when, where, why, how)의 비교' 참조.

※whoever는 '복합관계대명사, 복합관계형용사, 복합관계부사의 이해' 참조.

5) I don't know **who** will lead our swimming club.
　　주절　　　　　　　　명사절(목적절)

　나는 누가 우리 수영부를 이끌지 모른다.

– 위 5번 예문에서 의문대명사 who가 타동사(know)의 목적어가 되는 명사절 전체(who will lead our swimming club)를 접속하고 있다. 타동사(know)의 목적어가 되는 것은 who가 아니라 명사절(who will lead our swimming club) 전체이다.

6) You can get an advise from **whoever** has rich information.
　　　　　　　　　　　　= anyone who

　너는 누구이든지 간에 많은 정보를 가진 사람에게서 충고를 받을 수 있다.

　⇒ You can get an advise from **anyone**+**Anyone** has rich information

– 위 6번 예문에서 복합관계대명사인 whoever는 전치사(from)의 목적어로써 한번, 그리고 타동사(has)의 주어로서 한번 도합 두 번 명사로서 사용되고 있다. 다시 말해서 whoever를 두 단어로 표현하면 anyone who가 되는데 이는 anyone을 두 번 쓴 효과와 같다(anyone+anyone). 따라서 이 부분을 응용해서 6번 예문을 두 개의 절로 나누게 되면 You can get an advice from anyone과 Anyone has rich information이 된다. 위 5번 예문에서는 타동사(know)의 목적어가 명사절(who will lead our swimming club) 전체인데 반해서 6번 예문에서는 whoever라는 단어만을 전치사(from)의 목적어와 타동사(has)의 주어로 두 번 사용하고 있다는 점이 차이점이다.

7) **Whoever** visits us is given a free meal.

= anyone who

누구든 우리를 방문하는 사람이면 공짜 식사를 하게 된다.

⇒ **Anyone** visits us + **Anyone** is given a free meal.

- 위 7번 예문에서 복합관계대명사인 whoever는 타동사(visits)의 주어로써 한번, 그리고 be동사(is)의 주어로써 한번 도합 두 번 명사로서 사용되고 있다. 다시 말해서 whoever를 두 단어로 나누게 되면 anyone who가 되는데 이는 anyone을 두 번 쓴 효과와 같다(anyone+anyone). 따라서 이 부분을 응용해서 7번 예문을 두 개의 절로 나누게 되면 Anyone visits us 와 Anyone is given a free meal이 된다. 위 5번 예문에서는 타동사(know)의 목적어가 명사절(who will lead our swimming club) 전체인데 반해서 7번 예문에서는 whoever라는 단어만을 타동사(visits)의 주어와 be동사(is)의 주어로서 두 번 사용하고 있다는 점이 차이점이다.

※ 의문대명사 who가 접속하는 절(clause)은 절 전체가 전치사나 타동사의 지배를 받게 되지만 복합관계대명사 whoever가 접속하는 절은 절 전체가 아닌 whoever라는 단어만이 전치사나 타동사의 지배를 받게 된다.

8) I need **what** is helpful for my business.

선행사 포함 관계사

나는 성공을 위해서 도움이 되는 것이 필요하다.

9) I need **whoever** is helpful for my business.

선행사 포함 관계사

나는 내 사업을 위해서 도움이 되는 사람이면 누구든 필요하다.

※ 위 8, 9번 예문에서 보듯이 선행사를 포함한 관계대명사인 what이 쓰일 수 있는 자리에 복합관계대명사인 whoever도 쓰일수 있다. 따라서 복합관계대명사인 whoever가 명사절에서 쓰일 때(부사절 제외)는 선행사(anyone)를 포함한 관계대명사(who)라고 보면 되겠다(= anyone who).

5. 이중 관계대명사의 이해

■ 원칙적으로는 관계사의 격이 다른 절이 두 개가 이어져야 한다.

> 1) I know the girl <u>**that you have long wanted to meet**</u> <u>**that can handle your prob-**</u>
> 　　　　　　공통선행사　　　　① 관계대명사 목적격　　　　　　　　②관계대명사 주격
> <u>**lem well**</u> → I know the girl **that(=who(m))** you have long wanted to meet + I
>
> know the girl **that(=who)** can handle your problem well
>
> 나는 네가 오랫동안 만나기를 원해왔던 네 문제를 잘 다룰 수 있는 소녀를 안다.

- 1번 예문에는 ①that you have long wanted to meet와 ②that can handle your problem well이라는 두 개의 관계대명사절이 존재하며 둘 다 주절(I know the girl) 속에 있는 the girl을 공통선행사로 취하고 있다. ①that you have long wanted to meet에서 that은 관계대명사 목적격이고(타동사 meet의 목적어) ②that can handle your problem well에서 that은 관계대명사 주격이다. 이 두 개의 관계대명사절을 다시 한 번 풀어서 쓰면 ①You have long wanted to meet the girl과 ② The girl can handle your problem이 well이 된다. 이처럼 주절 속에 공통선행사를 두고 있으면서 그 선행사를 두 개의 연속되는 관계절에서 각각 격이 다른 방법으로 쓸 때 이중관계대명사라고 한다.

> 2) There is a nice pencil <u>which my sister seldom uses</u> <u>which is a little helpful for</u>
> 　　　　　　　공통선행사　　　　① 관계대명사 목적격　　　　　② 관계대명사 주격
> sketch.
>
> ⇒ There is a nice pencil **which(=that) my sister seldom uses** +There is a nice
> pencil **which(=that) is a little helpful for sketch**
>
> 내 누이가 잘 사용하지는 않지만 스케치에 다소 도움이 되는 좋은 연필이 있다.

- 2번 예문에는 ①which my sister seldom uses와 ②which is a little helpful for sketch라는 두 개의 관계대명사절이 존재하며 둘 다 주절(There is a nice pencil) 속에 있는 a nice pencil을 공통선행사로 취하고 있다. ①which my sister seldom uses에서 which는 관계대명사 목적격이고(타동사 uses의 목적어) ② which is a little helpful for sketch에서 which는 관계대명사 주격이다. 이 두 개의 관계대명사절을 다시 한 번 풀어서 쓰면 ①my sister seldom uses a nice pencil과 ② a nice pencil is a little helpful for sketch가 된다. 이처럼 주절 속에 공통선행사를 두고 있으면서 그 선행사를 두 개의 연속되는 관계절에서 각각 격이 다른 방법으로 쓸 때 이중관계대명사라고 한다.

6. 선행사를 포함한 관계부사와 종속접속(부)사의 표현

■ 선행사를 포함한 관계부사

1) This is **(the place)** **where** my family spend summer vacation
　　　　　　생략

⇒ 1-1) This is 〔 **where** 〕 my family spend summer vacation.
　　　불완전한 구조 　선행사를 포함한 관계부사　　　　　완전한 구조 《명사절》

　　이곳은 내 가족이 여름 휴가를 보내는 곳이다.

– 일반적으로 관계절을 떠올릴 때 관계절 앞에 선행사가 있어야 한다고 생각하기 쉽지만 때로는 1번 예문처럼 생략되는 경우가 있다. 1번 예문에서 선행사(the place)가 생략되면 1-1번 예문이 되는데 이 경우 관계부사(where)가 선행사(the place)를 포함하고 있다고 봐야 한다. 이때 관계부사인 where가 접속하는 절은 명사절이 된다.

※('생략된 접속사와 생략된 관계사의 인식' 9번 참조)

2) That was (the time) **when** she was about to go to bed.
　　　　　　　생략

⇒ 2-1) That was 〔 **when** 〕 she was about to go to bed. 《명사절》
　　　불완전한 구조　선행사를 포함한 관계부사　　　완전한 구조
　　저 때가 그녀가 막 잠자리에 들려고 했을 때이다.

3) That is (the reason) **why** he refuses to accept my offer.
　　　　　　　생략

⇒ 3-1) That is 〔 **why** 〕 he refuses to accept my offer. 《명사절》
　　　불완전한 구조 선행사를 포함한 관계부사　　완전한 구조
　　그것이 그가 내 제의를 받아들이기를 거부하는 이유이다.

※'생략된 접속사와 생략된 관계사의 인식' 6, 7번 참조

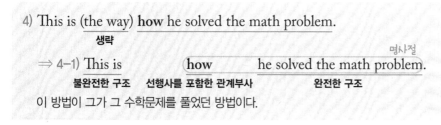

4) This is (the way) **how** he solved the math problem.
　　　　　　생략

⇒ 4-1) This is 〔 **how** 〕 he solved the math problem. 《명사절》
　　　불완전한 구조　　선행사를 포함한 관계부사　　　완전한 구조
　　이 방법이 그가 그 수학문제를 풀었던 방법이다.

※'생략된 접속사와 생략된 관계사의 인식' 8번 참조

※ We sometimes have to throw away   **what**   is unnecessary.

                                                선행사를 포함한 관계대명사

우리는 때때로 불필요한 것들을 버려야 한다.

■ 종속접속(부)사

5) He lives   **where**   his kids want to live.

  완전한 구조   종속접속사   완전한 구조

그는 아이들이 살고 싶어하는 곳에 산다.

– 위 5번 예문에서는 주절(He lives)에 선행사(명사)가 없는 관계로 where가 관계부사는 아니다(선행사가 있어야 한다는 전제하에 '관계절'이라는 말이 성립하기 때문이다). 선행사가 없다는 조건은 위 1-1, 2-1, 3-1, 4-1번 예문과 비슷하다. 그러나 1-1, 2-1, 3-1, 4-1번 예문과 5번 예문의 큰 차이점은 where를 전후해서 앞·뒤 절의 구조상 완전함 유무인데 1-1, 2-1, 3-1, 4-1번 예문들은 앞 절(This is/that was/that is/this is)이 주격보어가 없는 불완전한 구조이면서 뒤 절들은 완전한 구조인 반면에, 5번 예문은 앞 절(He lives)과 뒤절(his kids want to live) 모두 완전한 구조이다. 따라서 5번 예문에서의 where는 단순히 주절과 종속절을 이어주는 종속접속사가 된다. 아래의 6번 예문에서도 종속접속사를 확인할 수가 있다.

6) You will know the result   **when**   she comes back.

    완전한 구조   종속접속사   완전한 구조

너는 그녀가 돌아오면 결과를 알게 될 것이다.

7. 생략된 접속사와 생략된 관계사의 인식

어법 이해과정에서 가장 기초적인 부분 중의 하나가 명사(주어)+동사+명사(주어)+동사의 형태에서 중간에 생략된 접속사(that)를 인식하는 일이다. 그리고 명사+명사(주어)+동사의 형태에서 중간에 생략된 관계사(which, who(m), that, when, where, why)를 인식하는 일 또한 중요하다.

영어 표현의 예시	품사 표현	생략된 접속사 및 관계사	비고
I think you performed~	명사+동사+명사+동사	• 접속사– that	• 주절이 불완전한 구조 • 종속절(접속사절)이 완전한 구조 ①②
The car you bought~	명사+명사+동사	• 관계대명사 목적격, 보어격 – that(which), who(m)	• 주절이 완전한 구조 • 종속절(관계절)이 타동사나 전치사의 목적어가 없는 불완전한 구조→목적격 ③④⑤,⑤–1,⑤–2 • 종속절(관계절)이 동사의 주격보어가 없는 불완전한 구조→보어격 ⑭,⑭–1
The year we started~	명사+명사+동사	• 관계부사– that=when, where, why, how	주절/종속절(관계절) 모두 완전한 구조 ⑥⑦⑧⑨
The fact he was~	명사+명사+동사	• 동격– that	주절/종속절(동격절) 모두 완전한 구조 ⑩⑪

■ 생략된 접속사

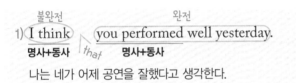

나는 네가 어제 공연을 잘했다고 생각한다.

– 1번 예문은 명사+동사+명사+동사(I think you performed)의 구조로 연결되어 있다. 따라서 첫 번째 명사+동사(I think)와 두 번째 명사+동사(you performed well) 사이에 접속사(that)가 생략돼 있다. 첫 번째 절(I think)이 불완전(타동사 think의 목적어가 없음)한 상태에서 새로운 절(you performed)로 이어지기 때문에 목적어(절)를 이어주는 접속사가 필요하다.

※ 문장 전체에 동사가 두 개(think, performed) 있으므로 접속사(관계사)가 한 개는 반드시 필요하다 (동사의 개수–1=접속사의 개수). 그 접속사(관계사)가 첫 번째 명사+동사(I think)와 두 번째 명사+동사(you performed) 사이에 생략되어 있는 것이다.

그녀는 그가 무죄라고 믿는다.

– 2번 예문은 명사+동사+명사+동사(She believes he is)의 구조로 연결되어 있다. 따라서 첫 번째

명사+동사(She believes)와 두 번째 명사+동사(he is) 사이에 접속사(that)가 생략돼 있다. 첫 번째 절(she believes)이 불완전(타동사 believes의 목적어가 없음)한 상태에서 새로운 절(he is)로 이어지기 때문에 목적어(절)를 이어주는 접속사가 필요하다.

※문장 전체에 동사가 두 개(believes, is) 있으므로 접속사(관계사)가 한 개는 반드시 필요하다(동사의 개수−1=접속사의 개수). 그 접속사(관계사)가 첫 번째 명사+동사(she believes)와 두 번째 명사+동사(he is) 사이에 생략되어 있는 것이다.

■ 생략된 관계사

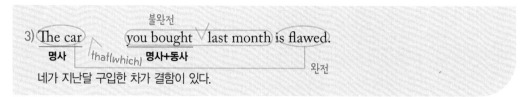

네가 지난달 구입한 차가 결함이 있다.

– 3번 예문에 명사+명사+동사(The car you bought)로 이어진 부분이 있다. 여기서 첫 번째 명사(The car)와 두 번째 명사+동사(you bought)의 사이에는 관계대명사 목적격인 that(=which)이 생략돼 있다. 타동사(bought)의 목적어가 뒤에 없기 때문이다.

※문장 전체에 동사가 두 개(bought, is) 있으므로 접속사(관계사)가 한 개는 반드시 필요하다(동사의 개수−1=접속사의 개수). 그 접속사(관계사)가 명사+명사+동사(the car you bought)로 이어진 부분 중에서 첫 번째 명사(the car)와 두 번째 명사(you) 사이에 생략되어 있는 것이다.

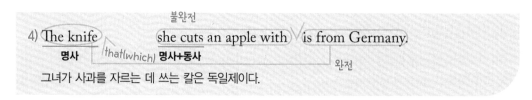

그녀가 사과를 자르는 데 쓰는 칼은 독일제이다.

– 4번 예문에 명사+명사+동사(The knife she cuts)로 이어진 부분이 있다. 여기서 첫 번째 명사(the knife)와 두 번째 명사+동사(she cuts)의 사이에는 관계대명사 목적격인 that(=which)이 생략돼 있다. 전치사(with)의 목적어가 뒤에 없기 때문이다.

※문장 전체에 동사가 두 개(cuts, is) 있으므로 접속사(관계사) 한 개는 반드시 필요하다(동사의 개수−1=접속사의 개수). 그 접속사(관계사)가 명사+명사+동사(the knife she cuts)로 이어진 부분 중에서 첫 번째 명사(the knife)와 두 번째 명사(she) 사이에 생략되어 있는 것이다.

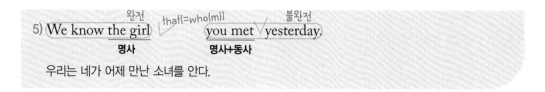

우리는 네가 어제 만난 소녀를 안다.

- 5번 예문에 명사+명사+동사(the girl you met)로 이어진 부분이 있다. 여기서 첫 번째 명사(the girl)와 두 번째 명사+동사(you met)의 사이에는 관계대명사 목적격인 that(=who(m))이 생략돼 있다. 타동사(met)의 목적어가 뒤에 없기 때문이다.

※문장 전체에 동사가 두 개(know, met) 있으므로 접속사(관계사) 한 개는 반드시 필요하다(동사의 개수-1=접속사의 개수). 그 접속사(관계사)가 명사+명사+동사(the girl you met)로 이어진 부분 중에서 첫 번째 명사(the girl)와 두 번째 명사(you) 사이에 생략되어 있는 것이다.

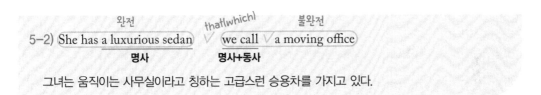

5-1) The incentive ∨ we offer the foreigners ∨ is to be shrunk.
   that(which)   불완전   완전
   명사   명사+동사

우리가 외국인들에게 제공하는 장려금이 줄어들 예정이다.

- 5-1번 예문에 명사+명사+동사(the incentive we offer)로 이어진 부분이 있다. 여기서 첫 번째 명사(the incentive)와 두 번째 명사+동사(we offer)의 사이에는 관계대명사 목적격인 that(=which)이 생략돼 있다. 타동사(offer)의 두 번째 목적어(직접목적어)가 뒤에 없기 때문이다. [offer는 4형식 동사라서 간접목적어인 the foreigners 이외에 직접목적어가 한 개 더 필요하다. 그 직접목적어가 생략된 관계사인 that(=which)이 되는 것이다.]

※문장 전체에 동사가 두 개(offer, is) 있으므로 접속사(관계사) 한 개는 필요하다(동사의 개수-1=접속사의 개수). 그 접속사(관계사)가 명사+명사+동사(the incentive we offer)로 이어진 부분 중에서 첫 번째 명사(the incentive)와 두 번째 명사(we) 사이에 생략되어 있는 것이다.

5-2) She has a luxurious sedan ∨ we call ∨ a moving office.
   완전   that(which)   불완전
   명사   명사+동사

그녀는 움직이는 사무실이라고 칭하는 고급스런 승용차를 가지고 있다.

- 5-2번 예문에 명사+명사+동사(a luxurious sedan we call)로 이어진 부분이 있다. 여기서 첫 번째 명사(a luxurious sedan)와 두 번째 명사+동사(we call)의 사이에는 관계대명사 목적격인 that(=which)이 생략돼 있다. 타동사(call)의 목적어가 뒤에 없기 때문이다(여기서 call은 5형식으로 쓰였는데 뒤에 보이는 a moving office는 5형식동사 call의 목적보어이다). 그 목적어가 생략된 관계사인 that(=which)이 되는 것이다.

※문장 전체에 동사가 두 개(has, call) 있으므로 접속사(관계사) 한 개는 반드시 필요하다(동사의 개수-1=접속사의 개수). 그 접속사(관계사)가 명사+명사+동사(a luxurious sedan we call)로 이어진 부분 중에서 첫 번째 명사(a luxurious sedan)와 두 번째 명사(we) 사이에 생략되어 있는 것이다.

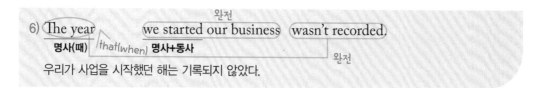

6) The year we started our business wasn't recorded.
명사(때) /that(when) 명사+동사

우리가 사업을 시작했던 해는 기록되지 않았다.

– 6번 예문에 명사+명사(주어)+동사(The year we started)로 이어진 부분이 있다. 여기서 첫 번째 명사(the year)와 두 번째 명사+동사(we started)의 사이에는 the year(때)를 선행사로 하는 관계부사 that(=when)이 생략돼 있다(관계대명사가 생략된 게 아니라 관계부사가 생략된 이유는 뒤쪽 절(we started our business) 이 3형식의 완전한 구조이기 때문이다.)

※문장 전체에 동사가 두 개(started, was) 있으므로 접속사(관계사) 한 개는 반드시 필요하다(동사의 개수−1=접속사의 개수). 그 접속사(관계사)가 명사+명사+동사(the year we started)로 이어진 부분 중에서 첫 번째 명사(the year)와 두 번째 명사(we) 사이에 생략되어 있는 것이다.

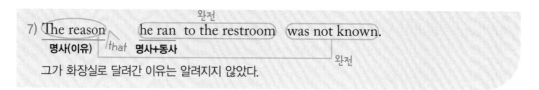

7) The reason he ran to the restroom was not known.
명사(이유) /that 명사+동사

그가 화장실로 달려간 이유는 알려지지 않았다.

– 7번 예문에서 명사+명사+동사(The reason he ran)로 이어진 부분이 있다. 여기서 첫 번째 명사(the reason)와 두 번째 명사+동사(he ran)의 사이에는 the reason(이유)을 선행사로 하는 that(=why)이 생략돼 있다(관계대명사가 생략된 게 아니라 관계부사가 생략된 이유는 뒤쪽 절(he ran to the restroom)이 1형식의 완전한 구조이기 때문이다).

※문장 전체에 동사가 두 개(ran, was) 있으므로 접속사(관계사) 한 개는 반드시 필요하다(동사의 개수−1=접속사의 개수). 그 접속사(관계사)가 명사+명사+동사(the reason he ran)로 이어진 부분 중에서 첫 번째 명사(the reason)와 두 번째 명사(he) 사이에 생략되어 있는 것이다.

– The reason that **he ran to the restroom was not known.** / ○
– The reason why **he ran to the restroom was not known.** / △

※생략된 접속사 중에 that은 나타낼 수 있지만 why는 the reason과 함께는 잘 나타내지 않는다.

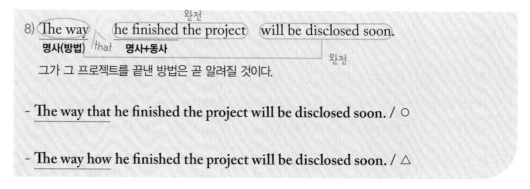

8) The way he finished the project will be disclosed soon.
명사(방법) /that 명사+동사

그가 그 프로젝트를 끝낸 방법은 곧 알려질 것이다.

- The way that he finished the project will be disclosed soon. / ○

- The way how he finished the project will be disclosed soon. / △

※the way how라고는 잘 쓰지 않는다. 관계부사로서의 how는 거의 쓰이지 않기 때문이다.

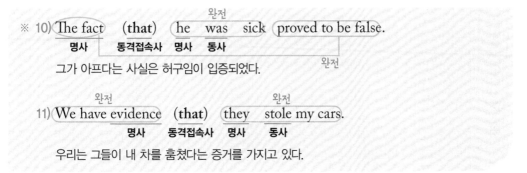

9) The castle **that** we took many pictures was demolished by an earthquake.

생략 불가(= where) / 완전 / 명사(장소) / 명사 동사 / 완전

우리가 많은 사진을 찍었던 그 성은 지진에 의해 파괴되었다.

– 원칙적으로는 장소를 의미하는 관계부사(where)는 생략이 불가능하지만 현대영어에서는 생략되는 경향이 있다.

※똑같은 명사+명사(주어)+동사의 구조이지만 3, 4, 5번 예문에서는 관계대명사 목적격이 생략되었고 6, 7, 8번 예문에서는 관계부사가 생략된 이유는 다음과 같다. 3번(you bought)과 4번(she cuts an apple with) 5번(you met) 예문에서는 각각 타동사(bought, met) 및 전치사(with)의 목적어가 비어있는 불완전한 구조였기 때문에 관계대명사가 필요했지만 6번(we started our business)과 7번(he ran to the restroom), 8번(he finished the project) 예문은 각각 3형식, 1형식, 3형식의 완전한 구조이기 때문에 관계부사가 필요했다 (관계절 속에 명사가 들어갈 공간이 비어 있어야 관계대명사를 쓸 수 있고 관계절의 구조가 빈 곳이 없이 완전해야 관계부사를 쓸 수 있다).

■ 기타 생략 가능한 접속사들

※ 10) The fact **(that)** he was sick proved to be false.

명사 / 동격접속사 / 명사 동사 / 완전 / 완전

그가 아프다는 사실은 허구임이 입증되었다.

11) We have evidence **(that)** they stole my cars.

완전 / 명사 / 동격접속사 / 명사 동사 / 완전

우리는 그들이 내 차를 훔쳤다는 증거를 가지고 있다.

– 위 10, 11번 두 예문은 각각 생략 가능한 동격의 접속사(that)를 포함하고 있다. 두 예문 모두 명사+명사+동사(the fact he was/evidence they stole)의 구조를 가지고 있지만 앞서 언급한 관계사는 아닌 점이 특징이다('접속사 that/관계대명사 that/동격접속사 that/관계대명사 what의 구분' 참조).

※원칙적으로 동격접속사 that은 생략이 불가능하지만 현대영어에서는 생략되는 경향이 있다.

12) My opinion is **(that)** he should apologize to her.

be동사 / 접속사(주격보어절)

그가 그녀에게 사과해야 한다는 것이 내 의견이다.

– 12번 예문의 접속사(that)는 주격보어절(명사절)을 접속하고 있으며 생략 가능하다.

13) I am worried (that) she will be late for the conference.
  (형용사) (접속사(부사절))

  나는 그녀가 회의에 늦을까 걱정이다.

- 13번 예문의 접속사(that)는 부사절을 접속하고 있으며 생략 가능하다.

14) I am not the kind of boy (that) I was ⌵ when young.
  보어격 관계대명사

  나는 어렸을 때의 그런 소년이 이제 아니다.

- 14번 예문의 관계사(that)는 보어격(주격보어) 관계대명사이며 생략 가능하다. 관계절 내에서 be동사(was)의 보어 자리가 비어있다. I am not the kind of boy + I was (the kind of boy) when (I was) young 이 두 문장이 관계사(that)를 이용해서 합쳐졌다. 보어격 관계대명사로 who 불가능하다.

14-1) That's the kind of leader (that) the incumbent president has pledged to be.⌵
  보어격 관계대명사

  그것이 현 대통령이 공약해 왔던 (그런 류의) 지도자이다.

- 14-1번 예문의 관계사(that)는 보어격(주격보어) 관계대명사이며 생략 가능하다. 관계절 내에서 be동사(to be)의 보어 자리가 비어있다. That's the kind of leader + The incumbent president has pledged to be (the kind of leader) 이 두 문장이 관계사(that)를 이용해서 합쳐졌다. 보어격 관계대명사로 who 불가능하다.

15) It is obvious (that) she wants to exploit the crisis to gain her own interests
  접속사(진주어/명사절-외치)

  그녀가 자신의 이익을 얻기 위해서 그 위기상황을 이용하려 함이 분명하다.

- 15번 예문처럼 문두에 가주어(it)를 두고 진주어(명사절)가 외치했을 경우에 진주어(명사절)가 비교적 길지 않은 경우에 한해서 접속사(that)는 생략 가능하다.

16) The suspect told investigators (that) he needed time to think.
  간·목 접속사 직·목

  그 용의자는 조사관들에게 생각할 시간이 필요하다고 말했다.

- 16번 예문의 접속사(that)는 4형식 문장에서 직접목적어를 접속하고 있으며 생략 가능하다.

17) **It was** under the legal code **(that)** the Trump administration imposed a 25
    강조   강조

    percent tariff on foreign steel.

    트럼프 정부가 외국산 철강에 25%의 관세를 부과한 것은 그 법 조항 아래서 가능했다.

 – 위 17번 예문의 접속사(that)는 강조 구문을 접속하고 있으며 생략 가능하다.

18) Secretary of State Mike Pompeo made   *it*   *clear*   **(that)** the U.S. will
                                       가목적어   목적보어   진목적어(명사절)

    not stand by as spectators in the face of oppression of such freedom.

    국무장관 마이크 폼페오는 그러한 자유를 억압할 경우 방관자로 남지 않겠다는 점을 확실히 했다.

 – 위 18번 예문의 접속사(that)는 진목적어(절)를 접속하고 있으며 생략 가능하다.

19) One action the South Korea can take, **she stresses**, is accelerating its own
    missile-defense system.

   ⇒ **She stresses that** one action the South Korea can take is accelerating its
     own missile-defense system

    한국이 취할수 있는 하나의 조치는 자신만의 미사일 방어시스템을 가속화하는 것이라고 그녀는 강
    조한다.

20) **The truth is, Amy** didn't meet her parents at the station.

   ⇒ **The truth is that Amy** didn't meet her parents at the station

    사실은 에이미가 역에서 그녀의 부모님들을 만나지 않았다는 것이다.

21) That may be one of the reasons he won in 2022, albeit by a small margin, but that doesn't **mean (that)**   **that**   should be his sole mission

                  접속사   지시대명사

그것이 그가 2022년에 근소한 차이이긴 하지만 승리한 이유였다. 그러나 그러한 사실은 그것이(그 결과가) 그 혼자만의 임무일지 모른다는 사실을 의미하진 않는다.

– 지시대명사 that 앞의 접속사 that은 혼란방지를 위해 항시 생략해야 한다.

8. 관계(의문)대명사(who, what, which)와 관계(의문)부사(when, where, why, how)의 비교 ①

관계(의문)대명사	공통점(명사)	관계(의문)부사	공통점(부사)
who(m)/②⑤	• 절(clause)속에서 의문대명사나 관계대명사로 쓰이며 주어,목적어,보어의 역할을 함 • 이 단어들을 제외하면 절의 구조가 불완전함(관계(의문)형용사의 경우는 제외) • what과 which는 관계형용사(의문형용사)로도 쓰임 ⑨⑩⑪⑫	when	• 절(clause)속에서 의문부사나 관계부사로 쓰임 • 이 단어들을 제외해도 절의구조가 완전함 • how는 관계부사로는 거의 안 쓰임
what		where/①	
which		why/③	
		how/④	

1) I don't know (what/**where**) I should stop.

                    완전한 구조→부사 필요

나는 어디에서 멈추어야 할지 모른다.

– 1번 예문에서 뒤 절(I should stop)이 1형식(주어+동사)의 완전한 구조라서 부사인 where가 와야 한다.

2) I don't know (**who(m)**/where) I should give my money to.✓
불완전한 구조→명사 필요

나는 누구에게 내 돈을 줘야 할지 모른다.

– 2번 예문에서 뒤 절(I should give my money to)이 전치사(to)의 목적어가 없는 불완전한 구조라서 목적어가 될 수 있는 대명사인 who(m)가 와야 한다.

3) He didn't understand (what/**why**) she refused his offer.
완전한 구조→부사 필요

그는 왜 그녀가 그의 제안을 거부했는지 이해하지 못했다.

– 3번 예문에서 뒤 절(she refused his offer)이 3형식(주어+동사+목적어)의 완전한 구조라서 부사인 why가 와야 한다.

4) She came to know (which/**how**) she could climb up the ladder.
완전한 구조→부사 필요

그녀는 어떻게 사다리를 오를 수 있는지를 알게 되었다.

– 4번 예문에서 뒤 절(she could climb up the ladder)이 1형식(주어+동사+전치사구)의 완전한 구조라서 부사인 how가 와야 한다.

5) I am not sure (**who(m)**/why) they will invite✓ to the party.
불완전한 구조→명사 필요

나는 그들이 파티에 누구를 초대할지 확신하지 못한다.

– 5번 예문에서 뒤 절(they will invite to the party)이 불완전한 구조(타동사 invite의 목적어가 없음)라서 목적어가 될 수 있는 대명사인 who(m)가 와야 한다.

6) I need to figure out (**what**/how) ✓ **caused the malfunction of the machine.**
불완전한 구조→명사 필요

나는 그 기계가 오작동한 이유를 알아낼 필요가 있다.

– 6번 예문에서 뒤 절(caused the malfunction of the machine)이 주어가 없는 불완전한 구조라서 주어가 될 수 있는 대명사인 what이 와야 한다.

7) They couldn't decide (**which**/where) <u>they should opt for.</u>√
불완전한 구조→명사 필요

그들은 어떤 것을 선택해야 할지 결정할 수 없었다.

– 7번 예문에서 뒤 절(they should opt for)이 전치사(for)의 목적어가 없는 불완전한 구조라서 목적어가 될 수 있는 대명사인 which가 와야 한다.

8) The War broke out (**when**/what) <u>the country loosened its alert level.</u>
완전한 구조→부사 필요

그 전쟁은 그 나라가 경계수위를 낮췄을 때 일어났다.

– 8번 예문에서 뒤 절(the country loosened its alert level)이 3형식(주어+동사+목적어)의 완전한 구조라서 부사인 when이 와야 한다.

■ 관계형용사 및 의문형용사로서의 what과 which

9) I gave her √<u>**what** money I had.</u>√
관계형용사(≒whatever)

나는 내가 가진 돈 모두를 그녀에게 주었다.

10) You may take out √<u>**which** food you like.</u>√
관계형용사(≒whichever)

좋아하는 음식은 어떤 것이든 포장해 가실 수 있습니다.

11) **What** part of the movie do you find√most exciting?
의문형용사

그 영화의 어떤 부분이 가장 흥미롭니?

12) **Which** finger do you guess I used √to touch your neck?
의문형용사

내가 어느 손가락으로 당신의 목을 건드렸다고 생각하십니까?

– what과 which가 관계형용사 및 의문형용사로 쓰일 때는 위 9~12번 예문처럼 뒤에 피수식 명사

(money, food, part, finger)가 이어져야 한다. 그리고 what과 which가 관계형용사로 쓰이는 경우는 (예외적인 경우가 있긴 하지만) 9, 10번 예문에서처럼 문장이나 절의 중간에 위치하는 경우가 대부분이며 의문형용사로 쓰이는 경우는 11, 12번 예문에서처럼 문장이나 절의 맨 앞에 위치하는 경우가 대부분이다. 그러나 what과 which가 관계형용사인지 의문형용사인지의 근본적인 구분법은 문장 내에서의 기능에 의해 결정된다. 위 9번 예문을 보면 what money가 4형식 동사(간·목+직·목)인 gave의 직접목적어이면서 동시에 타동사인 had의 목적어가 되는 이중역할을 하고 있다. 10번 예문에서도 마찬가지이다. which food가 타동사인 take out의 목적어이면서 동시에 타동사인 like의 목적어가 되는 이중역할을 하고 있다. 이에 반해서 11번 예문에서의 what part of the movie는 5형식으로 쓰인 타동사 find의 목적어 역할만을 하고 있으며(find가 5형식으로 쓰일 때는 '(목적어)를 (목적보어)하게 ~생각하다'의 의미임) 마찬가지로 12번 예문에서의 which finger는 타동사인 used의 목적어 역할만을 하고 있다.

9. 유사 관계대명사의 표현

유사관계대명사란 말 그대로 원래는 관계대명사가 아니지만 관계대명사와 비슷하게 쓰이는 단어들을 말한다. 이러한 유사 관계대명사들은 주로 앞쪽 선행사 근처에 나온 특정한 단어와 함께 어울려 쓰이는 것이 특징이다.

1) He has **the same** pencil **as** you need.
유사관계대명사

그는 네가 필요로 하는 것과 같은 (종류의) 연필을 가지고 있다.

- 선행사(pencil)를 수식하는 특정단어(the same) 때문에 유사관계대명사인 as를 썼다(같은 종류면 as를 쓰고 똑같은 물건이면 that을 쓰기도 하는데 현대영어에서는 거의 구분하지 않는다). 여기서 as는 관계대명사 목적격(타동사 need의 목적어 필요) 정도로 보면 되겠다(≒ that, which).

2) He wants **such** a decent job **as** he can boast of.
유사관계대명사

그는 자랑할 수 있는 괜찮은 직업을 원한다.

- 선행사(a decent job)를 수식하는 특정단어(such) 때문에 유사관계대명사인 as를 썼다. as는 전치사(of)의 목적어이므로 관계대명사 목적격정도로 보면 되겠다(≒ that, which).

3) He spent **as** much money   **as** ∨ was in his wallet.
　　　　　　　　　　　　　　유사관계대명사

　그는 지갑에 있었던 많은(모든) 돈을 썼다.

– 선행사(much money)를 수식하는 특정단어(as) 때문에 유사관계대명사인 as를 썼다. as는 관계대
　명사 주격(was의 주어) 정도로 보면 되겠다(≒ that, which).

4) He spent **more** money   **than** ∨ was needed.
　　　　　　　　　　　유사관계대명사

　그는 필요한 것보다 많은 돈을 썼다.

– 선행사(money)를 수식하는 특정단어(more) 때문에 유사관계대명사인 than을 썼다. than은 관계대
　명사 주격(was의 주어) 정도로 보면 되겠다(≒ that, which).

■ 접속사 than과 유사관계대명사 than의 구분

ex) ① I am **taller than** any other student (is tall) in my class.
　　　　完전한 구조　　　　　　　　　　完전한 구조
　　　나는 우리 반의 어느 학생보다 크다.
　　② I have **more** money **than** is expected by you.
　　　　完전한 구조　　　　　주어가 없는 불완전한 구조
　　　나는 당신이 예상한 것보다 많은 돈을 가지고 있다.

– 위 ①번 예문의 than은 접속사이고 ②번 예문의 than은 유사관계대명사이다. 이 둘을 구분하는 방
　법은 than 앞에 있는 선행사(명사)의 유무이다. ①번 예문은 than 앞에 선행사가 될 만한 명사가 없
　고 형용사(taller)만 있다. 그러나 ②번 예문은 선행사가 될 수 있는 명사(money)가 존재한다. 그리
　고 뒤쪽 절이 완전하냐 불완전하냐도 이 둘의 차이점이다. ①번 예문은 뒤쪽 절(any other student
　(is tall) in my class)이 완전한 반면 ②번 예문은 주어가 없이 불완전(is expected by you)하다. 관
　계대명사절에서 전형적으로 볼 수 있는 형태이다. 이처럼 문장이 전체적으로는 more~than이라는
　비교급의 틀 안에서 쓰였지만 관계대명사의 성질도 지니고 있다 해서 유사관계대명사라고 한다.

5) There is **no rule** but has exceptions.
        유사관계대명사

(= There is no rule **that doesn't have** exceptions.)

예외 없는 법칙은 없다.

– 5번 예문의 유사관계대명사 but은 관계대명사 주격(that)과 부정어(not)의 기능을 동시에 가지고 있다. 그리고 이 유사관계대명사를 쓰기 위해서는 주절(There is no rule)에 부정어(no)가 있어야 한다.

※ 선행사에 부정어(no)가 있어서 that 대신에 which는 불가능하다.

6) There is **no one** but is honest by nature.
        유사관계대명사

(= There is no one **that isn't** honest by nature.)

본디 정직하지 않은 사람은 없다.

– 6번 예문도 주절(There is no one)에 부정어(no)를 사용하고 있는 까닭에 유사관계대명사(but)를 쓸 수 있다.

10. 삽입절이 들어간 관계대명사절의 표현 ①

■ What do you want to do that people tell you is necessary?

사람들이 (네게) 필요하다고 말하는 것 중에 무엇을 하고 싶니?

위의 예문은 다음과 같은 2개의 문장이 관계사로 합쳐진 문장이다.

1) **What** do you want to do? / 너는 무엇을 하고 싶니?
   의문대명사   공통명사

2) People tell you **that** something is necessary.
            접속사   = what

사람들이 무엇인가 필요하다고 네게 말한다.

3) →What do you want to do **that** people tell you is necessary?
                관계대명사   삽입절

– 1번 예문과 2번 예문에서 공통적으로 쓰이는 명사가 있어야 관계사로 연결할 수가 있다. 그런데 그 공통적인 명사가 1번 예문에서는 what(의문대명사)의 모양을 취하고 있지만 2번 예문에서는

something의 모양을 취하고 있다(2번 예문에서는 의문문이 아닌 평서문이라 what의 모양을 취할 수가 없어서 something의 모양을 취하고 있음).

1번 예문과 2번 예문에서 공통적인 명사가 what(=something)인데 2번 예문의 that절(that some-thing is necessary) 속에 있는 something은 1번과 2번 예문이 합쳐진 3번 예문에서 관계대명사인 that으로 바뀌면서 사라지게 된다. 이 과정에서 2번 예문에서 남는 부분이 People tell you that ~ is necessary(that은 접속사)가 되는데 여기서 다시 접속사인 that은 3번 예문의 관계대명사인 that으로 기능 이전이 되면서(관계사도 접속력이 있기 때문) 사라진다. 이 과정에서 2번 예문에서 다시금 남는 부분이 People tell you ~ ~ is necessary가 된다. 이 부분을 관계대명사(that)를 써서 1번 예문과 그대로 연결하면 What do you want to do that people tell you is necessary?가 된다.

※2번 예문(People tell you **that** something is necessary)에서의 that은 타동사(tell)의 직접목적어(절)를 접속하는 접속사이지만 3번 예문(What do you want to do **that** people tell you is nec-essary?)에서의 that은 관계대명사 주격(is의 주어)이다.

11. 삽입절이 들어간 관계대명사절의 표현 ②

■ I was in a situation that you think was avoidable.

네가 생각하기에 회피할 수 있었던 상황에 내가 처해 있었다.

위의 예문은 다음과 같은 2개의 문장이 관계사로 합쳐진 문장이다.

1) I was in **a situation**. / 내가 어떤 상황에 처해 있었다.
   공통명사
2) You think **that the situation** was avoidable.
   접속사
   너는 그 상황이 회피 가능했다고 생각한다.
3) →I was in a situation that   you think was avoidable.
   관계대명사   삽입절

– 1번 예문과 2번 예문에서 공통적인 명사가 a situation인데 2번 예문의 that절(that the situation was avoidable) 속에 있는 the situation은 1번과 2번 예문이 합쳐진 3번 예문에서 관계대명사인 that으로 바뀌면서 사라지게 된다. 이 과정에서 2번 예문에서 남는 부분이 You think that ~ was avoidable(that은 접속사)이 되는데 여기서 다시 접속사인 that은 3번 예문의 관계사인 that으로 기능 이전이 되면서(관계사도 접속력이 있기 때문) 사라진다. 이 과정에서 2번 예문에서 다시금 남는 부분이 you think ~ ~ was avoidable이 된다. 이 부분을 관계대명사(that)를 써서 1번 예문과 그대로 연결하면 I was in a situation that you think was avoidable이 된다.

※2번 예문(You think **that the situation** was avoidable)에서의 that은 타동사(think)의 목적어(절)을 접속하는 접속사이지만 3번 예문(I was in a situation **that** you think was avoidable)에서의 that은 관계대명사 주격(was의 주어)이다

12. 관계대명사와 관계부사의 비교 ②

관계사라는 말은 문장(sentence) 속에 있는 2개 이상의 절(clause) 중에서 앞쪽 절 속에 있는 명사(선행사)나 내용을 뒤쪽 절(관계절)에서 한번 더 언급할 수 있는 경우에 발생한다.

제한적용법에서의 관계대명사와 관계부사는 전치사의 유무에 따라 성격이 달라지지만(전치사有→관계부사/전치사無→관계대명사) 계속적 용법에서의 관계대명사와 관계부사는 다소 복잡한 성격을 가지고 있다.

※소유격 관계대명사는 '소유격 관계대명사의 분석' 참조

구분	앞 절의 특정 명사 (선행사)를 뒤 절에서 언급	앞 절의 전체 내용이나 특정 내용을 언급함	기타 특징
제한적용법의 관계사	가능	불가능	• 앞에 전치사가 없는 목적격 관계대명사는 생략 가능 ①, ②, ③, ④ • 타동사의 목적어로서의 whom과 전치사와 분리된 whom은 who로 쓸 수 있음 ③, ④
계속적 용법의 관계사	가능	가능	• why, how는 계속적 용법에 안씀 • 앞 절 내용에는 없는 when(때)을 언급할 수 있음 ⑤ • 목적격 관계대명사 생략 불가능⑥ • that, what은 사용 불가능⑦, ⑧

1) The movie (**that**) you plan to **watch** √ is for adults only.
   생략 가능(= which)

   네가 보고자 하는 영화는 성인용이다.

2) The hammer (**that**) I broke the window **with** √ was stolen.
   생략 가능(= which)

   내가 유리창을 깬 망치가 도난당했다.

3) The girl **who(m)** you **met** √ yesterday is my cousin.
   who, whom 둘 다 가능(생략도 가능) (= that)

   네가 어제 만난 소녀는 내 사촌이다.

4) An ex-colleague **who(m)** I lost contact **with** √called me again.
   　　　who, whom 둘 다 가능(생략도 가능) (= that)

   나와 연락이 끊겼던 한 예전 동료가 다시 전화를 했다.

5) The president stumbled while walking to the office, **when** a secretary
   helped him.　　　　　　　　　　　　　　　　　　= and then

   대통령이 집무실로 걸어가는 동안 넘어졌는데 그때 비서 한 명이 그를 부축했다.

6) I have just finished reading a novel, **which** my brother is waiting **for**.
   　　　　　　　　　　　　　　　생략 불가능

   내가 이제 막 소설 한 편을 다 읽었는데 그 책을 내 동생이 기다리고 있다.

7) I have just finished reading a novel, **that** my brother is waiting for. (×)
   　　　　　　　　　　　　　　　사용 불가

8) I have just finished reading a novel, **what** my brother is waiting for. (×)
   　　　　　　　　　　　　　　　사용 불가

■ 제한적용법의 관계대명사/관계부사의 비교

1) I visited **a coffee shop which(=that)** √ was near a subway station.
   　　　　　　　　　　a coffee shop　　동사(was)의 주어가 없는 불완전한 구조→관계
   　　　　　　　　　　　　　　　　　대명사주격 필요

   나는 지하철역 근처에 있는 커피숍을 방문했다.

2) I visited **a coffee shop which(=that)** my uncle managed. √
   　　　　　　　　　　a coffee shop　　타동사(managed)의 목적어가 없는 불완전한
   　　　　　　　　　　　　　　　　　구조→관계대명사 목적격 필요

   나는 삼촌이 운영하는 커피숍을 방문했다.

3) I visited **a coffee shop at which(=where)** you met Jane a month ago.
   　　　　　　　　　　at a coffee shop　　3형식의 완전한 구조→관계부사 필요

   나는 한 달 전에 네가 제인을 만났던 커피숍을 방문했다.

4) I need **a car which(=that)** √ is not very expensive.
   　　　　　　a car　　　동사(is)의 주어가 없는 불완전한 구조→관계대명사주격 필요

   나는 비싸지 않은 차가 필요하다.

5) I need **a car which(=that)** you can also use √ anytime.
   　　　　　　a car　　　타동사(use)의 목적어가 없는 불완전한 구조→관계대명사목적격 필요

   나는 너 또한 언제든 사용할 수 있는 차가 필요하다.

6) I need **a car in which(=where)** I can get some sleep.
   　　　　　　in a car　　　3형식의 완전한 구조→관계부사 필요

   나는 잠을 좀 잘 수 있는 차를 필요로 한다.

※위 1~6번 예문에서 보듯이 제한적용법의 관계사에서는 관계사에 붙은 전치사가 있느냐 없느냐에 따라 관계대명사(전치사 없이 단독으로 쓰임)와 관계부사(전치사와 함께 쓰임)로 사용법이 달라짐을 알 수가 있다.

ex) ① We want a hospital (which/**where**) patients can recover in comfortable environment.

1형식의 완전한 구조→관계부사(where) 필요

우리는 환자들이 편안한 환경에서 회복할 수 있는 병원을 원한다.

② We want a hospital (**which**/where) patients find ✓ suitable for their recovery in comfortable environment.

5형식 구문에서 타동사(find)의 목적어가 없는 불완전한 구조→관계대명사(which) 필요

우리는 환자들이 편안한 환경에서 회복하기에 적절하다고 생각하는 그런 병원을 원한다.

– 위 ①번 예문과 ②번 예문은 선행사(a hospital)가 있는 주절(We want a hospital)까지는 동일한 구조이지만 뒤쪽 관계절은 구조가 다르다. ①번 예문의 관계절은 빈 곳이 없는 1형식의 완전한 구조이기 때문에 장소를 의미하는 선행사(a hospital)와 관련된 관계부사인 where(=in which)를 써야 하지만, ②번 예문의 관계절은 5형식 구문인데 타동사(find)의 목적어가 없고 목적보어(suitable)만 있는 불완전한 구조이다. 따라서 목적어로 쓰일 수 있는 관계대명사인 which(=that)가 필요하다.

■ 계속적 용법의 관계대명사/관계부사의 비교

– 계속적용법의 관계사의 특징

1) 문장 해석방향(대부분의 경우 주절의 해석이 끝난 후 관계절의 해석이 시작됨).

2) 관계사가 앞 절(주절)의 전체 내용이나 앞 절의 특정 부분을 언급할 수 있음.

3) 앞 절의 내용에는 없는 때(when)를 관계절에서 언급할 수도 있다.

4) 그리고 접속사(and, but, as, though, because 등)와 인칭대명사(he, she, it 등)나 지시대명사(this, that), 그리고 지시부사(then, there 등)를 이용해서 다시 나타낼 수 있다.

1) We lost all the money at the plaza, **which** ✓ made us walk home.

and it(=and that)   동사(made)의 주어가 없는 불완전한 구조 →관계대명사주격 필요

우리는 그 광장에서 돈을 모두 잃어버렸는데, 그로 인해 집으로 걸어가야만 했다.

– 1번 예문에서 which는 앞 절 전체(We lost all the money at the plaza)를 가리킨다.

2) We lost all the money at the plaza, **when** we called the police.
　　　　　　　　　　　　　　　　　　and then　3형식의 완전한 구조→관계부사 필요

우리는 그 광장에서 돈을 모두 잃어버렸는데, 그때 경찰에 신고했다.

– 2번 예문에서 when은 앞 절(We lost all the money at the plaza)의 내용이 일어난 시기를 가리킨다. 앞 절의 내용 어디에도 때(when)와 관련된 내용은 없다. 이 부분이 계속적 용법 관계사의 큰 특징이기도 하다.

　　　　　　　　　　　　　　　　　and it(= and that)
3) We lost all the money at the plaza, **which** ＼ was built in the 18th century.
　　　　　　　　　　　　　　　　　동사(was)의 주어가 없는 불완전한 구조→관계대명사주격 필요

우리는 그 광장에서 돈을 모두 잃어버렸는데 그 광장은 18세기에 만들어졌다.

– 3번 예문에서 which는 바로 앞의 the plaza(명사)를 가리킨다.

4) We lost all the money at the plaza, **where** we waited long for our teacher.
　　　　　　　　　　　　　　　　　and there　1형식의 완전한 구조→관계부사 필요

우리는 그 광장에서 돈을 모두 잃어버렸는데 거기서 우리는 선생님을 오래 기다렸다.

– 4번 예문에서 where는 바로 앞의 at the plaza(부사)를 가리킨다.

　　　　　　　　　　　　　　　　　　　　　　　　목적격
5) There are many billionaires in this country, **many of whom** have seldom do-
nated so far.　　　　　　　= but many of them have seldom donated so far
　　　　　　　　　　　　　　　　　접속사　　목적격

이 나라에는 억만장자들이 많다. 그런데 그들 중 많은 사람들은 여태껏 좀처럼 기부를 하지 않았다.

– 5번 예문은 계속적 용법의 관계대명사(many of whom)를 접속사(but)와 인칭대명사(them)를 이용해서 다시 나타냈다.

　　　　　　　　　　　　　　　목적격
6) We met my sister's ex-boyfriend, **whom** my sister didn't want to talk to.
　　　　　　　　　　　　　　= but my sister didn't want to talk to him
　　　　　　　　　　　　　接속사　　　　　　　　　　　　　　목적격

우리는 여동생의 전 남자친구를 만났는데 여동생은 그에게 말을 걸려 하지 않았다.

– 6번 예문은 계속적 용법의 관계대명사(whom)를 접속사(but)와 인칭대명사(him)를 이용해서 다시 나타냈다.

7) My son bought an expensive gift for me, **which** I found uncomfortable.

목적격

= **but** I found **it** uncomfortable

접속사　　　목적격

아들이 나를 위해 비싼 선물을 샀는데 나는 그것이(그런 행동이) 불편했다.

– 7번 예문은 계속적 용법의 관계대명사(which)를 접속사(but)와 인칭대명사(it)를 이용해서 다시 나타냈다.

ex) ① We hurried to the station, **where**

, **when** we realized that we had left tickets at home

, which　　3형식의 완전한 구조→관계부사(when, where) 필요

ex) ② We hurried to the station, where

, **when** we regarded √ as necessary

, **which**　　5형식 구문에서 목적어가 없는 불완전한 구조
→관계대명사(which) 필요

– 위 ①번 예문과 ②번 예문은 주절(We hurried to the station)은 동일한 구조이지만 뒤쪽 관계절은 구조가 다르다. ①번 예문에서 관계절은 빈 곳이 없는 3형식의 완전한 구조이기 때문에 장소를 의미하는 관계부사인 where와 시간을 의미하는 관계부사인 when 둘 다 가능하다. ①번 예문은 선행사를 the station으로 지정하면 장소의 관계부사인 where를 써야 하고 앞 절(We hurried to the station) 전체를 선행사로 지정하면 시간의 관계부사인 when을 써야 한다. ②번 예문에서 관계절은 5형식구문인데 타동사(regard)의 목적어가 없고 목적보어(necessary)만 있는 불완전한 구조이다. 따라서 목적어로 쓰일 수 있는 관계대명사인 which가 필요하다. 이때의 which는 앞 절 전체(We hurried to the station)를 선행사로 취한다.

① We hurried to the station, **where** we realized that we had left tickets at home

= and there

우리는 역으로 서둘러 갔다. 그런데 거기서 표를 집에 두고 온 사실을 알아차렸다.

① We hurried to the station, **when** we realized that we had left tickets at home

= and then

우리는 역으로 서둘러 갔다. 그런데 그때 표를 집에 두고 온 사실을 알아차렸다.

② We hurried to the station, **which** we regarded as necessary

= and we regarded it as necessary

→ it = We hurried to the station

우리는 역으로 서둘러 갔다. 그리고 우리는 그것이(그런 행위가) 필요하다고 여겼다.

13. 소유격 관계대명사의 분석

관계대명사의 세 가지 용법(주격, 목적격, 소유격) 중에서 소유격 용법은 좀 특이하다. 주격과 목적격이 단독으로 사용되는데 반해서 소유격은 뒤에 명사를 붙여서 써야 한다. 흔히 우리가 소유격 대명사 다음에 명사를 붙이는 경우와 마찬가지다(my job, his home, her dress).

1) I met a girl   (**whose father**) \ drives an urban bus.
   두 단어를 합쳐서 관계대명사 주격으로 인식하면 됨

   나는 시내버스를 운전하는 아버지를 둔 소녀를 만났다.

2) I met a girl   (**who**) \ drives an urban bus.
   관계대명사 주격

   나는 시내버스를 운전하는 소녀를 만났다.

3) I met a girl   (**whose father**)   you met \ a few days earlier.
   두 단어를 합쳐서 관계대명사 목적격으로 인식하면 됨

   나는 (그녀의) 아버지를 네가 며칠 전에 만났던 그 소녀를 만났다.

4) I met a girl   (**who(m)**)   you met \ a few days earlier.
   관계대명사 목적격

   나는 네가 며칠 전에 만났던 그 소녀를 만났다.

– 위 1, 3번 예문의 공통점은 관계대명사(whose) 뒤에 명사(father)가 따라온다는 점이다. 1, 3번 예문의 차이점은 1번 예문은 whose father 뒤에 동사(drives)기 따라오고 3번 예문은 whose father 뒤에 주어(you)와 동사(met)가 따라온다는 점이다. 특이한 점은 1번 예문의 whose father 부분과 2번 예문의 who 부분만 제외하면 1, 2번 두 예문의 관계절 중 나머지 부분(drives an urban bus)이 동일하다는 점이다. 마찬가지로 3번 예문의 whose father 부분과 4번 예문의 who(m) 부분을 제외하면 3, 4번 두 예문의 관계절 중 나머지 부분(you met a few days earlier)이 동일하다.

→ 이러한 현상이 일어나는 이유는 다음과 같다.

관계대명사 소유격(whose)이 뒤의 명사(father)와 붙어서 하나의 어구(whose father)를 형성한 후에 그 어구(whose father)가 다시 관계대명사 절 속에서 주어(1번 예문)나 목적어(3번 예문)로 사용되기 때문이다. 1번 예문의 whose father가 2번 예문의 who와 같이 관계절 내에서 주어 역할을 하는 것이고, 3번 예문의 whose father가 4번 예문의 who(m)와 같이 관계절 내에서 목적어 역할을 하는 것이다. 이런 이유로 관계대명사 소유격은 관계대명사 주격과 목적격의 아류(?)쯤으로 이해하는 게 쉬울 듯하다.

■ 소유격 관계대명사를 쉽게 인식하는 방법

5) I met a girl (whose) father drives an urban bus.
father drives an urban bus → 완전한 구조

– 위 예문의 관계절에서 소유격 관계대명사(whose)를 제외해도 절의 나머지 부분(father drives an urban bus)이 3형식의 완전한 구조가 된다.

6) I met a girl (whose) father you met √ a few days earlier.
you met father a few days earlier→완전한 구조

– 위 예문의 관계절에서 소유격 관계대명사(whose)를 제외한 후 명사(father)를 타동사(met)의 목적어 자리로 이동시켜보면 3형식의 완전한 구조(you met father a few days earlier)가 만들어진다. 따라서 소유격 관계대명사는 그것 없이는 관계절의 구조가 불완전한 주격, 목적격 관계대명사와는 달리 본인(소유격 관계대명사)을 제외해도 관계절의 나머지 부분들의 조합으로써 완전한 관계절의 구조가 만들어질 수 있는 역할을 하고 있다.

14. which(what)와 whether의 구분

구분	공통점	차이점	비고
which(what)	의문사	의문대명사/②④	의문대명사일 때 which(what)를 제외하면 절 전체가 불완전한 구조임.
		의문형용사	
whether		의문부사/①③	whether를 제외해도 절 전체가 완전한 구조임.

※ what과 which의 의문형용사로서의 용법은 '관계형용사 및 의문형용사로서의 what과 which' 참조

1) The question is (which/whether) he will do his best.
완전한 구조→부사(whether) 필요

그가 최선을 다할지 아닐지 의문이다.

2) The question is (which/whether) he will select for his daughter's birthday gift.
타동사(select)의 목적어가 없는 불완전한 구조→대명사(which) 필요

딸의 생일선물로 그가 어떤 것을 선택할지 의문이다.

– 위쪽 1, 2번 예문을 보면 앞쪽 절(The question is)은 동일하지만 뒤쪽 절의 표현이 각각 다르다. which와 whether는 둘다 의문사이지만 which는 의문대명사이며 whether는 의문부사이다. 따라

서 뒤쪽 절의 구조상 완벽함의 유무로 인해 이 두 접속사가 결정된다. 1번 예문의 뒤 절(he will do his best)은 3형식(주어+동사+목적어)의 완전한 구조이다. 따라서 의문부사인 whether가 와야 한다. 그러나 2번 예문의 뒤 절(he will select for his daughter's birthday gift)은 3형식의 구문(주어+동사+목적어)에서 타동사(select)의 목적어가 빠진 불완전한 구조이다. 따라서 타동사의 목적어 역할을 할 수 있는 대명사인 which(=what)가 들어가야 절의 구조가 완전해진다.

간·목
3) She wants to ask David (which/whether) he would like to visit his relatives. 직·목
　　　　　　　　　4형식동사　　　　　　　　　　　　　　완전한 구조→부사(whether) 필요
그녀는 데이비드에게 친척들을 방문하고 싶은지 묻고 싶다

− 3번 예문은 뒤 절(he would like to visit his relatives)이 3형식의 완전한 구조이다. 따라서 의문부사인 whether가 와야 한다.

진주어
4) **It** isn't certain (which/ whether) they will change for the house renovation.
　가주어　　　　　　　　　　타동사(change)의 목적어가 없는 불완전한 구조→대명사(which) 필요
그들이 집안 리모델링으로 무엇을 바꿀지 확실치 않다.

− 4번 예문은 뒤 절(they will change for the house renovation)이 3형식의 구문(주어+동사+목적어)에서 타동사(change)의 목적어가 빠진 불완전한 구조이다. 따라서 타동사의 목적어 역할을 할 수 있는 대명사인 which(=what)가 들어가야 절의 구조가 완전해진다.

15. what과 whatever(whichever)의 구분

구분	공통점	차이점		비고
what	관계사	관계대명사	명사절접속①③	문장 속에서 절(clause)과 절 사이를 이어줄 때 구두점(,)이 발생하지 않음.
		관계형용사	명사절접속	
whatever (whichever)		복합관계대명사	명사절접속②④	문두에서 부사절을 접속할 때 주절과의 사이에 구두점(,)이 발생함.
			부사절접속⑥	
		복합관계형용사	명사절, 부사절접속	

※'복합관계대명사, 복합관계형용사, 복합관계부사의 이해' 및 '관계형용사 및 의문형용사로서의 what 과 which' 참조

1) We can understand **what** he says now. (○)
　　　타동사　　　　　명사절(목적절)

우리는 그가 지금 말하는 것을 이해할 수 있다.

2) We can understand **whatever** he says now. (○)
　　　타동사　　　　　명사절(목적절)

우리는 그가 지금 무엇을 말하더라도 이해할 수 있다.

3) **What** he says can't be heard even nearby. (○)
　　명사절(주어절)

그가 말하는 것은 근처에서조차 들을 수 없다.

4) **Whatever** he says can't be heard even nearby. (○)
　　명사절(주어절)

그가 무엇을 말하더라도 근처에서조차 들을 수 없다.

5) **What** he did, he couldn't move the rock. (×)
　　부사절 접속 불가능　구두점

6) **Whatever(whichever)** he did, he couldn't move the rock. (○)
　　　　부사절　　　　　　　　구두점　　주절(main clause)

그가 무엇을 하든지 간에, 그는 그 바위를 움직일 수 없었다.

- 위 1~6번까지의 예문 중에서 5번만 틀리는데 이는 관계대명사 what이 가지고 있는 물리적인 한계성 때문이다. 1~4번에서 관계대명사 what과 복합관계대명사 whatever가 접속하는 절은 모두 주어가 되는 명사절이거나(3, 4번) 목적어가 되는 명사절(1, 2번)이다. 그런데 5번과 6번 예문에서는 문맥상 부사절이 등장해야 한다. 절(clause)과 절 사이가 구두점(,)으로 끊겨 있는 것도 부사절이 쓰였음을 의미하고 있다. 그런데 복합관계대명사 whatever는 부사절을 접속할 수 있는 기능이 있지만, 관계대명사 what은 부사절을 접속할 수 있는 기능 자체가 없다('복합관계대명사, 복합관계형용사, 복합관계부사의 이해' 참조). 따라서 5번 예문은 틀린다.

16. which is(that is 또는 who is)의 생략 이유

1) We own a nice treadmill running and stopping via smart sensor.
　　　동사　　　　　　　　　　분사

우리는 스마트센서를 통해 작동하고 멈추는 좋은 런닝머신을 소유하고 있다.

2) We own a nice treadmill which ⌒is running and stopping via smart sensor.
　　　동사　　　　　　　　관계사(=접속사) 동사　분사
　　　　　　　　　　　　　　　　　생략 가능

- 위 2번 예문에서 동사는 두 개(own, is) 있고 접속사는 한 개(which) 있으므로 어법적으로는 틀린 부분이 없다(문장내의 접속사 개수=동사의 개수-1). 그런데 1번 예문도 접속사 없이 동사가 한 개(own)만 존재하므로 어법적으로는 틀린 부분이 없다. 따라서 2번 예문에서 접속사(which)와 동사(is)를 하나씩 줄이게 되면 동사가 한 개(own)만 남게 되는 1번 예문이 되는 것이다. 결론적으로 2번 예문에서 줄어든 표현은 접속사(which)와 동사(is) 각각 하나씩인데 우리가 이 부분을 줄여서 which is가 생략되었다고 표현하는 것이다.

3) A person, able to analyze the psychology of a suspect, **is** called a profiler.
동사

용의자의 심리를 분석할 수 있는 사람을 프로파일러라고 칭한다.

4) A person, **who** is able to analyze the psychology of a suspect, **is** called a profiler.
관계사(=접속사) 동사 [생략 가능] 동사

- 위 4번 예문에서 동사는 두 개(is, is) 있고 접속사는 한 개(who) 있으므로 어법적으로는 틀린 부분이 없다(문장내의 접속사 개수=동사의 개수-1). 그런데 3번 예문도 접속사 없이 동사가 한 개(is)만 존재하므로 어법적으로는 틀린 부분이 없다. 따라서 4번 예문에서 접속사(who)와 동사(is)를 하나씩 줄이게 되면 동사가 한 개(is)만 남게 되는 3번 예문이 되는 것이다. 결론적으로 4번 예문에서 줄어든 표현은 접속사(who)와 동사(is) 각각 하나씩인데 우리가 이 부분을 줄여서 who is가 생략되었다고 표현하는 것이다.

5) We repaired an expensive car **(which was)** broken by a car crash.
동사 생략 가능 분사

우리는 자동차 사고로 부서진 비싼 차를 수리했다.

- 위 5번 예문에서 which was를 생략하지 않고 쓰면 문장 내에서 접속사 한 개(which)와 동사 두 개(repaired, was)가 남게 되며, which was를 생략하고 쓰면 문장 내에서 접속사 없이 동사가 한 개(repaired)만 남는 어법적으로 틀리지 않은 문장이 된다(문장 내의 접속사 개수=동사의 개수-1).

17. 콤마(,) 다음에 올 수 없는 관계대명사 that과 what

콤마(,) 다음에 오는 that은 자동으로 지시대명사로 인식이 되며 관계대명사 that은 원칙적으로 사용이 불가능하다('편리하게 쓰이는 관계대명사/접속사 that의 제약' 참조).

1) I invented a sophisticated device, **that** was commercialized soon. (×)
　　　　　 동사　　　　　　　　　　　　　 지시대명사 동사

－ 위 예문에서 콤마(,) 다음에 오는 that은 자동으로 지시대명사로 인식이 되며 관계대명사로 쓰일 수
없다. 따라서 이 경우는 문장 속에 동사가 두 개(invented, was)인데 반해서 접속사가 하나도 없으
므로 틀린 문장이 된다.

2) I invented a sophisticated device, **and** **that** was commercialized soon. (○)
　　　　　 동사　　　　　　　　　　　　 접속사 지시대명사(= it) 동사
　 내가 정교한 장치를 개발했는데 그것은 곧 상용화가 되었다.

접속사+지시(인칭)대명사
3) I invented a sophisticated device, **which** was commercialized soon. (○)
　　　　　 동사　　　　　　　　　　　　　 = and it(= and that) 동사

－ 2번 예문에서 지시대명사(that) 앞에 접속사(and)를 써야 하는 이유는 문장 속에서의 동사와 접속
사의 상관관계 때문이다(접속사의 개수=동사의 개수－1). 이러한 이유 때문에 3번 예문처럼 접속
사의 기능과 지시(인칭)대명사의 기능을 동시에 가진 계속적 용법의 관계대명사(which)를 쓰는 것
이다('편리하게 쓰이는 관계대명사/접속사 that의 제약' 참조).

■ 문장 속에 있는 두 개의 절(clause)을 이어주는 관계대명사 what은 콤마(,) 다음
에는 사용이 불가능하다.

4) I need √**what** your father wants to buy. √
　 ① I need **something** + ② Your father wants to buy **something**.
　 나는 네 아버지가 사고 싶어하는 것이 필요하다.

5) **What** √ is needed √ isn't always useful.
　 ① **Something** is needed + ② **Something** isn't always useful
　 필요한 것이 항상 유용한 것은 아니다.

－ 선행사를 포함한 관계대명사 what은 두 개의 명사를 각각 하나씩 두 개의 절에 나누어 주는 역할
을 한다고 보면 된다. 위 4번과 5번 예문은 각각 ①번 절과 ②번 절에 something이라는 명사가 하
나씩 필요하다. 이 때문에 명사 두 개의 역할을 하는 관계대명사 what이 두 번의 something대신
에 쓰여서 ①번과 ②번 두 개의 절을 연결하고 있는 것이다. 그리고 4, 5번 두 예문에서 공통적으
로 문장 속에 있는 두 개의 절(clause)이 구두점(,) 없이 이어져 있는 것을 볼 수가 있다.

6) I need,√ what your father wants to buy. (×)

　① I need + ② your father wants to buy **something**

– 그러나 위 6번 예문처럼 콤마(,) 다음에 관계대명사 what을 쓸 수 없는 이유가, 위 4번, 5번 예문과는 달리 문장 속에 있는 두 개의 절이 콤마(,)를 중심으로 앞뒤로 나누어지기 때문이다. 앞 절(I need)이 타동사(need)의 목적어가 없는 불완전한 상태에서 구두점(,)에 의해 끊기게 되므로 뒤 절에 있는 관계대명사 what과는 연결될 수가 없다. 선행사를 포함한 관계대명사 what의 사용조건은 문장 속에서 불완전한 구조를 가진 두 개의 절을 구두점(,) 없이 이어주는 역할을 하는 것인데 6번 예문은 두 개의 절이 구두점(,)에 의해 끊기게 되므로 what은 사용이 불가능하다.

18. which(관계대명사)와 on which(전치사+관계대명사)의 구분

구분	어법적 기능	비고
which	관계대명사	관계절 내에서 주어, 목적어 또는 보어 자리(명사 자리)가 비어 있어야 함 → 관계절의 구조가 불완전함/②
on which (in which, at which 등)	관계부사	관계절의 구조가 완전함/①

※ '관계대명사와 관계부사의 비교' 참조

1) We need much sophisticated technology (**on which**/which) we can advance our

3형식의 완전한 구조

long-awaited goal of sending space shuttle into the space.

(=We need much sophisticated technology + we can advance our long-awaited goal of sending space shuttle into the space **on much sophisticated technology**.)

우리는 그것에 기반해서 우주비행선을 우주로 보내는 우리의 오랜 목표를 진척시킬 수 있는 아주 정교한 기술이 필요하다.

– 위 1번 예문을 보면 관계절의 구조(we can advance~into the space)가 3형식의 완전한 구조이다. 따라서 완전한 구조에서는 관계대명사가 들어갈 자리가 없으므로 관계부사인 on which를 써야 한다.

※ '편리하게 쓰이는 관계대명사/접속사 that의 제약' 참조

2) We need much sophisticated technology (on which/**which**) we can advance for

타동사(advance)의 목적어가 없는 불완전한 3형식의 구조

the space project.

(=We need much sophisticated technology + we can advance **much sophisticated technology** for the space project.)

우리는 우주계획을 위해서 진척시킬 수 있는 아주 정교한 기술이 필요하다.

– 위 2번 예문은 1번 예문과 같이 선행사가 속한 주절(We need much sophisticated technology) 은 동일한 표현이다. 그러나 2번 예문의 관계절은 1번 예문의 관계절과 달리 명사(타동사의 목적 어)가 하나 빠진 불완전한 3형식의 구조이다. 따라서 관계대명사(which=that)가 와야 한다.

19. 강조용법과 관계사

강조용법은 큰 의미에서 관계사절(관계대명사, 관계부사)이 포함된 구조이다. it is(was)~ that 사이에 명사가 들어갈 경우에 뒤쪽 that이하절은 관계대명사절이 되며, it is(was)~that 사이에 부사(구)가 들어갈 경우에 뒤쪽 that이하절은 관계부사절이 된다.

1) **It was** this small ring **that**(=which) she eagerly wanted to purchase.

명사   타동사(purchase)의 목적어가 없는 불완전한 구조→관계대명사목적격 필요

강조구문

그녀가 그토록 사고 싶어 했던 것은 이 조그만 반지였다.

2) **It was** in this park **that**(=where) the thief was arrested.

부사(구)   완전한 구조→관계부사 필요

강조구문

강도가 붙잡힌 곳은 이 공원이었다.

– 강조용법이 쓰인 문장은 it is(was)/that 부분을 제외한 후 나머지 부분들을 퍼즐 맞추듯이 맞춰보 면 완전한 하나의 문장이 돼야 한다. 1번 예문에서 it was/that을 제외한 후에 this small ring을 that절 맨 뒤에 있는 타동사(purchase)의 목적어 자리로 보내면 She eagerly wanted to pur- chase this small ring이라는 완전한 문장이 된다. 따라서 정상적으로 쓰인 강조용법이다. 2번 예 문에서 it was/that을 제외한 후 in this park를 that절 맨 뒤로 보내면 The thief was arrested in this park라는 완전한 문장이 된다. 따라서 정상적으로 쓰인 강조용법이다. 그런데 여기서 한가지 유의할 점은 1번 예문은 원 문장(She eagerly wanted to purchase this small ring)에서 명사(this small ring)가 it was~that 사이에 들어갔기 때문에 that절이 관계대명사절이 되는 것이며 2번 예문은 원 문장(The thief was arrested in this park)에서 부사(구)(in this park)가 it was~that 사이에 들어갔기 때문에 that절이 관계부사절이 되는 것이다.

> 3) Tom met the vice president at the shop yesterday.
> 톰은 어제 그 가게에서 부통령을 만났다.

– 위 3번 예문에서 it is(was)~that 강조구문은 4개가 나오게 된다. 앞서 it is(was)~that 강조구문에서 that절은 관계사절의 구조와 같다고 설명했다. 그렇다면 it is(was)~that 강조구문에서 관계사(that)의 선행사가 명사일 때 그 관계절은 관계대명사절이 되는 것이며, 관계사(that)의 선행사가 부사(구)일 때 그 관계절은 관계부사절이 되는 것이기도 하다. 따라서 3번 예문에서 명사인 Tom과 the vice president를 it is(was)~that 사이에 두게 되면 that절은 관계대명사절이 되는 것이며, 부사(구)인 at the shop과 yesterday를 it is(was)~that 사이에 두게 되면 that절은 관계부사절이 된다.

※선행사가 부사(구)라는 표현을 썼는데 일반적으로 선행사는 명사이지 부사(구)일 수는 없다. 그러나 it is(was)~that 구문은 경우에 따라 부사(구)가 선행사로 등장하는 경우가 발생한다. 저자가 이 부분을 독자들에게 짧고 쉽게 이해시키려는 목적에서 다소 무리한 표현을 사용했음을 이해하기 바란다.

> It was   recently   that he failed to pass bar exam.
> 강조   부사   강조
>
> 그가 사법시험에서 떨어진 것은 최근이었다.

– 위 예문은 부사(recently)를 강조하는 구문이다. that 절을 관계절로 인식하기 위해서는 선행사가 명사이어야 하는데 위 예문은 선행사 자리에 부사(recently)가 있으므로 원칙적으로는 관계절이 연결될 수 없다. 따라서 부사인 recently를 선행사로 인식해서 시간과 관련된 관계사인 when을 that 자리에 쓸 수 없다는 말이다. 이 또한 현대영어에서는 많이 퇴색된 듯 하다.

– 3번 예문에서 Tom을 강조(it was~that)해서 쓰게 되면

4) **It was** Tom **that**(= who) √ met the vice president at the shop yesterday.
    명사   강조구문   동사(met)의 주어가 없는 불완전한 구조→관계대명사주격 필요
    어제 그 가게에서 부통령을 만난 사람은 톰이었다.

※it is(was)~that 강조 구문에서 고유명사(Tom)가 주어로 들어갈 때 that은 쓰이지 못한다는 어법전의 설명이 있으나 현대영어에서는 많이 퇴색된 듯하다.

– 3번 예문에서 the vice president를 강조(it is~that)해서 쓰게 되면

5) **It was** the vice president **that**(= who(m)) Tom met √ at the shop yesterday.
    명사   타동사(met)의 목적어가 없는 불완전한 구조→관계대명사목적격 필요
    강조구문
    톰이 그 가게에서 어제 만난 사람은 부통령이었다.

– 3번 예문에서 at the shop을 강조(it is~that)해서 쓰게 되면

6) **It was** at the shop **that**(= where) Tom met the vice president yesterday
    부사(구)   완전한 구조→관계부사 필요
    강조구문
    톰이 어제 부통령을 만난 곳은 그 가게였다.

– 3번 예문에서 yesterday를 강조(it is~that)해서 쓰게 되면

7) **It was** yesterday **that**(= when) Tom met the vice president at the shop.
    부사(구)   완전한 구조→관계부사 필요
    강조구문
    톰이 그 가게에서 부통령을 만난 시기는 어제였다.

※부사구나 부사절이 it is~that 사이에 들어갈 때는 that밖에 쓰이지 못한다는 어법전의 설명이 있다. 그러나 이 또한 현대영어에서는 많이 퇴색된 듯하다

※3번 예문에서 동사(met)를 강조하기 위해서는 do동사를 이용하면 된다.

8) Tom **did meet** the vice president at the shop yesterday.

20. 의문대명사와 관계대명사의 what

1) It was not clear **what** they were carrying. ✓ / 의문대명사
   완전한 구조   불완전한 구조

1-1) = **What** they were carrying was not clear.
   주절

(그들이 무엇을 휴대하고 있었는지 확실치 않았다/의문대명사) (○)

(그들이 휴대하고 있었던 것은 확실히 않았다/관계대명사) (×)

– 위 1번 예문의 원문장은 아래쪽 1-1번 예문이다. 1-1번 예문에서 주절(What they were carrying)을 외치(후치) 시킨 후 그 자리에 가주어(it)를 두면 1번 예문이 된다. 그런데 이 경우에 언뜻 보면 원문장인 1-1번 예문(What they were carrying was not clear)에서의 what은 '무엇'이라고 해석되는 '의문대명사'로 볼 수도 있고 '~것'이라고 해석되는 선행사를 포함한 '관계대명사'로도 볼 수 있을 것 같다. 그러나 원문장에서 주절(What they were carrying)이 가주어(it)를 두고 외치(후치)했다는 것은 절 전체(What they were carrying)가 술부(was not clear)의 주어가 된다는 의미이며 따라서 이 경우에 술부(was not clear)의 주어는 '그들이 무엇을 휴대하고 있었는지'에 대한 사실관계(의문대명사)가 주어가 되는 것이지 '무엇'이라는 특정 명사(관계대명사)가 주어가 되는 것은 아니다('가주어(it)/진주어의 유형(it+명사절)' 참조).

2) The target is not ✓ **what** **they are carrying**. ✓ / 의문대명사, 관계대명사
   불완전한 구조   불완전한 구조

그들이 무엇을 휴대하고 있는지가 목표가 아니다. / 의문대냉사 (○)

그들이 휴대하고 있는 것이 목표가 아니다. / 관계대명사 (○)

– 위 2번 예문의 경우는 의문대명사와 관계대명사로의 적용이 둘 다 가능하다.

3) I don't know ✓ **what** he is carrying ✓ in his bag.
   불완전한 구조   불완전한 구조

나는 그가 가방 안에 무엇을 지니고 있는지 모른다. / 의문대명사 (○)

나는 그가 가방 안에 지니고 있는 것을 모른다. / 관계대명사 (○)

– 위 3번 예문의 경우는 의문대명사와 관계대명사로의 적용이 둘 다 가능하다.

제5장 도치의 유형

1. 1형식 도치(부사+동사+주어)

1) <u>Here</u> <u>comes</u> <u>the bus.</u> (○) / 여기 버스가 온다.
부사　　동사　　주어(보통명사)

– 부사(here)가 문두에 위치해 있으며 주어(the bus)와 동사(comes)가 도치되었다.

2) <u>Here</u> <u>comes</u> <u>he.</u> (×)
부사　　동사　　주어(인칭대명사)

– 위 2번 예문이 1형식 구문이고 유도부사(here)가 문두에 위치했는데도 도치가 안 되는 이유는 주어(he)가 인칭대명사이기 때문이다('인칭대명사의 제약' 참조).

3–1) <u>Here</u> <u>he</u> <u>comes.</u> (○) / 여기 그가 온다.
부사　　주어(인칭대명사)　　동사

3–2) <u>Here</u> <u>it</u> <u>is.</u> (○) / 여기 있다.
부사　　인칭대명사　동사

3–3) <u>Here</u> <u>you</u> <u>are.</u> (○) / 여기 있다.
부사　　인칭대명사　동사

※ 위 예문들처럼 1형식구문에서 주어가 인칭대명사(he/it/you)인 경우는 도치가 불가능하다.

4) <u>There</u> <u>is</u> <u>a truck</u> near a tree. (○)
부사　동사　주어(보통명사)
나무 근처에 트럭이 한 대 있다.

– 유도부사(there)가 문두에 위치해 있으며 주어(a truck)와 동사(is)가 도치되었다.

※ **There** **they** **stand**. (○) / 그들이 거기에 서 있다.
　부사　인칭대명사　동사

　There **stand** **they**. (×)
　부사　동사　인칭대명사

※위 예문에서는 주어가 인칭대명사(they)라서 도치가 불가능하다.

5) **There** have been many affairs since he left for London.
　부사　동사　주어

그가 런던으로 떠난 이래로 많은 일들이 일어났다.

6) **There** could have been many affairs after he left for London.
　부사　동사　주어

그가 런던으로 떠난 후에 많은 일들이 일어날 뻔했다.

– 위 5번과 6번 예문처럼 there가 문두에 오는 도치구문에서 두 단어 이상의 동사(have been/could have been)가 표현되는 경우는 그 동사들 전체를 하나의 동사로 인식해서 주어와 도치시켜야 한다.

※ **There** appear to be few reasons to reject the debate
　　　하나의 동사로 취급해서 도치　주어

그 토론을 거절할 이유가 없어 보인다.

7) **On top of these challenges** came the new crises.
　부사(구)　동사　주어

이러한 난관들에 더해서 새로운 위기들이 닥쳐왔다.

– 7번 예문의 원 표현은 The new crises came on top of these challenges이다. 부사(구)인 on top of these challenges가 문두로 가면서 주어(the new crises)와 동사(came)가 도치되었다.

2. 2형식도치(주격보어+동사+주어)

1) <u>Impressive</u>   <u>is</u>   <u>the scenery around the lake.</u>
   주격보어   **동사**   **주어**

   호수 주변의 경치가 인상적이다.

– 1번 예문의 원 표현은 The scenery around the lake is impressive이다. 주격보어(impressive)가 문두로 가면서 주어(the scenery around the lake)와 동사(is)가 도치되었다(2형식 도치는 이처럼 주부(주어)가 술부(주어외 부분)보다 긴 경우에 이용하는 경우가 많다).

2) <u>So astonishing</u>   <u>is</u>   <u>his achievement</u>   <u>that I can hardly believe it.</u>
   주격보어   **동사**   **주어**   **부사절**

   그의 업적이 너무나 놀라워서 나는 도저히 그것을 믿을 수 없다.

– 2번 예문의 원 표현은 His achievement is so astonishing that I can hardly believe it이다. 흔히 우리가 알고 있는 so~that~구문이다. 주절(His achievement is so astonishing)에서 주격보어(so astonishing)가 문두로 가면서 주어(his achievement)와 동사(is)가 도치되었다.

3) <u>At issue</u>   <u>is</u>   <u>whether the government will deploy its army around the islet.</u>
   주격보어 **동사**   **주어**

   정부가 그 섬 주위에 군대를 배치할지가 논쟁거리다.

– 3번 예문의 원 표현은 Whether the government will deploy its army around the islet is at issue 이다. 주격보어인 형용사구(at issue)가 문두로 가면서 주어(whether~the islet)와 동사(is)가 도치되었다. 특히 주격보어인 at issue는 전치사구인데 이 문장에서는 형용사구로서 형용사의 역할을 하고 있다['전치사구의 구분'(형용사구, 부사구) 6번 참조].

※2형식 도치에서는 주어가 인칭대명사(he, she, they 등)라고 하더라도 1형식 도치의 경우와는 달리 동사와의 도치가 이루어져야 한다.

4) <u>So upset</u>   <u>was</u>   <u>she</u>   <u>that she could not speak a word.</u>
   주격보어   **동사** **주어(인칭대명사)**   **부사절**

   그녀는 너무 화가 나서 한마디도 할 수 없었다.

– 4번 예문의 원 표현은 She was so upset that she couldn't speak a word이다. 흔히 우리가 알고 있는 so~that~구문이다. 주절(She was so upset)에서 주격보어(so upset)가 문두로 가면서

주어(she)와 동사(was)가 도치되었다. 그런데 앞서 1형식 도치에서는 주어가 인칭대명사인 경우는 도치가 불가능했지만 2형식 구문에서는 이처럼 주어가 인칭대명사(she)라고 하더라도 도치가 이루어져야 한다.

3. 분사(구)가 문두에 위치할 때의 도치

일반적으로 3형식 문장에서는(부정어를 포함한 목적어가 문두에 오는 경우가 아니면) 아래 1번 예문과 같이 목적어가 문두에 위치해도 도치가 불가능하다.

1) The fallen gentleman many foreign tourists in the square surrounded
   　　　목적어　　　　　　　　　주어　　　　　　　　　　동사

(= Many foreign tourists in the square surrounded the fallen gentleman)
　　　　　　주어　　　　　　　　동사　　　　　목적어
광장에 있던 많은 외국관광객들이 죽은 신사를 에워쌌다.

그러나 1형식이나 3형식의 문형에서 술부에 be+분사의 형태(be+~ing/be+~ed)를 끼고 있는 경우에는 아래 2번, 3번 예문과 같이 분사(구)를 문두에 위치시킨 후 주어와 동사의 도치가 가능하다.

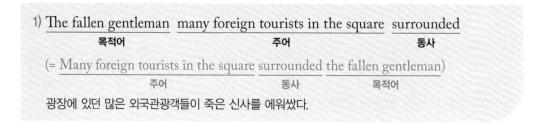

2) Surrounding the fallen gentleman were many foreign tourists in the square
   　　　분사(구)　　　　　　　　동사　　　　　　주어

(= Many foreign tourists in the square were surrounding the fallen gentleman)
　　　　　　주어　　　　　　　　동사　　　　　분사(구)
광장에 있던 많은 외국관광객들이 죽은 신사를 에워싸고 있었다.

3) Heavily bombarded was the hideout of the escapee
   　　분사(구)　　　　동사　　　　　주어

(= The hideout of the escapee was heavily bombarded)
　　　　주어　　　　　　동사　　　　분사(구)
탈옥수의 은신처가 심하게 폭격 되었다.

4. 가정법도치

1) Should he   come earlier, it would be better.
   <u>조동사</u> <u>주어</u> <u>일반동사</u>

   그가 일찍 온다면 좋을 텐데.

– 원 문장은 If he should come earlier, it would be better이다. 종속절이며 가정절인 if절 내에서 도치를 하려면 if를 없앤 후에 조동사를 이용해서 도치를 해야 한다. 원 문장에서 가정법 접속사 if가 생략된 후에 조동사(should)와 주어(he)가 도치되었다.

2) Had   he   finished his task earlier, he could have joined us.
   <u>조동사</u> <u>주어</u> <u>과거분사</u>

   그가 일을 좀 일찍 마쳤더라면 우리와 어울릴 수 있었을 텐데.

– 원 문장은 If he had finished his task earlier, he could have joined us이다. 종속절이며 가정절인 if절 내에서 도치를 하려면 if를 없앤 후에 조동사를 이용해서 도치를 해야 한다. 원 문장에서 가정법 접속사 if가 생략된 후에 조동사(had)와 주어(he)가 도치되었다.

3) Did   you   get   wounded, your mother would be very sad.
   <u>조동사</u> <u>주어</u> <u>일반동사</u> <u>형용사</u>

   네가 부상을 입는다면 네 엄마가 무척 슬퍼할 텐데.

– 원 문장은 If you got wounded, your mother would be very sad이다. 종속절이며 가정절인 if절 내에서 도치를 하려면 if를 없앤 후에 조동사를 이용해서 도치를 해야 한다. 그런데 원 문장에는 if절 속에 조동사가 없다(if you got wounded). 따라서 외부에서 조동사 do동사를 끌어온 다음에 도치를 해야 한다. 외부에서 do동사를 끌어오면 If you did get wounded가 된다. 여기서 if를 생략시킨 후에 조동사(did)와 주어(you)를 도치시켰다.

4) Were   I   a god, I would predict my future easily.
   <u>조동사</u> <u>주어</u>

   내가 신이라면, 미래를 쉽게 예측할텐데.

– 원 문장은 If I were a god, I would predict my future easily이다. 종속절이며 가정절인 if절 내에서 도치를 하려면 if를 없앤 후에 조동사를 이용해서 도치를 해야 한다.be동사도 조동사이다('조동사와 일반동사의 역할을 겸하는 have/be' 참조). 따라서 원문장에서 가정법 접속사 if가 생략된 후에 조동사(were)와 주어(I)가 도치되었다.

5. 문두에 부정어가 올 때의 도치(부정어+조동사+주어)

1) Only adults must you accept as the customers of your store.
   부정어   조동사   주어

   당신 가게의 손님으로는 성인들만을 받아야 합니다.

- 원 문장은 You must accept only adults as the customers of your store이다(영문법에서는 only 가 문두에 위치했을 때 부정어 취급을 한다). 문두에 부정어가 위치했을 때의 도치는 가정법도치 와 마찬가지로 조동사를 이용해서 도치를 해야 한다. 원 문장에서 부정의 뜻을 가진 only adults가 문두로 가면서 조동사(must)와 주어(you)가 도치되었다.

2) Little money do I have now.
   부정어   조동사 주어

   나는 지금 돈이 거의 없다.

- 원 문장은 I have little money now이다. 문두에 있는 little money가 부정의 의미를 지니고 있기 때문에 조동사+주어의 도치를 해야 한다. 그런데 원 문장에서는 조동사가 없기 때문에 외부에서 do동사를 끌어온 다음에 도치를 해야 한다. 외부에서 do동사를 끌어오면 I do have little money now가 된다. 여기서 부정어(little money)를 문두에 보낸 후에 조동사(do)와 주어(I)를 도치시켰다.

3) I don't like skiing, and neither does my wife.
                      접속사   부정어   조동사   주어

   나는 스키 타는 것을 좋아하지 않는다. 그리고 내 아내도 마찬가지이다.

- 원 문장은 I don't like skiing, and my wife doesn't like skiing, either이다. 'my wife doesn't like skiing, either' 부분을 부정어(neither)를 사용해서 간단히 neither does my wife로 나타냈다. 부정어(neither)가 문두에 오면서 조동사(does)와+주어(my wife)의 도치가 일어났다('대동사' 5번 참조).

4) He has never seen a tiger, nor has his wife.
                           접속사+부정어 조동사   주어

   그는 호랑이를 본 적이 없다. 그리고 그의 부인도 마찬가지이다.

- 원 문장은 He has never seen a tiger, and his wife has not seen a tiger, either이다. 'and his wife has not seen a tiger, either' 부분을 부정어(nor)를 사용해서 간단히 nor has his wife로 나

타냈다. 부정어(nor)가 문두에 오면서 조동사(has)와 주어(his wife)의 도치가 일어났다('대동사' 5번 참조).

5) **No sooner** had I reached my destination **than** I found that I had no money.
내가 목적지에 도착하자마자 돈이 없다는 사실을 알았다.

‒ 원 문장은 I had **no sooner** reached my destination **than** I found that I had no money이다. 부정어인 no sooner가 문두로 가면서 조동사(had)를 이용한 도치가 일어났다.

6. 비교급 표현(than)과 접속사 as(~처럼)를 쓰는 문장에서의 도치('대부정사와 대동사' 참조)

1) Tom translates French faster **than** **did** his predecessor last year.

                                      접속사   조동사   주어

                    did=translated French
톰은 작년 그의 선임자가 했던 것보다 프랑스어를 더 빨리 번역한다.

‒ 원 문장은 Tom translates French faster than his predecessor translated French last year이다. 영문법에서는 문장(sentence) 내에서 같은 표현을 반복해서 사용하는 것을 원칙적으로 절제하고 있으며 반복해서 쓸 경우 대동사, 대부정사로 나타내야 한다. 원 문장에서 앞 절(Tom translates French faster)에서 사용했던 표현(translates French)을 뒤 절(his predecessor translated French last year)에서 또다시 사용(translated French)할 경우 대동사를 써서 나타내야 한다. **대동사는 조동사**여야 하는데 이 예문에서는 일반동사(translate)를 사용하고 있는 관계로 조동사가 없다. 따라서 외부에서 조동사 do를 끌어와서 사용해야 한다. 그리고 부사구의 시제(last year/과거)에 맞게 조동사의 시제도 did로 바꾼다(than his predecessor did last year). 그리고 대동사로 표현하는 과정에서 접속사 than 이하에서 주어(his predecessor)와 조동사(did)의 도치가 발생했는데 이는 강조를 위한 표현이다(도치를 안 해도 어법적으로 틀리지는 않는다).

2) He is more respected by the public **than**   **is**   his father.

                                        접속사   조동사   주어

                                 is=is respected by the public

그는 그의 아버지가 그런 것(대중에게 존경받는 것)보다 대중에게 더 존경받는다.

[= He is more respected by the public than his father is (respected by the public)]

3) Jane enjoys playing tennis, as   **did**   her mother years ago.

                            접속사 조동사   주어

                            did=enjoyed playing tennis

제인은 수년 전에 그녀의 어머니가 그랬던 것처럼 테니스를 즐긴다.

– 원 문장은 Jane enjoys playing tennis, as her mother enjoyed playing tennis years ago이다. 영문법에서는 문장 내에서 같은 표현을 반복해서 사용하는 것을 원칙적으로 절제하고 있으며 반복해서 쓸 경우 대동사, 대부정사로 나타내야 한다. 원 문장에서 앞 절(Jane enjoys playing tennis)에서 사용했던 표현(enjoys playing tennis)을 뒤 절(her mother enjoyed playing tennis years ago)에서 또다시 사용(enjoyed playing tennis)할 경우 대동사를 써서 나타내야 한다. **대동사는 조동사**여야 하는데 이 예문에서는 일반동사(enjoy)를 사용하고 있는 관계로 조동사가 없다. 따라서 외부에서 조동사 do를 끌어와서 사용해야 한다. 그리고 부사의 시제(years ago/과거)에 맞게 조동사의 시제도 did로 바꾼다(as her mother did years ago). 그리고 대동사로 표현하는 과정에서 접속사 as 이하에서 주어(her mother)와 조동사(did)의 도치가 발생했는데 이는 강조를 위한 표현이다(도치를 안 해도 어법적으로 틀리지는 않는다).

4) You are also silly, as   **are**   your classmates.

                     접속사 조동사   주어

                        are=are silly

네 급우들이 그렇듯이 너도 어리석구나.

[= You are also silly, as your classmates are (silly)]

※ 5) Tom translates French faster **than**   **he**   **did** last year.

                                    접속사 주어(인칭대명사) 조동사

6) Jane enjoys playing tennis, **as**   **she**   **did** years ago.

                           접속사 주어(인칭대명사) 조동사

– 위 5, 6번 두 예문에서 than과 as절에서 도치가 일어나지 않은 까닭은 각각 인칭대명사(he, she)가 주어이기 때문이다('인칭대명사의 제약' 참조). 이 점은 앞에서 언급한 '1형식 도치'와 비슷하다.

7. So+V(조동사)+S(주어) 표현에서의 도치('so+조동사+주어/so+주어 +조동사의 표현' 참조)

1) He plays the guitar excellently.

그는 기타를 무척 잘 다룬다.

2) So <u>do</u> <u>I</u>(= I also play the guitar excellently).
      조동사   주어

나도 마찬가지야.

8. 인용문(" ") 표현에서의 도치

1) "I haven't eaten anything since yesterday", <u>my sister</u> <u>said</u>. (○)
                                                보통명사   동사

"나는 어제부터 아무것도 먹지 못했어"라고 내 누이가 말했다.

2) "I haven't eaten anything since yesterday", <u>said</u> <u>my sister</u>. (○)
                                                동사   보통명사

3) "I haven't eaten anything since yesterday", <u>he</u> <u>said</u>. (○)
                                                인칭대명사   동사

"나는 어제부터 아무것도 먹지 못했어"라고 그가 말했다.

4) "I haven't eaten anything since yesterday", <u>said</u> <u>he</u>. (×)
                                                동사   인칭대명사

- 2번 예문처럼 보통명사(my sister)가 주어인 경우에는 인용문(" ") 뒤에서 도치를 할 수가 있지만 4번 예문처럼 인칭대명사(he)가 주어인 경우에는 인용문(" ") 뒤에서 도치가 불가능하다.

9. 관계절 내에서의 도치

> 1) Under the carpet was a letter **on which was written her name.**
> 카펫 아래에 그녀의 이름이 쓰인 편지가 있었다.

– 위 1번 예문은 under the carpet was a letter +her name was written on the letter 두 개의 절이 관계사로 합쳐진 문장이다(앞절의 원표현은 a letter was under the carpet인데 부사구(under a carpet)가 문두로 가면서 주어(a letter)와 동사(was)가 도치되었다('1형식 도치' 참조). 뒤 절(her name was written on the letter)에서 전치사(on)의 목적어인 the letter와 앞 절(under the carpet was a letter)의 주어인 a letter가 중복이 되는 까닭에 두 개의 절이 합쳐진 위 1번 예문에서는 이 부분을 관계사(which)를 써서 나타내야 한다. 뒤 절(her name was written on the letter)을 관계사를 써서 표현하면 her name was written on which가 된다. 그런데 관계사의 위치는 관계절의 문미가 아니라 관계절의 문두이어야 하기 때문에 전치사(on)와 관계사(which)가 함께(on which) 관계절의 문두로 이동해야 한다(on which her name was written). 여기서 on which는 전치사+(관계대)명사로 표현된 부분이기 때문에 문장 전체(Under the carpet was a letter on which was written her name)로 봐서는 관계부사이고 관계절만(on which was written her name) 한정해서 본다면 전치사+명사(on the letter(=on which))로 표현된 단순한 부사(구)가 된다. 따라서 1형식 구문[주어+동사+부사(구)]에서 부사(구)가 문두에 위치한 표현이 되므로 도치가 가능하다('1형식 도치' 7번 참조).

제6장 대명사

1. a few, few, a little, little의 표현

a few와 few의 피수식어는 가산명사이고 a little과 little의 피수식어는 불가산 명사이다. a few와 a little은 긍정의 의미를, few와 little은 부정의 의미를 가지고 있다.

	가산명사	불가산명사
대명사 (긍정)	I sold **a few** of my books. **(= a few books)** 나는 내 책 중에 몇 권을 팔았다.	I deposit **a little** of my money. **(=a little money)** (나는 내 돈 중에 약간을 저축했다.)
대명사 (부정)	**Few** of the books are worth reading. **(= hardly any books)** 그 책들 중에 읽을 가치가 있는 책은 거의 없다.	**Little** of my money was spent on purchasing **(= hardly any money)** books. 나는 책을 구입하는 데 돈을 거의 쓰지 않았다.
형용사	I have **a few** books. **형용사 명사** 나는 몇 권의 책을 가지고 있다.	I have **a little** money. **형용사 명사** 나는 약간의 돈을 가지고 있다.

※ 어법적으로 little이 few와 구분되는 큰 차이점은 가산명사, 불가산명사에의 사용 유무가 아니라 **little이 부정의 의미를 가진 부사로 쓰일 수 있다**는 점이다.

1) I **little** thought of becoming a vice president of the company.
　　부사

⇒ (**Little did** I think of becoming a vice president of the company.)
　　부사　조동사주어
나는 그 회사의 부회장이 되는 생각을 한 적이 없다.

– 위 1번 예문에서 little은 '거의 ∼아니다'는 의미를 가진 부사로 쓰였다. 부정어인 little을 문두에 놓으면 부정어 도치(부정어+조동사+주어)가 일어나게 된다('문두에 부정어가 올 때의 도치' 참조).

2. 인칭대명사의 제약

■ 전치사적 부사구에서의 제약

1) I went there to **pick** **him** **up**. (○)
   동사　인칭대명사　부사

   나는 그를 태우기 위해 거기에 갔다.

2) I went there to **pick** **up** **him**. (×)
   동사　부사　인칭대명사

– 위 1번 예문처럼 인칭대명사의 목적격(me, him, her, it)은 동사(pick)와 전치사적 부사(up) 사이에 위치해야 하며 2번 예문처럼 전치사적 부사(up) 밖에 위치하면 틀린다

3) I went there to **pick** **Tom** **up**. (○)
   동사　고유명사　부사

   나는 톰을 태우기 위해 거기에 갔다.

4) I went there to **pick** **up** **Tom**. (○)
   동사　부사　고유명사

5) Let's **turn** the light **on**. (○)
   동사　보통명사　부사

6) Let's **turn** **on** the light. (○) / 전등을 켜자.
   동사　부사　보통명사

– 위 3~6번 예문처럼 인칭대명사를 쓰지 않고 고유명사(Tom)나 보통명사(the light)를 쓰는 경우는 동사(pick)와 전치사적 부사(up) 사이, 또는 밖에 위치해도 상관없다.

■ 수여동사에서의 제약

1) I gave Tom a nice shirt. (○) / 나는 톰에게 좋은 셔츠 하나를 주었다.
   간 · 목　　직 · 목

2) I gave Tom ⓘit. (×)
   간 · 목　직 · 목(인칭대명사)
   a nice shirt

3) I gave it to Tom. (○)
   목적어(인칭대명사)　부사구

– 2번 예문처럼 4형식 구문에서 직접목적어 자리에 인칭대명사(it)를 쓰는 것은 잘못된 표현이다. 이 경우는 3번 예문처럼 부사구(to Tom)를 포함한 3형식으로 나타내야 한다.

4) I gave　**him**　**a nice shirt.** (○)
　　　　　　간·목　　　직·목

5) I gave　　**him**　　　ⓘt. (×)
　　　간·목(인칭대명사)　직·목(인칭대명사)
　　　　　　　　　　　　　　　a nice shirt

6) I gave　　　**it**　　　**to him.** (○)
　　　목적어(인칭대명사)　부사구

– 5번 예문처럼 4형식 구문에서 목적어 두 개(간접목적어, 직접목적어)를 모두 인칭대명사로 표현할 수는 없다. 이 경우는 6번 예문처럼 부사구(to him)를 포함한 3형식으로 나타내야 한다.

※ 정리하자면 4형식구문에서 목적어 두 개를 모두 인칭대명사로 나타낼 수 없는 이유가 직접목적어 자리에는 인칭대명사가 올 수 없기 때문이다.

■ 도치구문에서의 제약('1형식 도치' 참조)

1) **Here**　**comes**　**a man.** (○)
　　부사　　　동사　　주어(보통명사)

(여기 한 남자가 온다.)

2) **Here**　　**a man**　　**comes.** (×)
　　부사　　주어(보통명사)　　동사

– 문두에 부사(here)가 위치해 있으므로 1번 예문처럼 주어, 동사의 도치가 이루어져야 한다.

3) **Here**　　**he**　　　**comes.** (○)
　　부사　　주어(인칭대명사)　　동사

(여기 그가 온다.)

4) **Here**　　**comes**　　**he.** (×)
　　부사　　　동사　　주어(인칭대명사)

– 문두에 부사(here)가 위치해 있으므로 원칙적으로는 주어, 동사의 도치가 이루어져야 한다. 그러나 주어가 인칭대명사(he)인 관계로 도치는 불가능하므로 3번 예문이 맞는 표현이다.

5) Tom swims faster **than**　　　**he**　　　**did** last year. (○)
　　　　　　　　　　접속사　주어(인칭대명사)　조동사(대동사)

톰은 작년보다 수영을 빨리한다.

6) Tom swims faster **than**　　　**did**　　　**he** last year. (×)
　　　　　　　　　　접속사　조동사(대동사)　주어(인칭대명사)

※ Tom swims faster **than**　　　**did**　　　**his peers** last year. (○)
　　　　　　　　　　접속사　　조동사(대동사)　주어(보통명사)

톰은 작년 동료들보다 수영을 빨리한다.

– 위 6번 예문은 비교급의 접속사(than)절에서 도치를 발생시켰다. 그런데 주어(he)가 인칭대명사이
기 때문에 도치는 불가능하다. 따라서 5번이 맞는 표현이다.

7) Jane runs the small bakery, **as**　　　**she**　　　**did** years ago. (○)
　　　　　　　　　　　　　　접속사　주어(인칭대명사)　조동사(대동사)

제인은 몇 년 전과 같이 그 조그만 빵집을 운영한다.

8) Jane runs the small bakery, **as**　　　**did**　　　**she** years ago. (×)
　　　　　　　　　　　　　　접속사　조동사(대동사)　주어(인칭대명사)

※ Jane runs the small bakery, **as**　　　**did**　　　**her mother** years ago. (○)
　　　　　　　　　　　　　　접속사조동사(대동사)　　주어(보통명사)

제인은 몇 년 전 그녀의 엄마처럼 그 조그만 빵집을 운영한다.

– 위 8번 예문은 '~하듯이, ~처럼'의 의미를 지닌 접속사(as)절에서 도치를 발생시켰다. 그런데 주어
(she)가 인칭대명사이기 때문에 도치는 불가능하다. 따라서 7번이 맞는 표현이다.

9) "We will be back in a moment",　**they**　　**said**. (○)
　　　　　　　　　　　　　　인칭대명사　　동사

"곧 돌아올게요"라고 그들이 말했다.

10) "We will be back in a moment", **said**　**they**. (×)
　　　　　　　　　　　　　　　　동사　인칭대명사

※ "I will be back in a moment", **said** my mother. (○)
　　　　　　　　　　　　　　동사　　보통명사

"곧 돌아올게"라고 엄마가 말했다.

– 위 10번 예문은 인용문(" ") 뒤에서 도치를 발생시켰다. 그런데 주어(they)가 인칭대명사이기 때문
에 도치는 불가능하다. 따라서 9번이 맞는 표현이다.

3. 대명사 that(those)을 써야 하는 경우

일반적으로 앞서 언급한 명사를 다시 언급할 때는 대명사인 one(s)을 쓰는 게 맞다. 그러나

① 특정 전치사구(of+명사)가 뒤따라 오는 경우(⑤)

② 형용사구 또는 형용사절(관계사절)이 뒤따라 오는 경우에는(⑥⑦⑧), 대명사는 that(those)
   을 써야 한다.

> 1) Do you have a pen? / 펜이 하나 있습니까?
> 2) →Yes, I have **one**. / 예 하나 있습니다.
>   (=a pen)

– 위 1, 2번 예문을 보면 1번 예문에서 언급한 a pen을 2번 예문에서는 대명사인 one으로 표현했다.

> 3) Seoul has a large population. / 서울은 인구가 많다.
> 4) →But Tokyo has bigger **one**. / 그러나 도쿄는 더 인구가 많다.
>   (= a population)

– 위 3, 4번 예문을 보면 3번 예문에서 언급한 a population을 4번 예문에서는 대명사인 one으로
  표현했다.

> 형용사구
> 5) The population of Seoul is larger than **that** of Tokyo.
>   the population
>
>   서울의 인구는 도쿄보다 많다.

– 위 5번 예문을 보면 앞쪽에서 언급한 the population을 뒤쪽에서 다시 언급할 때는 that으로 표현
  하고 있는데 그 이유는 뒤에 있는 of Tokyo라는 전치사구(형용사구) 때문이다. 대명사를 써야 하
  는 상황에서 대명사 뒤에 of+명사로 이루어진 전치사구가 수식할 경우에 대명사가 단수일 경우는
  that, 복수일 경우는 those를 사용해야 한다.

> 형용사구
> 6) The camera in your bag was similar to **that** lost in my car.
>   the camera
>   네 가방 안에 있는 카메라가 내 차에서 분실된 것과 비슷했다.

– 위 6번 예문을 보면 앞쪽에서 언급한 camera를 뒤쪽에서 다시 언급해야 하는데 대명사인 one을 쓰지 못하고 that을 썼다. 뒤에 오는 형용사구인 lost in my car 때문이다. that (which was) lost in my car에서 which was 부분이 생략되었다. ※which was 부분을 생략하지 않아도 that을 사용해야 한다.

7) Dresses in the shop don't seem as fashionable as **those** displayed in the department store.

그 가게에 있는 옷들이 백화점에 진열된 옷들처럼 유행하는 듯 보이지 않는다.

형용사구

dresses

– 위 7번 예문을 보면 앞쪽에서 언급한 dresses를 뒤쪽에서 다시 언급해야 하는데 대명사인 ones를 쓰지 못하고 those를 썼다. 뒤에 오는 형용사구인 displayed in the department store 때문이다. those (which are) displayed in the department store에서 which are 부분이 생략되었다. ※which are 부분을 생략하지 않아도 those를 사용해야 한다.

8) The civil organization came up with much more radical opinions than **those** which were proposed by the lawmakers.

시민단체는 국회의원들이 제안한 것보다 더욱 급진적인 의견을 제기했다.

radical opinions

형용사절(관계대명사절)

– 위 8번 예문을 보면 앞쪽에서 언급한 radical opinions를 뒤쪽에서 다시 언급해야 하는데 대명사인 ones를 쓰지 못하고 those를 썼다. 뒤에 오는 형용사절(관계대명사절)인 which were proposed by the lawmakers 때문이다.

9) Trump's patience should be **one** that makes the North aware of how it will be punished.

(=patience)

트럼프의 인내심은 북한이 어떻게 벌을 받을지를 알게끔 하는 것이어야만 한다.

– 원칙대로라면 형용사절(관계절)의 수식을 받을 때 대명사는 one(ones)을 쓰지 않고 that(those)을 써야 하지만 이 경우에 만약 one 자리에 that을 쓴다면 ~should be that that makes~라는 대명사 that과 관계사 that이 겹친 다소 어색한 표현이 나오게 된다. 따라서 이럴때는 어법적인 원칙을 다소 완화한 표현으로 보는 게 타당할 것 같다. 만일 원칙대로 대명사를 that을 쓴다면 관계절 접속사는 which를 쓰면 되겠다. (~should be that which makes~)

4. some, any, all의 가산, 불가산 명사 표현

구분	형용사구의 표현	be동사의 표현	비고
some any + all	of +가산명사	are(were)	복수취급 ①③⑤
	of +불가산명사	is(was)	단수취급 ②④⑥

– some, any, all 등이 대명사로 쓰일 때는 가산명사와 불가산명사 둘 다 지칭할 수가 있는데 전치사
　(of) 뒤쪽에서 언급하는 명사의 종류에 따라 단·복수의 개념이 바뀐다.

1) **Some** of my students **are** sick now.
　대명사　　　가산명사
　학생들 중의 일부가 지금 아프다.

– 1번 예문에서 전치사(of) 뒤의 my students가 복수명사(가산명사)이므로 some의 동사는 are가 된다.

2) **Some** of the milk **is** not edible.
　대명사　　　불가산명사
　그 우유 중의 일부는 먹을 수 없다.

– 2번 예문에서 전치사(of) 뒤의 the milk가 불가산명사이므로 some의 동사는 is가 된다.

3) **Any** of the pencils **are** not easily broken
　대명사　　　가산명사
　그 연필들중의 어떤 것도 쉽게 부러지지 않는다.

– 3번 예문에서 전치사(of) 뒤의 the pencils가 복수명사(가산명사)이므로 any의 동사는 are가 된다.
※is를 써도 어법적으로는 틀리지 않는다는 견해가 있다. → If any of the employees is sick, call
　me immediately. / 직원들 중에 누군가가 아프면 즉시 저에게 전화하세요.

4) **Any** of the money on the table **is** for you.
　대명사　　불가산명사
　테이블에 있는 어떤 돈도 널 위한 것이다.

– 4번 예문에서 전치사(of) 뒤의 the money가 불가산명사이므로 any의 동사는 is가 된다.

5) **All** of my family members **are** in hospital now.
　　대명사　　　　　가산명사

　가족 모두가 지금 병원에 있다.

- 5번 예문의 전치사(of) 뒤에 있는 my family members가 복수명사(가산명사)이므로 all의 동사는 are가 된다.

6) **All** of the cheese on the shelf **is** good for cooking.
　　대명사　　　불가산명사

　선반 위에 있는 치즈 모두가 요리에 적당하다.

- 6번 예문의 전치사(of) 뒤에 있는 the cheese가 불가산명사이므로 all의 동사는 is가 된다.

ex) **A third** of my asset **is** to be passed on to my daughter
　　　대명사　　　불가산명사

　내 자산 중의 1/3은 딸에게 상속될 예정이다.

- my asset이 불가산명사이므로 분수인 a third(1/3)의 동사는 is가 된다.

A third of my books **are** to be donated to a charity.
　　대명사　　　가산명사

　내 책들 중의 1/3은 자선단체에 기증될 예정이다.

- my books가 복수명사(가산명사)이므로 분수인 a third(1/3)의 동사는 are가 된다.

※ all이 단독으로 쓰일 때 '사람'을 나타내면 복수 취급을, '사물'을 나타내면 단수 취급한다.

- **All** (people) **were** present at the conference.
　사람-복수취급

　모든 사람이 회의에 참석했다.
- **All** (things) that **glitters** is not gold.
　사물-단수취급

　반짝인다고 모두 금은 아니다.

※any는 일반적으로 의문문, 부정문, 조건문에서 some 대신에 쓰이는 경우가 많지만 any가 긍정문에 쓰일 때는 모든(=all)을 의미한다. 그런데 이 경우 특이한 점은 가산명사(book, visitor)에 복수형 접사(-s)가 붙지 않는다는 점이다.

- **Any** book will do.

  어떤 책(모든 책)도 괜찮다.

- **Any** visitor is welcomed.

  어떤 방문객(모든 방문객)도 환영이다.

5. 재귀대명사의 관용적 용법

1) He went there <u>**by himself.**</u>
   = alone

   그는 거기에 혼자 갔다.

2) He figured out the answer <u>**for himself.**</u>
   = without any other's help

   그는 스스로의 힘으로 그 해답을 알아냈다.

3) The door opened <u>**of itself.**</u>
   = automatically

   문이 저절로 열렸다.

– 1번 예문처럼 by+재귀대명사는 '혼자'라는 의미가 되고, 2번 예문처럼 for+재귀대명사는 '혼자 힘으로'라는 의미가 되며, 3번 예문처럼 of+재귀대명사는 '자동으로, 스스로'라는 의미가 된다.

제7장 대(代)부정사와 대(代)동사

영문법에서는 간략함 또는 강조를 나타내기 위해서 앞서 표현했던 부분들을 대(代)부정사 혹은 대(代)동사로 나타내는 경우가 있다. 이때 대부정사는 ~to로 끝나야 하며 대동사는 조동사를 사용해야 한다.

1. 대부정사

1) He desired to go skiing. But, I didn't **want to**.　(go skiing)
　　　　　　　　　　　　　　　　　　　　대부정사　　　생략

　그는 스키를 타러 가기를 원했으나 나는 가고 싶지 않았다.

– 1번 예문에서 to가 대부정사이다. 앞 문장(He desired to go skiing)에 있는 go skiing 부분을 다시 표현하면 중복이 되는 까닭에 대부정사로 나타낸 것이다.

2) She wants me to play the piano. But I don't **like to**.　(play the piano)
　　　　　　　　　　　　　　　　　　　　　　　대부정사　　　　생략

　그녀는 내가 피아노를 연주하기를 원하지만 나는 하고 싶지 않다.

– 2번 예문에서 to가 대부정사이다. 앞 문장(She wants me to play the piano)에 있는 play the piano 부분을 다시 표현하면 중복이 되는 까닭에 대부정사로 나타낸 것이다.

3) She isn't the kind of person that she used **to be.**　　(the kind of person)
　　　　　　　　　　　　　　　　　　　　대부정사　　　　　생략

　그녀는 예전의 그녀가 아니다.

4) He is far smarter than I thought him **to be.**　　(smart)
　　　　　　　　　　　　　　　　대부정사　　　생략

　그는 내가 생각했던 것보다 훨씬 영리하다.

– 위 3, 4번 예문들처럼 대부정사(to) 뒤에 be동사가 이어질 때는 be동사까지 같이 나타내야 한다.

2. 대동사

enjoyed going fishing

1) My uncle enjoys going fishing more **than** my late dad (did).
　　　　　　　　　　　　　　　　　　　　접속사　　　　　대동사(조동사)

　삼촌은 돌아가신 아버지보다 낚시를 많이 즐긴다.

– 1번 예문에서 did가 대동사이다. 문장 뒤쪽에 있는 my late dad did 부분의 원 표현은 my late dad enjoyed going fishing인데 이 표현 중에서 enjoyed going fishing 부분이 앞 절(My uncle enjoys going fishing)에 있는 enjoys going fishing 부분과 중복이 되는 까닭에 대동사로 나타낸 것이다. 대동사는 조동사를 사용해야 하기 때문에 일반동사인 enjoy는 그대로 사용하지 못하고 외부에서 do동사를 끌어와서 enjoyed(과거시제)와 같이 시제일치(did/과거)를 시켰다.

※ 대동사를 써서 나타낼 때 강조를 위해서 주어와 조동사의 도치(~than did my late dad)를 할 수도 있다('비교급 표현(than)과 접속사 as(~처럼)를 쓰는 문장에서의 도치' 참조).

could run fast

2) He can still run as fast **as**　he　(could)　when he was young.
　　　　　　　　　　　　　　접속사　주어　대동사(조동사)

　그는 젊었을 때만큼 여전히 빨리 달릴 수 있다.

– 2번 예문에서 could가 대동사이다. 문장 뒤쪽에 있는 he could when he was young의 원 표현은 he could run fast when he was young이 되는데 이 표현 중에서 could run fast 부분이 앞 절(He can run fast)에 있는 can run fast와 중복이 되는 까닭에 대동사로 나타낸 것이다. 대동사는 조동사를 사용해야 하기 때문에 could까지만 써서 나타냈다.

3) He is still ill in bed as he used to (be.) *be ill in bed*
대동사(조동사)

그는 예전처럼 여전히 아파 누워 있다.

– 3번 예문에서 be가 대동사이다. 문장 뒤쪽에 있는 he used to be의 원 표현은 he used to be ill in bed가 되는데 이 표현 중에서 be ill in bed 부분이 앞 절(He is still ill in bed)에 있는 is ill in bed와 중복이 되는 까닭에 대동사로 나타낸 것이다. 대동사는 **조동사를 사용해야 하기 때문에 be 동사까지만 써서 나타냈다**(be동사는 조동사의 기능을 가지고 있다. '조동사와 일반동사의 역할을 겸하는 have/be' 참조).

4) They should have met her yesterday. But they **did not.** *didn't meet her yesterday*
대동사(조동사)

그들은 어제 그녀를 만났어야 했는데 그러지 못했다.

– 4번 예문에서 did가 대동사이다. 뒤 문장에 있는 But they did(대동사) not의 원 표현은 But they did(조동사) not meet her yesterday가 되는데 이 표현 중에서 meet her yesterday 부분이 앞문장(They should have met her yesterday)에 있는 met her yesterday와 중복이 되는 까닭에 대동사로 나타낸 것이다. 대동사는 조동사를 사용해야 하기 때문에 일반동사인 met는 그대로 사용되지 못하고 외부에서 do동사를 끌어와서 met(과거시제)와 같이 시제일치(did/과거)를 시켰다.

5) She has not watched the movie, nor **have** I.
대동사(조동사)

(= She has not watched the movie, and neither **have** I.)
대동사(조동사)

그녀는 그 영화를 보지 않았고 나 또한 마찬가지다.

– 5번 예문에서 have가 대동사이다(영문법에서 부정어(nor, neither)가 문두에 올 때는 조동사를 이용한 주어와 동사의 도치가 이루어져야 한다→'문두에 부정어가 올 때의 도치' 참조). 뒤 절에 있는 nor have I(=and neither have I)의 원 표현은 I have not watched the movie, either가 되는데 이 표현 중에서 have not watched the movie 부분이 앞 절(She has not watched the movie)에 있는 has not watched the movie와 중복이 되는 까닭에 대동사인 have로 나타낸 것이다. 대동사는 조동사를 사용해야 하기 때문에 완료조동사인 have까지만 써서 나타냈다.

6) Did you meet David at the conference? / 회의에서 데이비드를 만났습니까?

   - Yes, I **did**. / 예 그렇습니다.
        <u>대동사(조동사)</u>

  (= Yes, I met David at the conference.)

7-1) He caught the flu, **did** not he?
                   <u>대동사(조동사)</u>

  그가 독감에 걸렸어요. 그렇죠?

7-2) He is sick because of the flu, **is** not he?
                       <u>대동사(조동사)</u>

  그가 독감에 걸려서 아파요. 그렇죠?

8) I like the movie. / 나는 그 영화를 좋아합니다.

   - So **do** I. / 나도 마찬가지 입니다.
      <u>대동사(조동사)</u>

  (= I like the movie, too.)

3. so+조동사+주어 와 so+주어+조동사의 표현

So+조동사+주어는 '~도 또한 마찬가지다(=too, also)'의 의미이며, So+주어+조동사는 '그 말이 맞아(=yes)'라는 의미이다. 이 표현에서 조동사는 대동사이다.

1) He runs fast. / 그는 빨리 달린다.

So   <u>do</u>   I.(=I run fast, **too.**) / 나도 마찬가지다.
     조동사(대동사)   **주어**

2) He can eat up to 3 apples at a time.

  그는 한번에 3개의 사과를 먹을 수 있다.

So   <u>can</u>   I.(=I can **also** eat up to 3 apples at a time.)
     조동사(대동사)   **주어**
  나도 마찬가지다.

3) You love her very much. / 당신은 그녀를 무척 사랑하는 군요.

So I   **do.**(= Yes, I love her very much) / 예 그렇습니다.
     주어   **조동사(대동사)**

4) He is such a humble person.

(그는 겸손한 사람이다.)

So he   is.(**Yes**, he is such a humble person.)
   주어   조동사(대동사)

(예 그렇습니다.)

4. not either/neither의 구분과 neither/nor의 공통점과 차이점

■ not either와 neither의 구분

1) I like eating soup, too. / 나는 수프 또한 잘 먹는다.
   긍정문

2) I **don't** like eating soup, **either**. / 나는 수프도 잘 안 먹는다.
       부정문

– 1번 긍정문의 부정문에 해당하는 표현이 2번 예문이 된다. 긍정문에서 부사 too로 나타낸 것처럼, 부정문(not)에서 either로 나타낸다.

3) I like eating soup. / 나는 수프를 잘 먹는다.

4) So do I. (= I like eating soup, too.) / 나도 마찬가지다.
   긍정문에 대한 맞장구

5) I don't like eating soup. / 나는 수프를 잘 안 먹는다.

6) **Neither** do I. (= I don't like eating soup, either.) / 나도 마찬가지다.
   부정문에 대한 맞장구

– 긍정문인 3번 예문을 맞장구쳐서 표현할 때 4번 예문이 되는 것처럼 부정문인 5번 예문을 맞장구쳐서 표현할 때 6번 예문이 된다.

※위 2, 6번 예문에서 보듯이 not+either는 neither와 같은 표현이다. 차이점은 not either를 쓸 때 either는 긍정문에서의 부사 too처럼 문미에 와야 하며 neither는 문두에 위치해서 부정어도치(부정어+조동사+주어)를 만들어낸다는 점이다('문두에 부정어가 올 때의 도치' 참조).

■ neither와 nor의 공통점과 차이점

7) He doesn't eat onions, **and** **neither** **do** **I.**
　　　　　　　　　　　접속사　　　　　　조동사 주어

그는 양파를 먹지 않는다, 나도 마찬가지다.

(= He doesn't eat onions, and I don't eat onions, either.)

8) You don't like to sing, **nor** **do** **I.**
　　　　　　　　　　접속사 포함　조동사 주어

노래 부르는 것을 좋아하지 않는군요, 저도 마찬가지입니다.

(= You don't like to sing, and I don't like to sing, either.)

9) You haven't seen a tiger, **nor** **have** **I.**
　　　　　　　　　　　접속사 포함　조동사 주어

호랑이를 본 적이 없으시군요, 저도 마찬가지입니다.

(= You haven't seen a tiger, and I haven't seen a tiger, either.)

– 위 7번 예문에서 보듯이 neither를 쓰는 경우에는 접속사(and)를 따로 붙여 쓰지만 8, 9번 예문에서 보듯이 nor는 접속기능이 있기 때문에 접속사를 따로 쓰지 않는다(일반적으로는 이렇게 쓰이지만 사전적으로는 neither, nor 둘 다 접속사이다). 공통점은 둘 다 부정어인 까닭에 문두에 위치했을 때 부정어 도치(부정어+조동사+주어)가 일어난다는 점이다('문두에 부정어가 올 때의 도치' 참조/'대동사' 5번 참조).

제8장 의문사

1. 의문부사 How의 대표적 2가지 용법

■ 단독으로 쓰이면서 '방법(어떻게)'을 의미할 때

1) **How** did you get your job done? / 어떻게 일을 끝냈니?
   방법, 수단(어떻게/in what way)

2) **How** can I get to the post office? / 어떻게 우체국에 갈 수 있습니까?
   어떻게

■ 뒤에 오는 형용사나 부사를 수식하면서 '정도(얼마나)'를 의미할 때

의문부사 how가 접속하는 절에서 형용사나 부사는 how와 붙어서 표현돼야 한다.

3) **How**   **old** is your car? / 네 차가 얼마나 낡았니?
   정도(얼마나/to what amount) 형용사

4) **How** **fast** does your car run? / 네 차가 얼마나 빨리 달리니?
   얼마나 부사

5) He is **rich**.
   ⇒ I don't know **how** **rich** he is. / 그가 얼마나 부자인지 나는 모른다.
              얼마나 형용사

– 5번 예문의 he is rich가 의문부사 how와 접속되는 경우에 형용사인 rich가 how와 붙어서 표현되고 있다.

6) He works **hard.**

⇒ I know **how** **hard** he works.
　　　　　얼마나　　부사

그가 얼마나 열심히 일하는지 나는 안다.

– 6번 예문의 He works hard가 의문부사 how와 접속되는 경우에 부사인 hard가 how와 붙어서 표현되고 있다.

7) She has **much money.**

⇒ I don't know **how** **much money** she has.
　　　　　　얼마나　　형용사+명사

나는 그녀가 얼마나 많은 돈을 가졌는지 모른다.

– 7번 예문의 She has much money가 의문부사 how와 접속되는 경우에 형용사+명사인 much money가 how와 붙어서 표현되고 있다. 이처럼 형용사나 부사가 단독으로 쓰이지 않고 어구를 형성할 경우에는 그 어구 전체가 how 뒤에 붙어야 한다.

※ He can run **much faster** than I. / 그는 나보다 더 빨리 달릴 수 있다.

⇒ →I don't know **how** **much faster** he can run than I.
　　　　　　얼마나　　부사 +부사

그가 나보다 얼마나 더 빨리 달릴 수 있는지 나는 모른다.

2. 전치사의 목적어로서의 의문사＋to부정사구

영문법에서 전치사의 목적어로는 의문사(who(m), what(which), how, when, where)를 포함한 'to부정사구'의 형태가 올 수 있다. 그러나 의문사가 없는 to부정사구는 전치사의 목적어로서 사용이 불가능하다.

1) I am concerned **about**   **how to play** the **violin.** (○)
         전치사   의문사가 접속하는 명사구

(= I am concerned **about** how I should play the violin. (○))

나는 바이올린을 어떻게 연주해야 할지 걱정이다.

2) I am concerned **about**   **to play** the violin. (×)
         전치사   의문사 없이는 사용 불가능

3) He is interested **in**   **where to go** fishing. (○)
         전치사   의문사가 접속하는 명사구

(=He is interested in where he should go fishing. (○))

그는 어디로 낚시를 가야 할지에 관심이 있다.

4) He is interested **in**   **to go** fishing. (×)
        전치사 의문사 없이는 사용 불가능

※ 5) I **know** **how to cook** a steak. (○)
       타동사   의문사가 접속하는 명사구

나는 스테이크를 요리하는 법을 안다.

6) I **want**   **to cook** a steak. (○)
    타동사   의문사 없이도 사용 가능

나는 스테이크를 요리하고 싶다.

– 5, 6번 예문에서 보듯이 타동사의 목적어로서는 의문사를 포함한 to부정사구의 형태와 의문사가 없는 to부정사구의 형태 둘 다 가능하다.

3. 의문사화하여 문두에 올 수 없는 4형식 구문에서의 간접목적어

1) I gave her $100. / 나는 그녀에게 100달러를 주었다.
      4형식동사   **간접목적어**

1-1) I gave $100 to her. / 3형식

2) He bought her a nice watch. / 그는 그녀에게 좋은 시계를 사 주었다.
        4형식동사   **간접목적어**   **직접목적어**

2-1) He bought a nice watch for her. / 3형식

– 위 1, 2번 두 예문은 4형식 동사(give,buy)를 이용해서 표현했는데 흔히 우리가 알고 있는 타동사
  +간접목적어(제1 목적어)+직접목적어(제2 목적어)의 형태이다. 1-1, 2-1번 예문은 이러한 4형식
  예문을 다시 3형식 예문으로 변환한 유형이다. 그런데 여기서 1번과 2번 예문의 목적어(her) 자리
  에 의문대명사 목적격인 whom을 대입하게 되면 다음과 같은 예문이 된다.

3) I gave **whom** $100.

4) He bought **whom** a nice watch.

– 이제 위 두 예문 모두 의문사(who(m))가 발생했으므로 의문문으로 다시 바꿔보겠다.

3-1) Who did I give $100?

4-1) Who did he buy a nice watch?

– 목적격 의문사인 whom이 문두로 나올 때는 who로 표현한다. 그러나 위 두 예문은 어법적으로 틀
  린 표현들이다. 위 예문들처럼 의문대명사(who)를 문두에 둔 채로 4형식 문형을 쓸 수는 없다. 따
  라서 이 두 예문을 3형식으로 변환한 상태에서 의문사를 사용해야 한다.

3-2) I gave $100 **to whom** / 3형식
     → Who did I give $100 to? 혹은 To whom did I give $100?
     내가 누구에게 100달러를 주었나?

4-2) He bought a nice watch **for whom** / 3형식
     → Who did he buy a nice watch for? 혹은 For whom did he buy a nice watch?
     그가 누구를 위해 좋은 시계를 구매했나?

4. 종속(종위)접속사, 관계부사, 의문부사의 when, where

1) I will be back **when** I am ready. (종속(종위)접속사)
　　완전한 구조　　　　　　　　완전한 구조
　　내가 준비되면 돌아오겠다.

2) I know the day **when** he came to my place. (관계부사)
　　　완전한 구조　　　　　　　　완전한 구조
　　나는 그가 내 집으로 왔던 날을 알고 있다.

3) I know　　**when** he will be back. (의문부사)
　　불완전한 구조　　　　완전한 구조
　　나는 언제 그가 돌아올지를 안다.

－ 위 1번과 2번 예문의 공통점은 문장 속의 주절과 종속절 각각 접속사 when을 제외하면 완전한 구조라는 점이다. 이 둘을 구분하는 방법은 2번 예문에서 보듯이 선행사(the day)의 유무와 그 선행사(the day)가 종속절의 접속사(when)와 의미론적으로 관련(때, 시간)이 있느냐는 점이다. 1번 예문은 선행사(명사)가 접속사 when 앞에 없으므로 흔히 '～할 때'라고 해석하는 종속(종위)접속사가된다. 2번 예문은 선행사인 the day(그날)와 접속사인 when(때)이 의미론적으로 관련(시간, 때)이있으므로 when은 자동으로 관계부사가 되며 우리말로 해석할 때 따로 의미가 발생하지 않는다. 3번 예문은 주절(I know)의 타동사인 know가 뒤쪽 종속절인 when절 전체(when he will be back)를 목적어로 취하는 경우이다. 흔히 '언제'라고 해석을 한다.

4) I take a picture **where** there is a good view. (종속(종위)접속사)
　　나는 좋은 풍경이 있는 곳에서 사진을 찍는다.

5) I know the place **where** there is a good view. (관계부사)
　　나는 좋은 풍경이 있는 장소를 안다.

6) I know **where** there is a good view. (의문부사)
　　나는 어디에 좋은 풍경이 있는지를 안다.

제9장 **시제**

1. 가정절과 조건절의 차이

> **1)** If he **speaks** Korean well, I **will hire** him.
> 그가 한국어를 잘한다면 그를 채용하겠다.

- 위 예문은 조건절(If he speaks Korean well)을 나타내고 있다. 다시 말해서 아직 일어나지 않은 미래의 일을 가정해서 언급한 것이다. 직설법을 포함해서 다시 써보면 I don't know whether he will speak Korean well or not. But if he does, I will hire him(나는 그가 한국어를 잘하는지 아닌지 모른다. 그러나 한국어를 잘한다면 그를 채용하겠다)이 된다. → '때(when/until/before/as soon as/while/after)와 조건(if/as long as/as far as)을 나타내는 부사절에서의 시제표현' 참조

> **2)** If he **spoke** Korean well, I **would hire** him.
> 그가 한국어를 잘한다면 그를 채용할 텐데.

- 위 예문은 가정절(If he spoke Korean well)을 나타내고 있다. 다시 말해서 이미 존재하는 현재의 사실을 반대로 가정해서 언급한 것이다. 직설법을 포함해서 다시 써보면 As he doesn't speak Korean well, I don't hire him(그가 한국어를 잘 못하기 때문에 나는 그를 채용하지 않는다)이 된다('직설표현의 가정법 전환방법' 참조).

> **3)** If it **rains** tomorrow, I **will put off** my start.
> 내일 비가 온다면 나는 출발을 연기할 것이다.

- 위 예문은 조건절(If it rains tomorrow)을 나타내고 있다. 다시 말해서 아직 일어나지 않은 미래의 일을 가정해서 언급한 것이다. 직설법을 포함해서 다시 써보면 I don't know whether it will rain or not tomorrow, but if it does, I will put off my start(내일 비가 올지 안 올지 모른다, 그러나 내일 비가 온다면 나는 출발을 연기할 것이다)가 된다.

> **4) If it rained today, we wouldn't go out for field-study.**
> (오늘 비가 온다면 우리는 현장학습을 나가지 않을 텐데.)

– 위 예문은 **가정절**(If it rained today)을 나타내고 있다. 다시 말해서 이미 존재하는 현재의 사실을 반대로 가정해서 언급한 것이다. 직설법을 포함해서 다시 써보면 As it doesn't rain today, we go out for field-study(오늘 비가 오지 않아서 우리는 현장학습을 나간다)가 된다.

2. remember, regret, forget+~ing/to~의 시제표현

구분	준동사의 표현	
remember regret + forget	~ing/(과거)①③⑤	to 부정사/(미래)②④⑥

기억하다(remember), 유감으로 생각하다(regret), 잊다(forget)의 동사는 과거시제를 나타낼 때는 동명사(~ing)를 써서 표현하고 미래시제를 나타낼 때는 부정사(to+V)를 써서 표현한다. 미래시제를 나타낼 때 부정사를 사용하는 것은 여타 동사들과 별 차이가 없어 보이나 과거시제를 나타낼 때 완료시제(have+p.p)를 쓰지 않고 동명사(~ing)를 쓴다는 점이 다른 동사들과의 차이점이다.

> 1) I remember **going** to the movie with her yesterday.
>   과거(= went)
>
>   = I remember that I **went** to the movie with her yesterday.
>   어제 그녀와 함께 영화관에 갔던 일을 기억한다.
>
> 2) I remember **to go** to the movie with her later.
>   미래(= should go)
>
>   =I remember that I **should go** to the movie with her later.
>   나중에 그녀와 함께 영화관에 가야 할 일을 기억하고 있다.

3) I regret **going** to the movie with her yesterday.
　　　과거(= went)

=I regret that I went to the movie with her yesterday.
어제 그녀와 함께 영화관에 갔던 일을 유감으로 생각한다.

4) I regret **to go** to the movie with her later.
　　　미래(= should go)

= I regret that I should go to the movie with her later.
나중에 그녀와 함께 영화관에 가야 할 일을 유감으로 생각한다.

5) I forget **going** to the movie with her yesterday.
　　　과거(= went)

= I forget that I went to the movie with her yesterday.
어제 그녀와 함께 영화관에 갔던 사실을 잊고 있다.

6) I forget **to go** to the movie with her later
　　　미래(= should go)

= I forget that I should go to the movie with her later.
나중에 그녀와 함께 영화관에 가야 할 사실을 잊고 있다.

※forget, remember가 명령문의 형태를 취할 때는 to부정사의 형태가 온다(명령문은 미래에 행해져야 할 사실을 언급하는 것이기 때문임).

- Don't forget to mail this letter. / 이 편지를 꼭 부치세요.

- Always remember to visit your uncle. / 삼촌 댁을 방문해야 하는 것을 항상 기억해라.

※7-1) He denies **having met** her yesterday. (○)
　　　　과거(= met)

(= He denies that he met her yesterday.)
그는 어제 그녀를 만난 사실을 부인한다.

7-2) He denies meeting her yesterday. (×)

- 위 7-1번 예문을 보면 주부의 동사 시제가 현재(denies)일 때 준동사 부분에서 과거시제(met)를 표현하기 위해서 완료시제(having met)를 사용하고 있다. 이 점이 remember, regret, forget 동사들이 과거시제를 표현할 때 다른 동사들과의 차별성이 부각되는 부분이다.

3. 준동사의 시제/준동사의 완료시제 표현

준동사는 일반적으로 to부정사, 동명사, 분사를 가리킨다. 이 준동사의 시제는 항상 주부의 시제와 비교해서 판단을 해야 한다.

※ 대과거(had p.p)〈과거(~ed)〈현재(-s)

위와 같은 시간의 흐름상으로 시제를 나열했을 때 현재시제에서 과거 쪽으로 한 시제 앞서면 과거시제가 되고, 과거시제에서 과거 쪽으로 한 시제 앞서면 대과거가 된다는 사실을 숙지하고 준동사를 이해할 필요가 있다(현재완료는 제외하고 이해하는 게 편함).

주부의 시제예시	준동사의 표현예시	절로 복원 후의 시제 예시	예문
현재(seems)	to study(부정사)	studies(현재)	부정사 ①
	studying(분사, 동명사)		• 분사 ⑤ • 동명사 ⑨
	to have studied(완료부정사)	studied(과거)	부정사 ②
	having studied(완료 분사, 완료 동명사)		• 분사 ⑥ • 동명사 ⑩
과거(seemed)	to study(부정사)	studied(과거)	부정사 ③
	studying(분시, 동명사)		• 분사 ⑦ • 동명사 ⑪
	to have studied(완료부정사)	had studied(대과거)	부정사 ④
	having studied(완료 분사, 완료 동명사)		• 분사 ⑧ • 동명사 ⑫

※준동사가 완료시제(have p.p)이지만 절로 복원했을 때도 완료시제(have p.p)인 경우는 아래 2-1 번 참조.

■ 부정사의 시제/부정사의 완료시제 표현

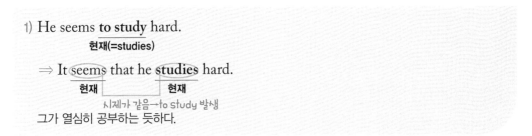

1) He seems **to study** hard.
   현재(=studies)

   ⇒ It seems that he **studies** hard.
   현재   현재
   시제가 같음→to study 발생

   그가 열심히 공부하는 듯하다.

– 1번 예문에서 주부의 시제가 현재(seems)이기 때문에 to study는 주부의 시제와 같은 현재(stud-ies)를 의미한다('it seems that~의 단문 전환' 참조).

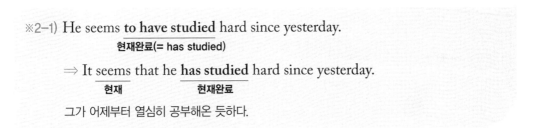

2) He seems **to have studied** hard yesterday.
   과거(= studied)

   ⇒ It seems that he **studied** hard yesterday.
   현재   과거
   시제가 다름→to have studied 발생

   그가 어제 열심히 공부했던 듯하다.

– 2번 예문에서 주부의 시제가 현재(seems)이기 때문에 to have studied는 주부의 시제보다 한 시제 과거 쪽으로 앞선 과거(studied)를 의미한다.

※2-1) He seems **to have studied** hard since yesterday.
   현재완료(= has studied)

   ⇒ It seems that he **has studied** hard since yesterday.
   현재   현재완료

   그가 어제부터 열심히 공부해온 듯하다.

– 위 2-1번 예문처럼 준동사 부분에서 완료시제(to have studied)로 표현되었지만 실제로 절로 복원(that he has studied hard)을 했을 때도 완료시제(has studied)인 경우가 있다(주부의 동사가 현재시제(seems)이고 준동사가 완료형(to have studied)인 경우임). 이 경우는 문장이나 절 속에 있는 시간부사를 보고 판단을 하는 수밖에 없다. 2-1번 뒤쪽에 현재완료시제에 어울리는 since yesterday(어제부터 계속)라는 부사구가 있다. 따라서 to have studied는 '과거시제'가 아니고 이 부사구에 어울리는 '현재완료시제'라고 판단을 하는 것이다.

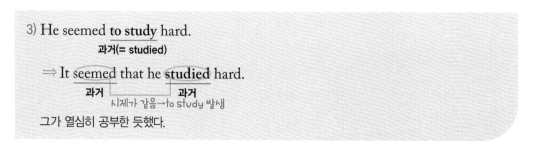

3) He seemed **to study** hard.
　　　　과거(= studied)

⇒ It seemed that he **studied** hard.
　　과거　　　　　　　　　과거
　　　　　시제가 같음→to study 발생
그가 열심히 공부한 듯했다.

- 3번 예문에서 주부의 시제가 과거(seemed)이기 때문에 to study는 주부의 시제와 같은 과거 (studied)를 의미한다.

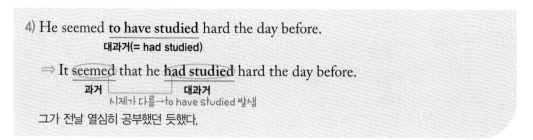

4) He seemed **to have studied** hard the day before.
　　　　대과거(= had studied)

⇒ It seemed that he **had studied** hard the day before.
　　과거　　　　　　　　　대과거
　　　　시제가 다름→to have studied 발생
그가 전날 열심히 공부했던 듯했다.

- 4번 예문에서 주부의 시제가 과거(seemed)이기 때문에 to have studied는 주부의 시제보다 한 시제 과거 쪽으로 앞선 대과거(had studied)를 의미한다.

■ 분사의 시제/분사의 완료시제 표현

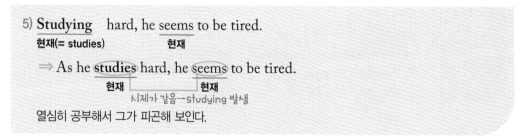

5) **Studying** hard, he seems to be tired.
　현재(= studies)　　　　　현재

⇒ As he **studies** hard, he seems to be tired.
　　　현재　　　　　　　현재
　　　　시제가 같음→studying 발생
열심히 공부해서 그가 피곤해 보인다.

- 5번 예문에서 주부의 시제가 현재(seems)이기 때문에 studying은 주부의 시제와 같은 현재(studies)를 의미한다.

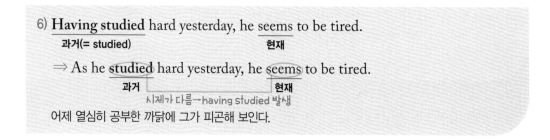

6) **Having studied** hard yesterday, he seems to be tired.
　　과거(= studied)　　　　　　　　　현재

⇒ As he **studied** hard yesterday, he seems to be tired.
　　　과거　　　　　　　　　　현재
　　　시제가 다름→having studied 발생
어제 열심히 공부한 까닭에 그가 피곤해 보인다.

- 6번 예문에서 주부의 시제가 현재(seems)이기 때문에 having studied는 주부의 시제보다 한 시제 과거 쪽으로 앞선 과거(studied)를 의미한다.

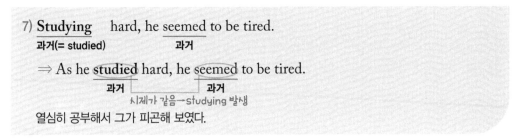

※6-1) **Having studied** hard since yesterday, he <u>seems</u> to be tired.
　　　현재완료(= has studied)　　　　　　　　　　　　현재

　⇒ As he **has studied** hard since yesterday, he <u>seems</u> to be tired.
　　　　현재완료　　　　　　　　　　　　　　　현재

어제부터 열심히 공부를 해왔기 때문에 그가 피곤해 보인다.

- 위 6-1번 예문처럼 준동사 부분에서 완료시제(having studied)로 표현되었지만 실제로 절로 복원 (as he has studied hard)했을 때도 완료시제(has studied)인 경우가 있다(주부의 동사가 현재시 제(seems)이고 준동사가 완료형(having studied)인 경우임). 이 경우는 문장이나 절 속에 있는 시 간부사를 보고 판단을 하는 수밖에 없다. 6-1번 뒤쪽에 현재완료시제에 어울리는 since yester-day(어제부터 계속)라는 부사구가 있다. 따라서 having studied는 '과거시제'가 아니고 이 부사구 에 어울리는 '현재완료시제'라고 판단을 하는 것이다.

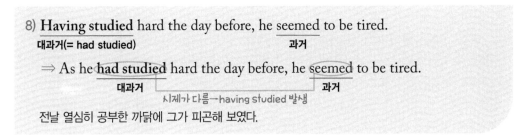

7) **Studying**　　hard, he <u>seemed</u> to be tired.
　　과거(= studied)　　　　　　과거

　⇒ As he **studied** hard, he <u>seemed</u> to be tired.
　　　　과거　┗━━━━━━┛　과거
　　　　　시제가 같음→studying 발생

열심히 공부해서 그가 피곤해 보였다.

- 7번 예문에서 주부의 시제가 과거(seemed)이기 때문에 studying은 주부의 시제와 같은 과거 (studied)를 의미한다.

8) **Having studied** hard the day before, he <u>seemed</u> to be tired.
　　대과거(= had studied)　　　　　　　　　　　과거

　⇒ As he **had studied** hard the day before, he <u>seemed</u> to be tired.
　　　　대과거　┗━━━━━━━━━━┛　과거
　　　　　시제가 다름→having studied 발생

전날 열심히 공부한 까닭에 그가 피곤해 보였다.

- 8번 예문에서 주부의 시제가 과거(seemed)이기 때문에 having studied는 주부의 시제보다 한 시 제 과거 쪽으로 앞선 대과거(had studied)를 의미한다.

■ 동명사의 시제/동명사의 완료시제 표현

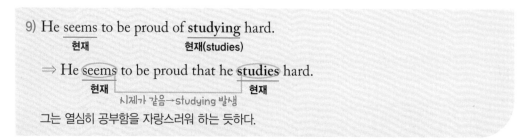

9) He seems to be proud of **studying** hard.
　　　현재　　　　　　　　　　　현재(studies)

⇒ He seems to be proud that he studies hard.
　　　현재　　　　　　　　　　　현재
　　　　　시제가 같음→studying 발생

그는 열심히 공부함을 자랑스러워 하는 듯하다.

– 9번 예문에서 주부의 시제가 현재(seems)이기 때문에 studying은 주부의 시제와 같은 현재(stud-ies)를 의미한다.

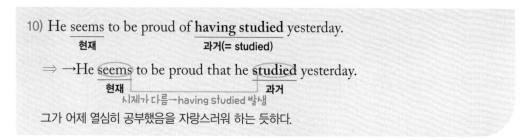

10) He seems to be proud of **having studied** yesterday.
　　　현재　　　　　　　　　　　과거(= studied)

⇒ →He seems to be proud that he studied yesterday.
　　　현재　　　　　　　　　　　과거
　　　　　시제가 다름→having studied 발생

그가 어제 열심히 공부했음을 자랑스러워 하는 듯하다.

– 10번 예문에서 주부의 시제가 현재(seems)이기 때문에 having studied는 주부의 시제보다 한 시제 과거 쪽으로 앞선 과거(studied)를 의미한다.

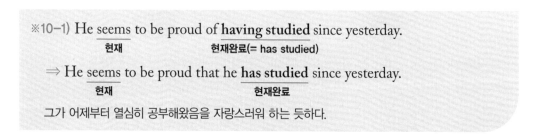

※10-1) He seems to be proud of **having studied** since yesterday.
　　　　현재　　　　　　　　　　　현재완료(= has studied)

⇒ He seems to be proud that he **has studied** since yesterday.
　　　현재　　　　　　　　　　　현재완료

그가 어제부터 열심히 공부해왔음을 자랑스러워 하는 듯하다.

– 위 10-1번 예문처럼 준동사 부분에서 완료시제(having studied)로 표현되었지만 실제로 절로 복원(that he has studied since yesterday)을 했을 때도 완료시제(has studied)인 경우가 있다(주부의 동사가 현재시제(seems)이고 준동사가 완료형(having studied)인 경우임). 이 경우는 문장이나 절 속에 있는 시간부사를 보고 판단을 하는 수밖에 없다. 10-1번 뒤쪽에 현재완료시제에 어울리는 since yesterday(어제부터)라는 부사구가 있다. 따라서 having studied는 '과거시제'가 아니고 이 부사구에 어울리는 '현재완료시제'라고 판단을 하는 것이다.

11) He <u>seemed</u> to be proud of **studying** hard.
　　　 과거　　　　　　　　　　　 과거(= studied)

⇒ He <u>seemed</u> to be proud that he **studied** hard.
　　　 과거　　 *시제가 같음→studying 발생*　　 과거

그가 열심히 공부함을 자랑스러워 하는 듯했다.

‒ 11번 예문에서 주부의 시제가 과거(seemed)이기 때문에 studying은 주부의 시제와 같은 과거(studied)를 의미한다.

12) He <u>seemed</u> to be proud of **having studied** hard the day before.
　　　 과거　　　　　　　　　　　 대과거(= had studied)

⇒ He <u>seemed</u> to be proud that he **had studied** hard the day before.
　　　 과거　　 *시제가 다름→having studied 발생*　　 대과거

그가 전날 열심히 공부했음을 자랑스러워 하는 듯했다.

‒ 12번 예문에서 주부의 시제가 과거(seemed)이기 때문에 having studied는 주부의 시제보다 한 시제 과거 쪽으로 앞선 대과거(had studied)를 의미한다.

※ 아래쪽 예문들은 종속절(that절/which절)의 시제가 주절(we expect/I am sure/we are considering~)의 시제보다 과거 쪽이 아닌, 미래 쪽으로 앞선 시제라서 이 경우의 준동사는 to부정사나 동명사(~ing)로 나타내야 한다.

① We <u>expect</u> that he **will come** here earlier.
　　　 현재　　　　　　　　 미래

⇒ We <u>expect</u> him **to come** here earlier.
　　　 현재　　　　 미래(부정사)

우리는 그가 여기에 일찍 올 거라고 예상한다. ('that절을 목적어로 가진 3형식 문장의 5형식 전환' 참조)

② I am <u>sure</u> that he **will go** travelling abroad.
　　 현재　　　　　　　　 미래

⇒ I am <u>sure</u> **of** his **going** travelling abroad.
　　 현재　　　　　 미래(동명사)

나는 그가 해외여행을 갈 거라고 확신한다.

③ We are <u>considering</u> attending the art convention which **will be** held next week.
　　　 현재　　　　　　　　　　　　　　　　　　　　　　　　　 미래

⇒ We are <u>considering</u> attending the art convention **to be** held next week.
　　　 현재　　　　　　　　　　　　　　　　　　　　　 미래(부정사)

우리는 다음 주에 열릴 예술회의에 참여할 것을 고려 중이다.

4. 주절의 시제와 종속절의 시제 비교

대과거 (had p.p)	과거(~ed)	현재완료 (have p.p)	현재(-s)	미래(will)	비고
			종속절, 주절		①
	종속절, 주절				②
	종속절	주절			③
	종속절		주절		④
종속절	주절				⑤
주절	종속절				⑥
			주절	종속절	⑦

■ 주절의 시제와 종속절의 시제가 같은 경우

> 1) I think that she is a liar.
>   주절-현재   종속절-현재
>   나는 그녀가 거짓말쟁이라고 생각한다.

– 1번 예문에서는 주절의 시제(think/현재)와 종속절의 시제(is/현재)가 같다.

> 2) I thought that she was a liar.
>   주절-과거   종속절-과거
>   나는 그녀가 거짓말쟁이라고 생각했다.

– 2번 예문에서는 주절의 시제(thought/과거)와 종속절의 시제(was/과거)가 같다.

■ 주절의 시제보다 종속절의 시제가 한 시제 과거 쪽으로 앞선 경우

> 3) I have been sick since I caught a cold yesterday.
>   주절-현재완료   종속절-과거
>   나는 어제 감기에 걸린 후로 아프다.

− 3번 예문에서는 주절의 시제(have been/현재완료)보다 종속절의 시제(caught/과거)가 한 시제 과거 쪽으로 앞선다.

4) He wonders why she was absent from the yesterday's meeting.
   주절−현재   종속절−과거
   그는 왜 그녀가 어제 회의에 불참했는지 궁금하다.

− 4번 예문에서는 주절의 시제(wonders/현재)보다 종속절의 시제(was/과거)가 한 시제 과거 쪽으로 앞선다.

5) He thought that she had been busy all day long the previous day.
   주절−과거   종속절−대과거
   그는 그녀가 전날 하루종일 바빴다고 생각했다.

− 5번 예문에서는 주절의 시제(thought/과거)보다 종속절의 시제(had been/대과거)가 한 시제 과거 쪽으로 앞선다.

■ 주절의 시제가 종속절의 시제보다 한 시제 과거 쪽으로 앞선 경우

6) We had worked hard before they arrived.
   주절−대과거   종속절−과거
   우리는 그들이 도착하기 전에 열심히 일했다.

− 1~5번 예문과는 반대로 위 6번 예문을 보면 주절의 시제(had worked/대과거)가 종속절의 시제(arrived/과거)보다 한 시제 과거 쪽으로 앞선다.

7) I think that he will arrive here soon.
   주절−현재   종속절−미래
   나는 그가 여기에 곧 도착할 거라고 생각한다.

− 위 7번 예문에서도 1~5번 예문과는 반대로 주절의 시제(think/현재)가 종속절의 시제(will arrive/미래)보다 한 시제 과거 쪽으로 앞선다.

5. 직설표현의 가정법 전환방법

1) 가정절에는 if를 넣는다.

2) 가정절, 귀결절 모두 시제를 과거 쪽으로 한 단계 올린다.

 ※ 대과거(had p.p) < 과거(~ed) < 현재(~s)

– 현재시제에서 과거 쪽으로 한 단계 올리면 과거시제가 되고, 과거시제에서 더 과거 쪽으로 한 단계 올리면 대과거가 된다.

3) 가정절, 귀결절 각각 not이 있으면 빼고 없으면 넣는다.

4) 귀결절에는 반드시 조동사의 과거형(would, could, might 등)이 들어가야 한다(조동사가 없으면 would를 넣어야 귀결절이 완성된다).

위에 나열된 가정법 전환 논리를 적용해서 'I am not healthy, so I can't walk long'이라는 예문을 가정법 문장으로 전환을 해보자(예문이 '직설현재' 표현이기 때문에 가정법표현은 한 시제 과거 쪽으로 앞선 '가정법과거' 표현이 나와야 정상이다).

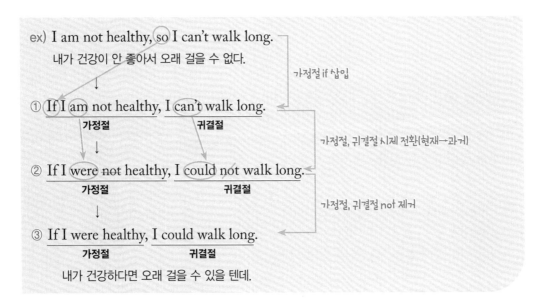

1) 주어진 예문에 if를 넣게 되면 ①If I am not healthy, I can't walk long이 된다. 주어진 예문에 있던 접속사 so는 가정법으로 바뀌면서 if로 대체되었다.
2) ①번 예문에서 가정절의 동사(am/현재)의 시제를 과거 쪽으로 한 단계 올리면 were(과거)가 되고 (여기서 was로 변하지 않는 이유는 가정법과거에서의 be동사는 were만 존재하기 때문), 귀결절의

동사(can/현재)의 시제를 과거 쪽으로 한 단계 올리면 could(과거)가 된다. 그러면 ②If I were not healthy, I couldn't walk long이 된다.

3) ②번 예문의 가정절과 귀결절에서 각각 not이 있으면 빼고 없으면 넣어야 하는데 ②번 예문은 가정절, 귀결절 모두 not이 있기 때문에 각각 빼 주면 된다. 그러면 ③If I were healthy, I could walk long이 된다.

4) 귀결절에는 조동사가 반드시 들어가야 하는데 ③번 예문은 귀결절에 조동사(could)가 이미 들어있기 때문에 추가로 삽입할 이유는 없다. 따라서 ③번 예문에서 '가정법과거' 표현이 완성된다.

– 다시 한번 'He was kind, so everyone liked him'이라는 예문을 가정법 문장으로 전환을 해보자 (예문이 '직설과거' 표현이기 때문에 가정법표현은 한 시제 더 과거 쪽으로 앞선 '가정법과거완료' 표현이 나와야 정상이다).

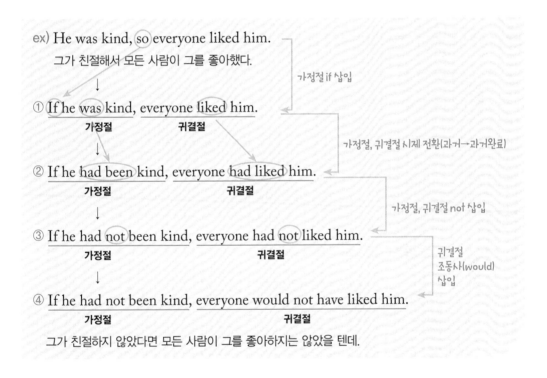

ex) He was kind, so everyone liked him.
　　그가 친절해서 모든 사람이 그를 좋아했다.

　　　　　　　　　　　　　　　　　가정절 if 삽입
① If he was kind, everyone liked him.
　　가정절　　　　**귀결절**

　　　　　　　　　　　가정절, 귀결절 시제 전환(과거→과거완료)
② If he had been kind, everyone had liked him.
　　가정절　　　　　　**귀결절**

　　　　　　　　　　　가정절, 귀결절 not 삽입
③ If he had not been kind, everyone had not liked him.
　　가정절　　　　　　　**귀결절**

　　　　　　　　　　　귀결절 조동사(would) 삽입
④ If he had not been kind, everyone would not have liked him.
　　가정절　　　　　　　　　**귀결절**
　　그가 친절하지 않았다면 모든 사람이 그를 좋아하지는 않았을 텐데.

1) 주어진 예문에 if를 넣게 되면 ① If he was kind, everyone liked him이 된다. 주어진 예문에 있던 접속사 so는 가정법으로 바뀌면서 if로 대체되었다.

2) ①번 예문에서 가정절의 동사(was/과거)의 시제를 더 과거 쪽으로 한 단계 올리면 had been(대과거)이 되고, 귀결절의 동사(liked/과거)의 시제를 더 과거 쪽으로 한 단계 올리면 had liked(대과거)가 된다. 그러면 ②If he had been kind, everyone had liked him이 된다.

3) ②번 예문의 가정절과 귀결절에서 각각 not이 있으면 빼고 없으면 넣어야 하는데 ②번 예문은 가정절, 귀결절 모두 not이 없기 때문에 각각 넣어 주면 된다. 그러면 ③If he had not been kind, everyone had not liked him이 된다

4) 귀결절에는 조동사가 반드시 들어가야 하는데 ③번 예문은 귀결절에 조동사가 없기 때문에 추가로 would를 삽입해야 한다. 그러면 If he had not been kind, everyone would not have liked him이라는 **가정법과거완료** 표현이 완성된다.

※위 4번 예문의 귀결절(everyone would not have liked him) 표현 중에 have liked의 시제는 과거완료이다. 조동사가 과거(would)시제이기 때문에 그 뒤에 오는 완료시제(have liked)의 표현은 조동사의 시제(과거)보다 한 시제 더 과거 쪽으로 앞선 과거완료가 된다('준동사의 시제/준동사의 완료시제 표현' 참조). 3번 예문의 had not liked 부분이 4번 예문으로 바뀌면서 조동사(would) 다음에 had liked라는 표현이 오지 못하고 have liked라는 표현이 오게 된 것이다.

6. 확신, 추측의 의미를 가지는 조동사의 표현과 시제

– must V/must have p.p → 강한 확신
– can't V/can't have p.p → 강한 불확신
– may V/may have p.p → 약한 추측

1) He **must**   be a thief. / 그가 도둑임이 틀림없다.
　　　현재　현재(= is)

– 현재사실에 대한 강한 확신을 나타내고 있다

2) He **must have been** a thief. / 그가 도둑이었음이 틀림없다.
　　　현재　과거(= was)

– 과거사실에 대한 강한 확신을 나타내고 있다.

3) He **can't**   be a thief. / 그가 도둑일 리가 없다.
　　　현재　현재(= is)

– 현재사실에 대한 강한 불확신을 나타내고 있다.

4) He **can't have been** a thief. / 그가 도둑이었을 리가 없다.
　　현재　　과거(= was)

– 과거사실에 대한 강한 불확신을 나타내고 있다.

5) He **may** 　　 **be** a thief. / 그가 도둑일지 모른다.
　　현재　　현재(= is)

– 현재사실에 대한 약한 추측을 나타내고 있다.

6) He **may** **have been** a thief / 그가 도둑이었을지 모른다.
　　현재　　과거(=was)

– 과거사실에 대한 약한 추측을 나타내고 있다.

※must have been/can't have been/may have been에서 'have been' 부분이 과거시제인 이유는
'준동사의 시제/준동사의 완료시제 표현' 및 '직설표현의 가정법 전환방법' 맨 뒤 참조.

※ I **should have done** my job properly. / 내가 일을 제대로 했어야 했다.
　　현재　　과거(= did)

– 과거에 하지 않았던 일에 대한 후회를 나타내고 있다.
　(= I regret that I didn't do my job properly.)

※ He **might** 　 **have lost** 　 his money. / 그가 돈을 잃어버렸을지 모른다.
　　과거　대과거(= had lost)

He could 　 have found 　 his lost money. / 그가 잃어버린 돈을 찾을 수 있었을 텐데.
　　과거 대과거(= had found)

■ may have p.p~(~했을지도 모른다)보다 더 약한 가능성을 나타낸 표현

1) Infections **might have** already **proceeded** in different places simultaneously before their visit to the clubs.
그들이 그 클럽에 방문하기 전에 감염이 여러 장소에서 동시다발적으로 **진행됐을지도 모른다.**

2) These factors **might have sent** the wrong signal not only to the operators of those facilities, but also to the public that they are now safe from the virus.
이러한 요인들은 그 시설 운영자들뿐만 아니라 대중들에게도 그들이 이제 바이러스로부터 안전하다는 잘못된 신호를 **보냈을지도 모른다.**

3) Those who visited the clubs or who **might have contacted** the visitors should refrain from going outdoors, report to health authorities and undergo testing procedures if needed.
그 클럽을 방문했거나 방문객들과 **접촉했을지도 모르는** 사람들은 외출을 자제해야 하며 보건당국에 신고를 하고, 필요한 경우 검사를 받아야 한다

– 위 1, 2, 3번 예문에 있는 might have p.p 표현들은 may have p.p~(~했을지도 모른다)보다 훨씬 더 약한 가능성을 가지고 있는 표현들이다. 물론 여기서 might have p.p는 흔히 우리가 알고 있는 가정법 과거완료는 아니다.

■ 직설과거와 가정법 과거완료의 구분

1) He **may have met** Jane yesterday.
그가 어제 제인을 만났을지도 모른다.
(= It is not sure whether he met Jane yesterday or not, but I just think so.)

2) If he had started earlier, he **might have met** Jane yesterday.
그가 좀 더 일찍 출발했더라면 그는 어제 제인을 만날 수도 있었는데.
(= He didn't start earlier, so he didn't meet Jane yesterday.)

– 위 1번은 사실관계를 모른 상태에서 과거의 사실을 막연히 추측하고 있는 내용이며, 2번 예문은 사실관계를 알고 있는 상태에서 그 반대로서 결과를 가정하고 있다. 따라서 1번 예문은 직설 과거 시제이며, 2번 예문은 가정법 과거완료이다.

■ may have p.p가 might+V와 다른 이유

may have p.p는 직설과거의 추측이며(사실관계를 모름) might+V는 가정법 과거(가정법 미래)이다(사실관계를 알고 있음). 그러나 직설현재에서 may보다 확신이 더욱 약할 때 might를 쓸 수 있기도 하다.

1) He **may have solved** the problem.
그가 그 문제를 풀었을지도 모른다.
(=It is not sure whether he solved the problem or not, but I just think so.)

2 If he had studied in advance yesterday, he **might solve** the problem now.
그가 어제 예습을 했었더라면 그는 지금 그 문제를 풀지도 모르는데.
(He didn't study in advance yesterday, so he doesn't solve the problem now.)

3) She may be a teacher. / 그녀가 선생님일지도 모른다.
4) She might be a teacher. / 그녀가 선생님일지도 모른다.

‒ 위 3,4번 예문은 우리말로 해석했을 때는 둘 다 별반 차이가 없지만 어법적으로는 3번 예문보다 4번 예문의 가능성이 훨씬 떨어지는 경우에 나타낸다.

7. 때(when/until/before/as soon as/while/after/once)와 조건(if/as long as/as far as)을 나타내는 부사절에서의 시제표현

때와 조건을 나타내는 부사절에서는 현재시제(현재완료)가 미래시제(미래완료)를 대신할 수 있다. 그러나 명사절, 형용사절에서는 이러한 적용을 받지 않는다.

1) I don't <u>know</u> <u>when he **will come** back.</u>
　　　타동사　　　　　명사절
나는 그가 언제 돌아올지 모른다.

‒ 위 1번 예문의 when절은 타동사 know의 목적어가 되는 명사절이다. 따라서 미래시제를 나타내는 will은 생략 불가능하다.

2) I don't know the day when he **will come** back.
　　　　　　　　　선행사　　　　형용사절

나는 그가 돌아오는 날을 모른다.

– 위 2번 예문의 when절은 the day를 선행사로 하고 있는 관계부사절, 즉 형용사절이다. 따라서 미래시제를 나타내는 will은 생략 불가능하다.

2-1) The time will come when you will regret your overconfidence.
　　　선행사　　　　　　　　　　　　형용사절

너의 자만을 후회하는 때가 올 것이다.

– 위 2-1번 예문의 when절은 언뜻 보면 부사절처럼 보인다. 그러나 The time when you will regret your overconfidence will come에서 the time을 선행사로 둔 형용사절(when you will regret your overconfidence)이 술부(will come)보다 길어서 외치(후치)한 경우이다. 따라서 미래시제를 나타내는 will은 생략 불가능하다.

3) I will sign this contract when he **comes** back. / 그가 돌아올 때 이 계약서에 서명하겠다.
　　　　　　　　　　　　부사절(will come→comes)

– 위 3번 예문의 when절은 '때'를 나타내는 부사절이다. 따라서 미래시제를 나타내는 will come 대신 동사의 현재형 (comes)를 써서 나타내야 한다.

4) I will sign this contract if he **comes** back. / 그가 돌아오면 이 계약서에 서명하겠다.
　　　　　　　　　　　부사절(will come→comes)

– 위 4번 예문의 if절은 '조건'을 나타내는 부사절이다. 따라서 미래시제를 나타내는 will come 대신 동사의 현재형 (comes)를 써서 나타내야 한다.

4-1) I can't tell if(=whether) he **will arrive** here on time
　　　　　　　　　　　명사절

　　나는 그가 여기에 정시에 도착할지 알 수 없다.

- 위 4-1번 예문의 if절은 '~인지 아닌지'의 의미를 나타내는 명사절이다(타동사 tell의 목적어). 따라서 이 경우에는 현재시제(arrive)가 미래시제(will arrive)를 대신할 수 없다. if가 '때와 조건을 나타내는 부사절'에서 쓰이기 위해서는 '만약~ 라면'의 의미를 가져야 하며 if가 위 예문처럼 '~인지 아닌지 '라는 의미를 가질 때는 명사절을 접속하는 경우이며 그 자리에 whether를 대신 쓸 수 있다('~인지 아닌지(명사절)'의 의미로서의 if/whether의 사용법' 참조).

5) Polish this glass until it **shines**.
　　　　　　　　　부사절(will shine→shines)

　　반짝일 때까지 이 유리를 문질러라.

- 위 5번 예문의 until절은 '때'를 나타내는 부사절이다. 따라서 미래시제를 나타내는 will shine 대신 동사의 현재형(shines)을 써서 나타내야 한다.

6) You may go home **if you have finished this project by 5 p.m.**
　　　　　　　　　　부사절(will have finished→have finished)

　　오후 5시까지 이 프로젝트를 끝낸다면 집에 가도 좋다.

- 위 6번 예문의 if절은 '조건'을 나타내는 부사절이다. 따라서 미래완료시제를 나타내는 will have finished 대신 현재완료인 have finished를 써서 나타내야 한다.

8. 제안, 주장, 요구, 명령류의 동사의 시제 표현

　제안(suggest, propose, move, advise), 주장(insist, argue, recommend), 요구(demand, ask, require, request, stipulate), 명령(order, rule)에 관한 동사들은 가정법현재와 관련이 있는 동사들이다. 이 동사들 뒤에 오는 that절에서는 조동사 should(~해야 한다)를 생략한 채 동사원형만으로 나타낼 수 있다('이성적 판단을 나타내는 형용사의 it is~that/it is~to 표현' 참조).

– He suggested that we (should) start then.
　　　　　과거　　　　　　　　　　동사원형

그는 우리가 그때 출발해야 한다고 제안했다.

– She insisted that she (should) assume the post.
　　　　　과거　　　　　　　　　　동사원형

그녀는 그 자리를 맡아야 한다고 주장했다.

– They demanded that we (should) give up our money.
　　　　　과거　　　　　　　　　　동사원형

그들은 우리에게 돈을 포기하라고 요구했다.

– He ordered that they (should) leave the spot immediately.
　　　　　과거　　　　　　　　　　동사원형

그는 그들이 즉시 그 자리를 떠날 것을 명령했다.

– 제안, 주장, 요구, 명령류의 동사가 올 때 종속절(that절)에서 (생략되긴 하지만) 조동사 should(~해야 한다)가 발생하는 이유는, 이 동사들의 의미가 대부분 일어나지 않은 미래사실(상상)을 제안, 주장, 요구, 명령하고 있기 때문이다.

그래서 더욱 문제가 되는 동사가 suggest, insist, argue인데, 이 세 동사는 일어나지 않은 미래의 사실을 제안 또는 주장할 때도 쓰일 수 있고, 이미 일어난 과거의 사실이나 현재의 사실관계를 나타낼 때도 쓰일 수 있기 때문이다.

1) The researcher **suggested** that the earth **is** round. (○)
　　　　　　　　과거　　　　　　　　　　　현재

그 연구원은 지구가 둥글다는 사실을 제시했다.

※ The researcher **suggested** that the earth (should) **be** round. (×)
　　　　　　　　과거　　　　　　　　　　　　　　동사원형

– 1번 예문에서 '제안'에 관한 동사인 suggest를 썼지만 종속절(that절)에서 should가 생략된 동사원형(be)을 쓰지 않고 현재형 동사(is)를 쓴 이유는 불변의 진리를 의미하는 내용(the earth is round/지구가 둥글다)을 제시하고 있기 때문이다.

2) His investigation **suggests** that Tom **is** the culprit of the murder case. (○)
　　　　　　　　현재　　　　　　　　　　현재

그의 조사는 톰이 그 살인사건의 용의자라는 사실을 제시하고 있다.

※ His investigation **suggests** that Tom (should) **be** the culprit of the murder case. (×)
　　　　　　　　현재　　　　　　　　　　동사원형

- 2번 예문에서 '제안'에 관한 동사인 suggest를 썼지만 종속절(that절)에서 should가 생략된 동사원형 (be)을 쓰지 않고 현재형 동사(is)를 쓴 이유는 단순한 현재의 사실관계를 나타내고 있기 때문이다.

3) He **suggested** that we (should)   **go**   out for dinner.
  과거   동사원형

  그는 우리에게 저녁을 먹으러 나가자고 제안했다.

- 3번 예문에서 '제안'에 관한 동사인 suggest를 쓰고 종속절(that절)에서 should가 생략된 동사원형 (go)을 쓴 이유는 '~해야 한다'는 의미를 내포하고 있기 때문이다.

4) She **insisted** that she **had seen** the man before.
  과거   대과거

  그녀는 예전에 그 남자를 보았다고 주장했다.

- 4번 예문에서 '주장'에 관한 동사인 insist를 썼지만 종속절(that절)에서 should가 생략된 동사원형 (see)을 쓰지 않고 대과거(had seen)를 쓴 이유는 이미 일어난 과거의 사실관계를 나타내고 있기 때문이다.

5) She **insisted** that her car (should)   **be**   fixed.
  과거   동사원형

  그녀는 차를 수리해야 한다고 주장했다.

- 5번 예문에서 '주장'에 관한 동사인 insist를 쓰고 종속절(that절)에서 should가 생략된 동사원형 (be)을 쓴 이유는 '~해야 한다'는 의미를 내포하고 있기 때문이다.

6) He **insists** that he **is** a class president.
  현재   현재
  그는 학급실장이라고 주장한다.

7) He **insists** that he (should)   **be**   a class president.
  현재   동사원형
  그는 학급실장이 돼야 한다고 주장한다.

※위 6, 7번 두 예문의 경우는 어떤 관점에서 해석하느냐에 따라 두 가지 모두 정답이 가능하다. 현재 학급실장이라는 사실관계를 의미한다면 6번 예문이 정답이 될 것이고 학급실장이 돼야 한다는 당위성을 의미한다면 7번 예문이 정답이 될 것이다.

8) The court, taking into consideration that the mother demonstrated a willingness to receive treatment, **ruled** that the boys (should) **stay** with the mother who was recommended to receive counseling.

엄마가 치료를 받겠다는 의지를 나타냈다는 사실을 고려해서, 법원은 그 소년들이 상담을 받아야 하도록 조언받은 엄마와 함께 지낼 것을 판결하였다.

– 위 예문에서 '명령'의 의미를 가진 동사 rule(판결하다)이 쓰일 때 종속절에서 조동사 should가 생략된 동사 원형(stay)이 쓰인다는 것을 알 수가 있다.

9. 시간부사와 동사의 시제 일치

■ 문장(sentence), 또는 절(clause)속의 시간부사(구)와 동사의 시제는 일치해야 한다.

1) He **died** two years **ago**.
    과거   과거부사

   그는 2년 전에 죽었다.

– 1번 예문에서 '과거'를 의미하는 부사인 ago와 과거시제인 died를 시제 일치시켰다.

2) He **has died** two years **before**.
    현재완료   완료부사

   그는 2년 전에 죽었다.

– 2번 예문에서 완료시제(have+p.p/had+p.p)에 주로 쓰이는 부사인 before와 has died(현재완료)를 시제 일치시켰다.

※ 결국 1, 2번 예문은 둘 다 같은 의미이지만 시간부사(ago, before) 때문에 동사의 시제를 각각 달리 표현했다.

3) He **started just now**. / 그는 방금 출발했다.
    과거   과거부사

– just now는 과거시제에 쓰이는 부사이다. 따라서 과거시제인 started와 시제를 일치시켰다.

4) He **starts(is starting)** now. / 그는 이제 출발한다.
　　　현재　　　　　　현재부사

– now는 현재(진행)시제에 쓰이는 부사이다. 따라서 현재(진행)시제인 starts(is starting)와 시제를 일치시켰다.

※ 결국 3, 4번 예문도 시간부사(just now, now) 때문에 동사의 시제를 각각 달리 표현했다.

5) He **played** baseball **yesterday**. / 그는 어제 야구를 했다.
　　　과거　　　　　　　과거부사

– yesterday(어제)는 과거시제에 쓰이는 부사이다. 따라서 과거시제인 played와 시제를 일치시켰다.

6) He **has played** baseball **since yesterday**.
　　　현재완료　　　　　　　현재완료부사
그는 어제부터 야구를 하고 있다.

– since yesterday(어제부터 계속)는 현재완료(have p.p)에 쓰이는 부사구이다. 따라서 현재완료인 has played와 시제를 일치시켰다.

※ He **has been playing** baseball for two days **since yesterday**.
　　　현재완료진행　　　　　　　　　　　　현재완료부사
그는 어제부터 이틀간 야구를 하고 있다.

7) He **had played** baseball **until yesterday**.
　　　과거완료　　　　　　　과거완료부사
그는 어제까지 야구를 했다.

– until yesterday(어제까지)는 과거완료(had+p.p)시제에 쓰이는 부사구이다. 따라서 과거완료인 had played와 시제를 일치시켰다.

※ He **had been playing** baseball for two days **until yesterday**.
　　　과거완료진행　　　　　　　　　　　과거완료부사
그는 어제까지 이틀간 야구를 했다.

8) He **will** play baseball **tomorrow**. / 그는 내일 야구를 할 것이다.
　　　미래　　　　　　　　　미래부사

– tomorrow(내일)는 미래시제에 쓰이는 부사이다. 따라서 미래시제인 will play와 시제를 일치시켰다.

※ When have you met her? (×)

– 위 예문은 어법적으로 틀린다. when은 고정된 시점을 의미하는 부사이기 때문에 시간의 흐름을 나타내는 완료시제(have+p.p/had+p.p)와 같이 쓰지 못한다. 따라서 when은 고정된 시제인 과거, 현재, 미래시제를 사용해야 한다. 단, when 앞에 완료시제를 의미할 수 있는 전치사(since, until)를 붙여서 쓰는 경우에는 완료시제(have+p.p/had+p.p)의 표현이 가능하다

– **When did you** meet her? / ○ 〈과거〉
　언제 그녀를 만났니?
– **When do you** meet her? / ○ 〈현재〉
　언제 그녀를 만나니?
– **When will you** meet her? / ○ 〈미래〉
　언제 그녀를 만날 거니?
– **Since when** have you met her? / ○ 〈현재완료〉
　언제부터 그녀를 만났니?
– **Until when** had you met her? / ○ 〈과거완료〉
　언제까지 그녀를 만났니?

10. 영문법의 12가지 시제표현

1) I **wait** for my brother now.
　　현재
　나는 지금 형을 기다린다.

2) I **am waiting** for my brother now.
　　현재진행

나는 지금 형을 기다리고 있다.

3) I **have waited** for my brother until now.
　　현재완료

나는 지금까지 형을 기다렸다.

4) I **have been waiting** for my brother for two days until now.
　　현재완료진행

나는 지금까지 이틀간 형을 기다리고 있다.

5) I **waited** for my brother then.
　　과거

나는 그때 형을 기다렸다.

6) I **was waiting** for my brother then.
　　과거진행

나는 그때 형을 기다리고 있었다.

7) I **had waited** for my brother until then.
　　과거완료

나는 그때까지 형을 기다렸다.

8) I **had been waiting** for my brother for two days until then.
　　과거완료진행

나는 그때까지 이틀간 형을 기다리고 있었다.

9) I **will wait** for my brother tomorrow.
　　미래

나는 내일 형을 기다릴 것이다.

10) I **will be waiting** for my brother tomorrow.
　　미래진행

나는 내일 형을 기다리고 있을 것이다.

11) I **will have waited** for my brother by tomorrow.
　　미래완료

나는 내일까지 형을 기다릴 것이다.

12) I **will have been waiting** for my brother for two days by tomorrow.
　　미래완료진행

나는 내일까지 이틀간 형을 기다릴 것이다.

제10장 목적어

1. 영문법에서의 목적어

영문법에서는 원칙적으로 타동사와 전치사가 목적어를 가진다('목적어를 가지는 형용사들'은 따로 참조).

영문법에서 명사가 쓰이는 자리는 다양하지만(주어, 목적어, 주격보어, 목적격보어, 전치사의 뒤 등) 이러한 명사 자리 중 목적어가 되는 자리는 타동사의 목적어와 전치사의 목적어, 이 두 군데이다.

> 1) She enjoys **singing** a song when washing dishes.
>   타동사   목적어(동명사)
> 그녀는 설거지를 할 때 노래하는 것을 즐긴다.

- 1번 예문에서 singing이 위치한 자리가 타동사(enjoys)의 목적어 자리이다. singing은 타동사(en-joys)의 목적어이면서 동시에 자신이 타동사의 기능을 지녀서 명사(a song)를 목적어로 가지고 있는 동명사이다(1번 예문처럼 동명사(singing)의 앞쪽은 타동사나(enjoys), 전치사가 위치해 있고 뒤쪽은 명사(a song)가 위치해 있는 경우가 많다).

> 2) She likes **to sing** a song when washing dishes.
>   타동사 목적어(부정사)
> 그녀는 설거지를 할 때 노래하는 것을 좋아한다.

- 2번 예문에서 to sing이 위치한 자리가 타동사(likes)의 목적어 자리이다. to sing은 타동사(likes)의 목적어이므로 to부정사의 명사적 용법으로 쓰였다.

3) She is good at   **singing**   a song when washing dishes.
전치사 목적어(동명사)

그녀는 설거지를 할 때 노래를 잘한다.

- 3번 예문에서 singing이 위치한 자리가 전치사(at)의 목적어 자리이다. singing은 전치사(at)의 목적어이면서 동시에 자신이 타동사의 기능을 지녀서 명사(a song)를 목적어로 가지고 있는 동명사이다[3번 예문처럼 동명사의 앞쪽은 타동사나, 전치사(at)가 위치해 있고 뒤쪽은 명사(a song)가 위치해 있는 경우가 많다].

4) She knows   **that she isn't eligible for the retirement pension.**
타동사   목적어(명사절-that절)

그녀는 은퇴연금 해당자가 아니라는 사실을 안다.

- 4번 예문에서 that절이 위치한 자리가 타동사(knows)의 목적어 자리이며 명사절의 역할을 하고 있다.

5) She knows   **how honorable it is to give a speech at the convention.**
타동사   목적어(명사절-의문사절)

그 회의에서 연설을 하는 것이 얼마나 영예로운지 그녀는 안다.

- 5번 예문에서 how절이 위치한 자리가 타동사(knows)의 목적어 자리이며 명사절의 역할을 하고 있다(it은 가주어이고 to give~ 이하가 진주어이다).

6) She is concerned about   **whether she can overcome the financial trouble.**
전치사   목적어(명사절-의문사절)

그녀는 재정압박을 극복할 수 있을지 걱정이다.

- 6번 예문에서 whether절이 위치한 자리가 전치사(about)의 목적어 자리이며 명사절의 역할을 하고 있다.

7) She is concerned about   **whether to overcome the financial trouble.**
전치사   목적어(명사구-의문사구)

그녀는 재정압박을 극복할 수 있을지 걱정이다.

- 7번 예문에서 whether구가 위치한 자리가 전치사(about)의 목적어 자리이며 명사구의 역할을 하고 있다.

2. 목적어를 가지는 형용사들

영문법에서는 목적어를 가질 수 있는 품사가 원칙적으로는 타동사와 전치사로 한정돼 있다. 우리가 일상적으로 '타동사의 목적어', '전치사의 목적어' 라고 부르는 까닭도 이 때문이다. 그러나 때로는 형용사들이 목적어를 가지는 경우가 있다.

1) It is **like(unlike)** a fish. / 그것은 물고기 같다(같지 않다).
　　　 형용사　　　　 목적어

1-1) It　 is　　 like a fish.
　　 주어　동사　전치사구(=형용사구)

– 위 1번 예문에서 like(unlike)는 be동사(is)의 보어인 형용사이며, 동시에 명사인 a fish를 목적어로 가진다.

※1번 예문에서 like를 전치사로 보는 견해가 있는데 이 경우에는 1-1번 예문에서와같이 like a fish 라는 전치사구(전치사+명사)가 문장(It is like a fish) 내에서 형용사구의 역할을 해서 be동사(is)의 보어가 된다고 보면 되겠다('전치사구의 구분(형용사구/부사구)' 6번 예문 참조).

※ He swims well **like** a fish. / 그는 물고기처럼 수영을 잘한다.
　　　　　　　　 전치사

※ **Unlike** his sister, he is diligent. / 그의 누이와는 달리 그는 부지런하다.
　 전치사

2-1) This car is **worth**　 10 million dollars. / 이 차는 천만달러의 가치가 있다.
　　　　　　　　 형용사　　 목적어[명사(구)]

– 위 예문에서 worth는 be동사(is)의 보어인 형용사이며, 동시에 명사인 10 million dollars를 목적어로 가진다.

2-2) The movie is **worth**　 watching. / 그 영화는 볼만한 가치가 있다.
　　　　　　　　 형용사　 목적어(동명사)

　　 (= It is worth(= worthwhile) to watch(= watching) the movie)

– 위 예문에서 worth는 be동사(is)의 보어인 형용사이며, 동시에 동명사인 watching을 목적어로 가진다.

3) A man <u>aged</u>　<u>30</u>　swam in the pond yesterday.
　　　　　형용사　**목적어**

　30살의 한 남자가 어제 연못에서 수영을 했다.

- 위 예문에서 aged는 형용사이지만 수사 30을 목적어로 취하고 있다.

4) I am　**not sure**　<u>whether(=if) he will come or not.</u>
　　부정어+형용사　　　　**명사절(목적절)**
　　=not certain

　나는 그가 올지 안 올지 확신하지 못하겠다.

- 위 4번 예문에서 sure(certain)는 be동사(am)의 보어인 형용사이며, 동시에 명사절인 whether이하 절을 목적어로 가진다. 그런데 이 형용사들은 부정어 not을 포함해서 쓸 때만 whether(=if)절을 목적어(절)로 가질 수 있다.

5) I am　<u>sure</u>　<u>that he will come.</u>
　　　　형용사　　　**부사절**
　　　　=certain

　나는 그가 오리라고 확신한다.

- 위 5번 예문의 sure(certain) 다음에 오는 that절은 부사절이다('절의종류와 성격/명사절, 형용사절, 부사절' 참조). 따라서 not sure(not certain)로 표현할 경우에만 그 뒤에 오는 if나 whether 절이 명사절(목적절)이 된다.

6) I am　**sure**　<u>what he will choose in the final stage.</u>
　　　　형용사　　　　**명사절(목적절)**

　나는 그가 마지막 단계에서 어떤 선택을 할지 확신한다.

- 그러나 위 6번 예문처럼 not sure가 아니라도 sure 다음에 의문사(what)가 이끄는 명사절이 올 경우에는 목적어로 인식된다.

3. 목적어와 목적보어/부사구의 도치

■ 목적어와 목적보어의 도치

1) He considers important the presence of his father at the 20th national conference.
　　　　　　　　목적보어　　　　　　　　　　　　　목적어

→ 2) He considers the presence of his father at the 20th national conference important.
　/ 5형식　　　　　　　　　　　목적어　　　　　　　　　　　　　목적보어

그는 제20회 전국회의에 아버지가 참석하는 것이 중요하다고 생각한다.

– 위 2번 예문이 정상적인 어순이지만 목적어가 목적보어에 비해 지나치게 길기 때문에 1번 예문처럼 목적어와 목적보어 간에 도치가 발생했다.

※ 위 2번 예문의 경우 목적어가 긴데도 불구하고 가목적어(it)를 두고 진목적어(the presence~conference)를 외치(후치)하지 못하는 이유는 진목적어가 외치(후치)를 할 수 있는 형태가 아니기 때문이다. 가주어(it) 또는 가목적어(it)를 두고 진주어, 진목적어가 외치를 할 수 있는 형태는 to부정사구, 동명사구(~ing), 또는 명사절(접속사+주어+동사)의 형태여야 한다('가주어(it)/가목적어(it)의 발생이유→외치(外置)' 참조).

■ 목적어와 부사구의 도치

1) She shares　　with us　　　the U.N. Secretary General's remarks.
　　　　　　　부사구(= 전치사구)　　　　타동사(shares)의 목적어

→ 2) She shares the U.N. Secretary General's remarks with us. / 3형식
　　　　　　　타동사(shares)의 목적어　　　　부사구

그녀가 UN사무총장의 발언을 우리에게 전한다.

– 위 2번 예문이 정상적인 어순이지만 목적어가 부사구에 비해 지나치게 길기 때문에 1번 예문처럼 목적어와 부사구간에 도치가 발생했다. 앞쪽 '목적어와 목적보어의 도치' 부분에서와 마찬가지로 목적어가 외치(후치)를 할 수 있는 형태가 아니기 때문에 부사구와 위치만 바꾸었다.

3) We should keep <u>in mind</u>　　<u>that the fintech market could bring a big bang in</u>
　　　　　　　　부사구(= 전치사구)　　　　　　　　　타동사(keep)의 목적어
　　<u>the financial sectors.</u>

→ 4) We should keep　(it)　<u>in mind</u>　<u>that the fintech market could bring a big</u>
　　　　　　　　　　가목적어　　부사구　　　　　　　　　　　진목적어
　　<u>bang in the financial sectors.</u>

　　우리는 핀테크시장이 금융 부분에 큰 파장을 불러올 수 있다는 사실을 명심해야 한다.

– 위 3번 예문은 목적어와 부사구간에 도치가 발생한 것 같지만 4번 예문에서 보듯이 실은 가목적어(it)가 생략된 채로 관용적으로 쓰이기 때문에 도치는 아니다. 굳이 목적어와 부사구간에 도치가 발생할 이유가 없는 것이, 목적어의 형태(that절)가 가목적어(it)를 두고 외치를 할 수 있는 형태이기 때문이다('가주어(it)/가목적어(it)의 발생 이유→외치(外置)' 참조).

ex) We took <u>it</u>　　<u>for granted</u>　<u>that you got a promotion.</u>
　　　　　　가목적어　　　부사구(전치사구)　　　　진목적어
　　우리는 네가 승진한 것이 당연하다고 생각했다.

ex) We should take <u>into account</u>　<u>that she is a just little girl.</u>
　　　　　　　　　　부사구　　　　　　타동사(take)의 목적어

　⇒ We should take　(it)　<u>into account</u>　<u>that she is a just little girl.</u>
　　　　　　　　　　가목적어　　　　　　　　　진목적어
　　우리는 그녀가 소녀라는 사실을 고려해야 한다.

– 위 예문도 가목적어(it)가 생략된 채 관용적으로 쓰이는 표현이기 때문에 목적어와 부사구간의 도치는 아니다.

5) We don't have <u>in stock</u>　<u>the food that you want to purchase</u> ╲ <u>now.</u>
　　　　　　　　　부사구　　　　　목적어(관계대명사절 포함)

→ 6) We don't have **the food** that you want to purchase now **in stock.**
　　지금 구매를 원하시는 음식이 재고가 없습니다.

– 위 6번 예문이 정상적인 어순이지만 목적어(the food that you want to purchase now)가 부사구(in stock)에 비해 지나치게 길기 때문에 5번 예문처럼 목적어와 부사구간에 도치가 발생했다. 앞쪽 '목적어와 목적보어의 도치' 부분에서와 마찬가지로 목적어가 외치를 할 수 있는 형태가 아니기 때문에 부사구와 위치만 바꾸었다.

4. 목적어의 형태에 따라 의미가 바뀌는 동사들

같은 형식(3형식)의 구문이지만 목적어를 명사를 두느냐 명사절을 두느냐에 따라서 의미가
바뀌는 동사들이 있다.

> 1) He **saw** a weird object near a lake.
>   보다   목적어
>
> 그는 호수 근처에서 섬뜩한 물체를 보았다.
>
> 2) He **learned** Korean at high school.
>   배우다   목적어
>
> 그는 고등학교에서 한국어를 배웠다.
>
> 3) He **found** his lost wallet on the corridor.
>   찾다   목적어
>
> 그는 복도에서 잃어버린 지갑을 찾았다.
>
> 4) He **felt** pain on the back. / 그는 등에 통증을 느꼈다.
>   느끼다 목적어
>
> 4-1) He   **saw**   목적어(절)
>
>   **learned**   (that he was deceived by his business partner.
>
>   **found**   (why, where, when, how)
>
>   **felt** → **that** he was deceived by his business partner.
>
> that → 그는 사업파트너에게 속았다는 사실을 알았다.
>
> why, where, when, how → 그는 왜(어디서, 언제, 어떻게) 사업파트너에게 속았는지를 알았다.

- 위 4-1번 예문처럼 see, learn, find, feel이 명사절(that절 또는 의문사절/feel은 that절)을 목적어로
  가질 때 그 의미는 알아내다, 깨닫다, 이해하다(=find out, realize, understand)로 바뀌게 된다.

■ 형식이 바뀌면서(3형식→5형식) 의미가 바뀌는 동사들이 있다

> 5) He **found** the key. / 3형식
>   찾다
>
> 그는 열쇠를 찾았다.
>
> 6) He **found** the key unfit for the keyhole. / 5형식
>   알아내다   목적어 목적보어
>
> 그는 열쇠가 열쇠 구멍에 맞지 않는다고 판단했다(생각했다).

7) He **found** it difficult to meet the requirement. / 5형식
　　알아내다　가목적어　목적보어　　　진목적어

그는 요구조건을 맞추는 것이 어렵다고 판단했다(생각했다).

− find가 5번 예문처럼 3형식에 쓰일 때는 '찾다'의 의미이지만 6번이나 7번 예문처럼 5형식에 쓰이는 경우는 (~를 ~하다고) '여기다, 판단하다'는 의미를 가지게 된다.

8) He **left** his family. / 3형식
　　떠나다

그는 가족을 떠났다.

9) He **left** his family miserable. / 5형식
　　내버려두다　목적어　　목적보어

그는 가족을 비참하게 내버려두었다.

− leave가 8번 예문처럼 3형식에 쓰일 때는 '떠나다'의 의미이지만 9번 예문처럼 5형식에 쓰이는 경우는 (~를 ~하게) '내버려두다, 버리다'는 의미를 가지게 된다.

10) She **invited** me **to** the luxurious party. / 3형식
　　초대하다　목적어　　전치사구[부사(구)]

그녀는 나를 화려한 파티에 초대했다.

11) She **invited** me **to** finish her assignments. /5형식
　　야기하다　목적어　　부정사구(목적보어)

그녀는 나로 하여금 그녀의 과제를 끝내게 했다.

− invite가 10번 예문처럼 3형식에 쓰일 때는 '초대하다'의 의미이지만 11번 예문처럼 5형식에 쓰이는 경우는 (~를 ~하게) '야기하다(=cause)'는 의미를 가지게 된다.

5. that절을 목적어로 가진 3형식 문장의 5형식 전환

이러한 구문을 나타내는 단어들의 종류에는 show, prove(입증하다), think, believe, know, feel(생각하다), report, judge, pronounce, recommend, order 등 '생각, 판단'을 나타내는 동사들이 해당된다.

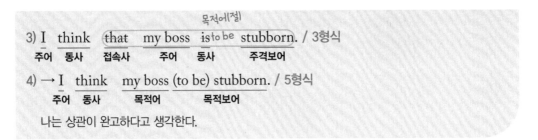

1) The report shows (that our expectation is to be false. / 3형식
　　　주어　　　동사　　접속사　　　　주어　　　　　동사　　주격보어
　　　　　　　　　　　　　　　　　　　　　　　목적어(절)

2) → The report shows our expectation (to be) false. / 5형식
　　　　주어　　　동사　　　　목적어　　　　　목적보어

그 보고서는 우리의 예상이 틀렸음을 보여준다.

- 위 1번 예문은 3형식(주어+동사+목적어(절))의 복문(주절+종속절)구조이다. 종속절인 that절이 목적어(절)의 역할을 하고 있으며 목적절의 구조가 be동사가 있는 2형식 구조(주어+동사+보어)이다. 이 복문의 3형식 문장을 2번 예문처럼 간단한 5형식 문장으로 전환할 수가 있다. 여기서 1번 예문의 our expectation은 주격이고 2번 예문의 our expectation은 목적격이다.

3) I think (that my boss is to be stubborn. / 3형식
　　주어　동사　접속사　　주어　　동사　　　주격보어
　　　　　　　　　　　　　　　　목적어(절)

4) → I think my boss (to be) stubborn. / 5형식
　　주어　동사　　목적어　　　목적보어

나는 상관이 완고하다고 생각한다.

- 위 3번 예문은 3형식(주어+동사+목적어(절))의 복문(주절+종속절)구조이다. 종속절인 that절이 목적어(절)의 역할을 하고 있으며 목적절의 구조가 be동사가 있는 2형식 구조(주어+동사+보어)이다. 이 복문의 3형식 문장을 4번 예문처럼 간단한 5형식 문장으로 전환할 수가 있다. 여기서 3번 예문의 my boss는 주격이고 4번 예문의 my boss는 목적격이다.

5) She believed that the situation was worse than expected. / 3형식
　　　　　　　　　　　　　　　　to be
　　　　　　　　　목적어(절)

6) → She believed the situation (to be) worse than expected. / 5형식
　　　　　　　　목적어　　　　　　목적보어

그녀는 상황이 예상보다 더 좋지 않다고 믿었다.

7) We knew that our future was bright. / 3형식
　　　　　　　　　　　　　　to be
　　　　　목적어(절)

8) → We knew our future to be bright. / 5형식
　　　　　목적어　　　목적보어

우리는 우리의 미래가 밝다는 것을 알았다.

6. 직접목적어(절)가 부사구(전치사+명사)로 바뀌는 동사들

여기에 해당되는 단어들은 대부분 비슷비슷한 의미를 가진 단어들인데 '알리다(inform), 통지하다(notify), 납득시키다(convince), 상기시키다(remind), 경고하다(warn), 확신시키다(assure)'는 단어들이 그중 일부이다.

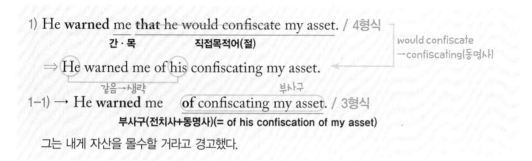

1) He **warned** me **that** he would confiscate my asset. / 4형식
　　　　　간·목　　　　　　직접목적어(절)

would confiscate
→confiscating(동명사)

⇒ He warned me of his confiscating my asset.
　　　　　　같음→생략　　　　　　　　　　부사구

1-1) → He **warned** me of confiscating my asset. / 3형식
　　　　　　부사구(전치사+동명사)(= of his confiscation of my asset)

그는 내게 자산을 몰수할 거라고 경고했다.

- 위 1번 예문은 목적어가 두 개(간·목+직·목)인 4형식 구문이다. 직접목적어(절)인 that절을 부사구(전치사+(동)명사)를 이용해서 전환하면 3형식의 1-1번 예문이 된다. 1번 예문과 1-1번 예문은 같은 표현인데 that절을 of~구로 전환할 때 동명사(confiscating)를 써서 전환하거나 명사(confiscation)를 써서 전환하거나 의미만 통하면 괜찮다[동명사를 써서 전환하는 방법은 '절(clause)을 동명사(~ing) 또는 분사(~ing/~ed)를 이용해서 구(phrase)로 전환하는 방법' 참조].

※ would confiscate가 confiscating으로 바뀌는 과정은 '준동사의 시제/준동사의 완료시제 표현' 맨 뒤 2번 참조

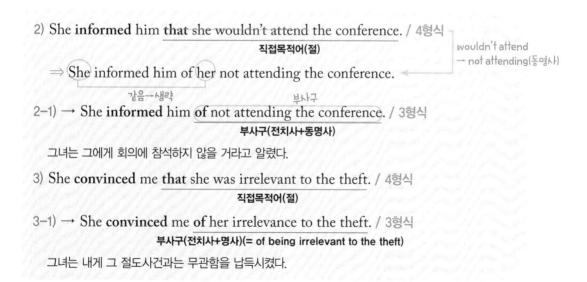

2) She **informed** him **that** she wouldn't attend the conference. / 4형식
　　　　　　　　　　　직접목적어(절)

wouldn't attend
→ not attending(동명사)

⇒ She informed him of her not attending the conference.
　　　　　　같음→생략　　　　　　　　부사구

2-1) → She **informed** him of not attending the conference. / 3형식
　　　　　　　　　부사구(전치사+동명사)

그녀는 그에게 회의에 참석하지 않을 거라고 알렸다.

3) She **convinced** me **that** she was irrelevant to the theft. / 4형식
　　　　　　　　　직접목적어(절)

3-1) → She **convinced** me of her irrelevance to the theft. / 3형식
　　　　　　　부사구(전치사+명사)(= of being irrelevant to the theft)

그녀는 내게 그 절도사건과는 무관함을 납득시켰다.

4) He **reminded** me **that** he was allergic to garlic. / 4형식
   <u>직접목적어(절)</u>

4-1) → He **reminded** me **of** his allergy to garlic. / 3형식
   <u>부사구(전치사 +명사)</u>(= of being allergic to garlic)

그는 내게 마늘을 싫어한다고 상기시켰다.

※ He **insisted that** he should lead our swimming club. / 3형식
   <u>목적어(절)</u>

→ He **insisted on** leading our swimming club. / 1형식
   <u>부사구(전치사+동명사)</u>

그는 우리 수영부를 맡아야 한다고 주장했다.

– 일반적으로 주절과 종속절(that절)의 주어가 같은 경우에 위 1-1번, 2-1번 예문의 동명사(confis-cating/attending) 앞에서의 소유격(his/her)은 생략되지만 3-1번, 4-1번 예문의 명사(irrelevance/allergy) 앞에서의 소유격(her/his)은 생략되지 않는다.

제11장 **형용사, 부사**

1. 형용사의 어순

일반적으로 형용사의 어순은 지시사(관사)+수량+대·소(大小)+성질·상태+(연령)+신·구(新舊)+모양+색상+기원+재료의 순서로 나타낸다.

1) these three large rusty old round black Scotch metal bats
   지시사   수량   대소   성질·상태 신구 모양   색상   기원   재료   피수식명사

이 세 개의 큰 녹이 슬고 낡은 둥근 모양을 한 검은색의 스코틀랜드산 쇠 방망이들

2) the two small shiny new square white German wooden
   지시사(관사) 수량 대소 성질,상태 신구 모양   색상   기원   재료
   desks
   피수식명사

두 개의 조그맣고 빛나는 새것의 정사각형 모양을 한 흰색 독일산 나무 책상들

※간혹 대·소(大小)+성질·상태 부분이 순서가 뒤바뀌는 경우가 있다.

2. as~as 사이에 들어가는 형용사/부사의 표현

어법적으로 as~as 구문에서 앞쪽의 as는 부사이며 뒤쪽의 as는 접속사이다. 따라서 부사인 앞쪽 as가 수식할 수 있는 형용사, 부사가 as~as 사이에 들어가야 한다. as~as가 들어간 문장이 어법적으로 맞는지 확인할 수 있는 방법은 앞쪽과 뒤쪽 두 개의 as를 손가락으로 가리고 접속사인 뒤쪽 as 앞까지가 어법적으로 구조가 완전한지 확인하면 된다.

1) She works **as hard as** her male colleagues at the factory.

she works <u>hard</u>
         부사

↓

she works **as** <u>hard</u> **as**
         부사

그녀는 공장의 남성 동료들만큼 열심히 일한다.

– 1번 예문은 앞, 뒤쪽의 as를 손가락으로 가리고 뒤쪽 as까지 보면 She works hard라는 완전한 구조의 문장이 나오게 된다. 부사인 hard 앞뒤로 as~as를 삽입하고 종속절(her male colleagues (work hard) at the factory)을 연결시켰다.

2) She is **as diligent as** her male colleagues at the factory.

she is <u>diligent</u>
         형용사

↓

she is **as** <u>diligent</u> **as**
         형용사

그녀는 공장의 남성 동료들만큼 부지런하다.

– 2번 예문은 앞, 뒤쪽의 as를 손가락으로가리고 뒤쪽 as까지 보면 She is diligent라는 완전한 구조의 문장이 나오게 된다. 형용사인 diligent 앞뒤로 as~as를 삽입하고 종속절(her male colleagues (are diligent) at the factory)을 연결시켰다.

3) She has **as much money as** her sister needs.

she has <u>much money</u>
       형용사+명사

she has **as** <u>much money</u> **as**
       형용사+명사

그녀는 여동생이 필요한 만큼 많은 돈을 가지고 있다.

– 3번 예문은 앞, 뒤쪽의 as를 손가락으로 가리고 뒤쪽 as까지 보면 She has much money라는 완전한 구조의 문장이 나오게 된다. 형용사+명사인 much money 앞뒤로 as~as를 삽입하고 종속절(her sister needs)을 연결시켰다.

※위 3번 예문처럼 as~as 사이에 형용사가 단독으로 삽입되지 않고 형용사+명사로 이루어진 어구가 함께 삽입되는 이유는 다음과 같다.

4) The river still looks **as** great **as** it used to be.

    the river still looks **great**
                       형용사

    그 강은 예전처럼 여전히 좋아 보인다.

5) The country has had **as** great heroes **as** its neighboring one.

    the country has had **great heroes**
                    형용사+명사

    그 나라는 이웃 나라만큼 많은 영웅들을 배출해 왔다.

– 4번 예문을 as~as를 제외하고 뒤쪽 as까지 보면 The river still looks great로 표현되고, 5번 예문을 as~as를 제외하고 뒤쪽 as까지 보면 The country has had great heroes로 표현된다. 결국 4번 예문은 형용사(great)가 단독으로 쓰였고 5번 예문은 형용사(great)+명사(heroes)가 어구를 이루어 함께 쓰였기 때문에 as~as 사이에 들어갈 때도 형용사와 명사가 함께(as great heroes as) 삽입되는 것이다.

6) He has a nice job.

    그는 좋은 직업을 가지고 있다.

6-1) He has **as** **nice** **a job** **as** his brother.
           부사 형용사   접속사

    그는 형만큼이나 좋은 직업을 가지고 있다.

– 위 6번 예문의 a nice job 부분이 6-1번 예문의 as~as 사이에 삽입되면서 부정관사(a)와 형용사(nice)의 순서가 뒤바뀌게 되는데 이는 부사인 앞쪽 as가 직접 수식할 수 있는 단어를 형용사를 두기 위한 어법상의 고려인 듯하다. 아래쪽의 예문들 또한 마찬가지이다.

– This is **so** **good a chance** that nobody wants to miss it.
              부사 형용사

    이것은 너무나 좋은 기회라서 누구도 놓치고 싶지 않다.

– It was **too** **difficult a question** for me to answer.
             부사   형용사

    그것은 너무 어려운 문제라서 내가 답할 수 없었다.

– He was **as** **great an artist** as ever lived.
           부사 형용사

    그는 역사상 가장 위대한 예술가였다.

3. very와 much의 수식

	형용사/부사 원급	형용사/부사 비교급	~ing형 분사	~ed형 분사
very	• very angry/① • very hard/②	–	very exciting/⑤	형용사화된 단어는 very로 수식 가능/⑧
much	–	• much prettier/③ • much harder/④	–	much excited/⑥⑦

※very는 형용사/부사의 원급과 ~ing형 분사를 수식하고, much는 형용사/부사의 비교급과 ~ed형 분사를 수식할 수 있다.

1) He seems to be **very angry**. / 그는 매우 화난 듯하다.
　　　　　　　　　 형용사

– 위 1번 예문에서 very가 형용사의 원급인 angry를 수식하고 있다.

2) She works **very hard**. / 그녀는 매우 열심히 일한다.
　　　　　　　 부사

– 위 2번 예문에서 very가 부사의 원급인 hard를 수식하고 있다.

3) She looks **much prettier** than her peers. / 그녀는 동료들보다 훨씬 예뻐 보인다.
　　　　　　 형용사 비교급

– 위 3번 예문에서 much가 형용사의 비교급인 prettier를 수식하고 있다.

4) She works **much harder** than before. / 그녀는 예전보다 훨씬 열심히 일한다.
　　　　　　 부사 비교급

– 위 4번 예문에서 much가 부사의 비교급인 harder를 수식하고 있다. (far, yet, even, a lot, still도 비교급을 수식할 수 있다.)

5) The movie is **very exciting**. / 그 영화는 매우 흥미롭다.
　　　　　　　　 현재분사

– 위 5번 예문에서 very가 ~ing형 분사인 exciting을 수식하고 있다.

6) The audience was all **much excited**. / 청중들은 모두 매우 흥분했다.
   과거분사

– 위 6번 예문에서 much가 ~ed형 분사인 excited를 수식하고 있다.

※~ed형 분사라도 상태나 감정을 표현하는 형용사화 된 단어는 very로 수식 가능하다(excited, shocked, surprised, complicated, delighted, disappointed, tired, ashamed 등).

7) He is **much excited** at the news. (○)
8) He is **very excited** at the news. (○)
   그는 그 소식에 매우 흥분한다.

※'비교'의 의미를 지니고 있는 preferable,different,superior,inferior 류의 단어들과 'a'로 시작하는 afraid,alike,alert,aware,ashamed 류의 단어들은 much로 수식가능하다.

9) This document is **much different** from the last one.
   이번 서류는 저번 것과 많이 다르다.
10) I am **much aware** of the case.
    나는 그 사건에 대해서 잘 알고 있다.

4. 전치사적 부사(on, off, up, down 등)의 유의할 점('인칭대명사의 제약' 참조)

전치사적 부사란 말 그대로 원래 기능은 부사이지만 전치사의 기능도 부수적으로 가지고 있는 부사들을 말한다.

– He went off to his country. / 그는 자기 나라로 가버렸다.
　　　　　<u>부사</u>

– He fell off the ladder. / 그가 사다리에서 떨어졌다.
　　　　<u>전치사</u>

– Put the gun down, please. / 총을 버려라.
　　　　　　<u>부사</u>

– Go straight down this road! / 이 길을 따라 쭉 가세요.
　　　　　　<u>전치사</u>

1) I <u>picked</u> <u>him</u> <u>up</u>. (○)
　　동사　　인칭대명사　부사

2) I <u>picked</u> <u>up</u> <u>him</u>. (×)
　　동사　　부사　인칭대명사

3) I <u>picked</u> <u>Tom</u> <u>up</u>. (○)
　　동사　　고유명사　부사
　(나는 톰을 태웠다.)

4) I <u>picked</u> <u>up</u> <u>Tom</u>. (○)
　　동사　　부사　고유명사

5) I <u>turned</u> <u>the light</u> <u>on</u>. (○)
　　동사　　　보통명사　　부사
　(나는 전등을 켰다.)

6) I <u>turned</u> <u>on</u> <u>the light</u>. (○)
　　동사　　부사　　보통명사

7) I <u>turned</u> <u>it</u> <u>on</u>. (○)
　　동사　　인칭대명사　부사

8) I <u>turned</u> <u>on</u> <u>it</u>. (×)
　　동사　　부사　인칭대명사

– 위 1~8번 예문들은 동사(picked/turned)와 전치사적 부사(up/on)가 각기 하나씩 들어간 문장들이다. 흔히 pick up과 turn on은 숙어(idiom)라고 하는 것들이다. 그런데 1~8번 예문중에서 2번과 8번 예문만 틀린 표현이 되는데 그 이유는 전치사적 부사(on, off, up, down 등)의 성질 때문이다. 전치사적 부사인 on, off, up, down 등이 동사와 붙어서 숙어로써(pick up/turn on) 쓰이는 경우에 2번과 8번 예문처럼 전치사적 부사(up, on) 뒤로 인칭대명사(him, it)가 나오면 틀리게 된다. 4번과 6번 예문에서처럼 고유명사(Tom)나 보통명사(the light)가 이러한 전치사적 부사 뒤로 나오는 것은 가능하다.

5. every/all/this/that/next/last의 시간부사화

일반적으로 부사구를 만들 때는 in the evening/to the school/through the window와 같이 전치사+명사를 이용해서 만든다. 그런데 영문법에서는 시간부사를 나타내는 경우에 있어서 전치사를 사용하지 않아도 자동으로 시간부사로 인식되는 경우가 있다. every, all, this, that, last, next 등의 형용사와 시간을 의미하는 명사를 함께 쓰게 되면 자동으로 부사화가 된다.

1-1) I go fishing **on Sundays**. / 나는 일요일마다 낚시를 간다.
               부사(구)
  → 전치사(on) + 시간명사(Sundays) = 부사

1-2) I go fishing **every Sunday**. / 나는 일요일마다 낚시를 간다.
               부사(구)
  → every + 시간명사(Sunday) = 부사

2-1) People seldom go out of their houses **in winter**.
                                 부사(구)
  → 전치사(in) + 시간명사(winter) = 부사
  사람들은 겨울에는 좀체 집 밖으로 나가지 않는다.

2-2) People seldom go out of their houses **all the winter**.
                                 부사(구)
  → all + 시간명사(the winter) = 부사
  사람들은 겨우내 좀체 집 밖으로 나가지 않는다.

3-1) I met Jane **in the summer**. / 나는 여름에 제인을 만났다.
              부사(구)
  → 전치사(in) + 시간명사(the summer) = 부사

3-2) I met Jane **last summer**. / 나는 지난여름에 제인을 만났다.
             부사(구)
  → last + 시간명사(summer) = 부사

4-1) He will come **in the afternoon**. / 그는 오후에 올 것이다.
                부사(구)
  → 전치사(in) + 시간명사(the afternoon) = 부사

4-2) He will come **this afternoon**. / 그는 오늘 오후에 올 것이다.
                부사(구)
  → this + 시간명사(afternoon) = 부사

5-1) He will come **in the fall**. / 그는 가을에 올 것이다.
                부사(구)

→ 전치사(in) + 시간명사(the fall) = 부사

5-2) He will come **next fall**. / 그는 다음 가을에 올 것이다.
               부사(구)

→ next + 시간명사(fall) = 부사

6-1) I stayed late **at night**. / 나는 밤늦게 머물렀다.
            부사(구)

→ 전치사(at) + 시간명사(night) = 부사

6-2) I stayed late **last night**. / 나는 지난밤에 늦게 머물렀다.
            부사(구)

→ last + 시간명사(night) = 부사

※7) He met her (on) **the previous day**. / 그는 전날 그녀를 만났다.
                  부사(구)

8) He met her (on) **the following day**. / 그는 다음날 그녀를 만났다.
               부사(구)

– 위 7번과 8번 예문처럼 previous, preceding(이전의)나 following(다음의)을 시간명사(day, month, year)와 붙여 쓰는 경우에 전치사를 생략한 채 부사(구)로 표현할 수 있다.

6. 지시부사와 유도부사의 there

– 지시부사의 there → 문미에 쓰이며 '거기에, 거기에서'라는 의미로 쓰인다.

1) I went **there** by myself. / 나는 거기에 혼자 갔다.
        지시부사

2) We didn't see anything **there**. / 우리는 거기에서 아무것도 보지 못했다.
                   지시부사

– 유도부사의 there → 문두에서 주어와 동사의 도치를 이끌어내며 뜻이 없다[허사(虛辭)]. – 이때의 동사는 be동사를 수반하는 경우가 대부분이다('be동사의 1형식, 2형식 표현' 참조).

3) **There**   is   an old man near the river. / 강 근처에 노인이 한 명 있다.
    유도부사 동사   주어

- there는 유도부사이며 주어(an old man)와 동사(is)를 도치시키는 역할만 하며 아무런 뜻이 없다. 이때 be동사는 있다, 존재한다(exist)라는 의미로 해석을 한다.

※ 3-1) There is an old man. (×)

4) **There** **was** **nothing** in the basement.
   유도부사 동사   주어
   지하실에 아무것도 없었다.

- there는 유도부사이며 주어(nothing)와 동사(was)를 도치시키는 역할만 하며 아무런 뜻이 없다. 이때 be동사는 있다, 존재한다(exist)라는 의미로 해석을 한다.

※4-1) There was nothing. (×)

※유도부사 there가 문두에 올 때는 대부분 1형식도치 구문이다('1형식 도치' 참조). 그리고 유도부사 there를 사용할 때 유의할 점은 3-1번과 4-1번 예문처럼 부사구(near the river/in the basement)를 제외한 채 There is an old man/There was nothing이라고만 표현하면 틀린다. there is(was)로 시작하는 유도부사 구문을 사용하기 위한 전제조건은 There is(was)+주어 다음에 수식어구(형용사구(절), 부사구, 관계절 등)가 따라와야만 한다. 그러나 there 다음에 일반동사가 오는 경우는 수식어구가 없어도 가능하다. (There began a festival/축제가 시작되었다.)

5) **There** once **was** **a wise boy** **whose father was poor peasant.** (○)
   유도부사   동사   주어   형용사절
   아버지가 가난한 농부였던 한 현명한 소년이 있었다.

※There once was a wise boy. (×)

6) **There** **are** **many people** **in need of water and food.** (○)
   유도부사 동사   주어   형용사구
   물과 음식을 필요로 하는 많은 사람들이 있다.

※There are many people. (×)

7) **There** **goes** **an old saying** that no news is good news.
   유도부사 동사   주어   동격절
   무소식이 희소식이라는 옛 속담이 있다.

7. 후치형용사의 표현

■ ―thing, ―body, ―one, ―where

일반적으로 형용사는 명사 앞에서 수식을 한다. 그러나 때로는 형용사가 명사 뒤에서 수식을 하는 경우가 발생하는데 ~thing, ~body, ~one, ~where로 끝나는 명사 뒤에서 형용사가 수식을 하게 된다.

1) I have **nothing** special. / 나는 특별한 것이 없다.
　　　　　　명사　　후치형용사

2) I want to go to **somewhere** calm. / 나는 어딘가 조용한 곳으로 가고 싶다.
　　　　　　　　명사　　후치형용사

3) I met **someone** strange. / 나는 이상한 사람을 만났다.
　　　　명사　　후치형용사

4) I don't like **anybody** untidy. / 나는 불결한 사람을 좋아하지 않는다.
　　　　　　명사　　후치형용사

※ concerned, involved, present, available, possible, worth, aged 등도 명사 뒤에서 수식을 하는 경우가 있다.

5) Cooperation among **countries involved** is needed to resolve the conflict.
　　　　　　　　　명사　　후치형용사

= countries which are involved

그 분쟁을 해결하기 위해서는 '관련된 국가들' 간의 협력이 필요하다.

6) **Those present** must submit their reports.
　　명사　　후치형용사

= those people who are present

'참석한 사람들'은 보고서를 제출해야 한다.

7) **Those concerned** should report to the police.
　　명사　　후치형용사

= those people who are concerned

'관련된 사람들'은 경찰에 신고해야 한다.

8) I have no **means available**.

　　　　명사　　후치형용사

　　　　= means that are available

'가능한 수단'이 없다.

9) I have no **means possible**.

　　　　명사　　후치형용사

　　　　= means that are possible

'가능한 수단'이 없다.

8. 감정형용사의 ~ing/~ed 표현

1) The result was **amazing** to him. / 그 결과는 그에게 놀라웠다.

　사물　　　　　　~ing

2) He was **amazed** with the result. / 그는 그 결과에 놀랐다.

　사람　　　~ed

3) The game was **thrilling** to her. / 그 게임은 그녀에게 스릴 있었다.

　사물　　　　　~ing

4) She was **thrilled** to play the game. / 그녀는 그 게임을 하게 돼서 스릴을 느꼈다.

　사람　　　~ed

5) The news was **surprising** to us. / 그 소식은 우리에게 놀라웠다.

　사물　　　　　~ing

6) We were **surprised** at the news. / 우리는 그 소식에 놀랐다.

　사람　　　~ed

7) The movie was **exciting** to me. / 그 영화는 나에게 흥미로웠다.

　사물　　　　~ing

8) I was **excited** at the movie. / 나는 그 영화에 흥분했다.

　사람　~ed

‒ 위 1, 3, 5, 7번의 주어는 사물이다. 따라서 감정형용사는 ~ing형으로 나타내야 한다. 그리고 2, 4, 6, 8번의 주어는 사람이다. 따라서 감정형용사는 ~ed형으로 나타내야 한다.

9. 전치사구의 구분(형용사구/부사구)

'전치사+명사'의 형태를 흔히 전치사구라고 표현을 하는데 이 전치사구는 다시 형용사구와 부사구로 분류가 된다. 일반적으로 형용사구가 되는 전치사구는 명사 뒤에 오는 경우가 대부분이며 부사구가 되는 전치사구는 이 외의 대부분의 용법에 해당된다.

1) We usually go **to school** **on weekdays**.
　　　　　　동사　　부사구　　　　부사구

우리는 보통 주중에 학교에 간다.

– 1번 예문에서 두 개의 전치사구(to school/on weekdays) 모두 앞에 있는 동사(go)를 수식하고 있으므로 둘 다 부사구이다.

2) We are watching lambs　　**near a river**.
　　　　　분사　　　명사　　①형용사구, ②부사구

① 우리는 강가에 있는 양들을 보고 있다. ② 우리는 강가에서 양들을 보고 있다.

– 2번 예문은 두 가지 경우로 해석할 수 있다. 전치사구(near a river)가 앞에 있는 명사(lambs)를 수식하고 있다고 보면 형용사구가 되는 것이며(①) 전치사구(near a river)가 앞에 있는 분사(watching)를 수식하고 있다고 보면 부사구가 되는 것이다(②).

3) Many workers are resting **near a river**.
　　　　　　　　　　　분사　　　부사구

많은 근로자들이 강가에서 쉬고 있다.

– 3번 예문에서 전치사구(near a river)가 앞에 있는 분사(resting)를 수식하고 있으므로 부사구이다.

4) Give me some coins　　**on the table**.
　　　　　　　명사　　　　형용사구

테이블에 있는 동전 몇 개를 내게 다오.

– 4번 예문에서 전치사구(on the table)가 앞에 있는 명사(coins)를 수식하고 있으므로 형용사구이다.

※말이 안 되는 것 같지만 on the table을 부사구로 본다면 '테이블 위에서 내게 동전 몇 개를 다오'라는 표현이 된다.

5) I saw a small object moving   on the table.
                         분사   부사구

나는 테이블 위에서 움직이는 조그만 물체를 보았다.

– 5번 예문에서 전치사구(on the table)가 앞에 있는 분사(moving)를 수식하고 있으므로 부사구이다.

6) The situation is   of great importance to him.
           be동사   형용사(구)

= The situation is very important to him.

그 상황은 그에게 아주 중요하다.

– 6번 예문에서 전치사구(of great importance)가 형용사(구)로서 be동사(is)의 보어역할을 하고 있다 ('with+추상명사/of+추상명사의 표현' 참조).

10. with+추상명사/of+추상명사의 표현

형태	예시		품사
with+추상명사	with ease/⑥⑧	easily/⑤⑦	부사
	with confidence	confidently	
	with clarity	clearly	
of+추상명사	of help/②④	helpful/①③	형용사
	of wisdom	wise	
	of importance	important	

　영문법에서는 전치사구인 with+추상명사를 사용해서 부사표현을 대신할 수도 있으며 또한 전치사구인 of+추상명사를 사용해서 형용사표현을 대신할 수도 있다. 여기서 표현되는 명사들은 대부분 추상명사이다.

1) This service is **helpful** to me.
   형용사

2) → This service is **of help** to me.
   전치사구(형용사구)

   이 서비스는 나에게 도움이 된다.

– 위 1번 예문의 helpful(형용사) 대신에 2번 예문처럼 of help(of+추상명사) 라고 표현하면 같은 의미가 된다.

3) This service is **very helpful** to me.
   부사   형용사

4) → This service is **of   great   help** to me.
   전치사   형용사   명사

   이 서비스는 나에게 매우 도움이 된다.

– 위 3, 4번 예문은 1, 2번 예문의 응용표현이라고 보면 되겠다. 1, 2번 예문에서 형용사(helpful) = of + 추상명사(help)라고 언급했다. 그리고 3번 예문에서 형용사(helpful)를 수식하던 부사(very)는 4번 예문에서는 바뀐 명사(help) 앞에서 형용사가 되어서 수식을 해야 하는데 very의 형용사는 따로 존재하지 않으므로(very가 형용사가 있기는 하지만 '매우'라는 의미의 형용사는 아님) 의미는 유사하지만 품사만 다른 great로 표현했다.

※ 마찬가지로 great와 의미가 유사한 much를 써서 of much help라고 표현해도 된다(The service is **of much help** to me).

5) He solved the problem **easily**.
   부사

6) → He solved the problem **with ease**.
   전치사구(부사구)

   그는 그 문제를 쉽게 풀었다.

– 위 5번 예문의 easily(부사) 대신에 6번 예문처럼 with ease(with+추상명사)라고 표현하면 같은 의미가 된다.

7) He solved the problem **very**   **easily**.
　　　　　　　　　　　　부사　　　부사

8) → He solved the problem **with**   **great**   **ease**.
　　　　　　　　　　　　전치사　　형용사　　명사

그는 그 문제를 매우 쉽게 풀었다.

– 위 7, 8번 예문은 5, 6번 예문의 응용표현이라고 보면 되겠다. 5, 6번 예문에서 부사(easily)=with+ 추상명사(ease)라고 언급했다. 그리고 7번 예문에서 부사(easily)를 수식하던 부사(very)는 8번 예 문에서는 바뀐 명사(ease) 앞에서 형용사가 되어서 수식을 해야 하는데 very의 형용사는 따로 존 재하지 않으므로 의미는 유사하지만 품사만 다른 great로 표현했다(very가 형용사가 있기는 하지 만 '매우'라는 의미의 형용사는 아님).

※마찬가지로 great와 의미가 유사한 much를 써서 with much ease라고 표현해도 되겠다. (He solved the problem **with much ease**)

11. the+비교급/the+비교급 표현의 이해

영문법에서는 원급, 비교급, 최상급의 대상이 될 수 있는 품사가 형용사와 부사이다(※형용 사와 부사는 그 어원의 뿌리가 같음). 따라서 the+비교급~, the+비교급의 형태가 되려면 the 나 the more 다음에는 형용사나 부사가 바로 뒤에 이어져야 한다.

1) He is **obese**, and he has to run **steadily** on a treadmill.
　　　　　형용사　　　　　　　　　　　　　부사

그는 뚱뚱하다. 그래서 런닝머신을 꾸준히 타야 한다.

→2) <u>**The more obese**</u> he is, <u>**the more steadily**</u> he has to run on a treadmill.
　　　형용사 비교급　　　　　　　　부사 비교급

그가 살이 찌면 찔수록 런닝머신을 더 꾸준히 타야 한다.

– 위쪽 1번 예문을 the+비교급, the+비교급의 형태로 바꾼 문장이 2번 예문이다. 1번 예문의 앞쪽 절에 있는 형용사(obese)를 문두로 끌어내서 the+비교급으로 나타내었고, 뒤쪽 절에 있는 부사 (steadily)를 문두로 끌어내서 the+비교급으로 나타내었다(obese의 비교급은 obeser 가 아니라 more obese로 사용된다).

※어법적으로는 앞 절(The more obese he is)의 the more 부분에 접속력(접속사)이 있으며 앞 절 전체가 부사절이라고 봐야 한다('절의 종류와 성격/명사절, 형용사절, 부사절' 참조).

3) He is **rich**, and he wants to buy **many houses**.
　　　형용사　　　　　　　　　　　　　　형용사+명사

그는 부유하다. 그래서 더 많은 집을 사고 싶어한다.

4) → **The richer** he is, **the more houses** he wants to buy.
　　형용사 비교급　　　형용사+명사(many houses) 비교급

그가 부유할수록 더 많은 집을 사고 싶어 한다.

– 위쪽 3번 예문을 the+비교급, the+비교급의 형태로 바꾼 문장이 4번 예문이다. 3번 예문의 앞쪽 절에 있는 형용사(rich)를 문두로 끌어내서 the+비교급으로 나타내었고, 뒤쪽 절에 있는 형용사 (many)가 붙은 어구(many houses)를 문두로 끌어내서 the+비교급으로 나타내었다(many houses 의 비교급은 more houses이다).

5) We have **many choices**, but we hesitate **long**.
　　　　　형용사+명사　　　　　　　　　　부사

우리는 많은 선택권을 가지고 있다. 그러나 오래 망설인다.

6) → **The more choices** we have, **the longer** we hesitate.
　형용사 +명사(many choices) 비교급　　　부사 비교급

우리가 많은 선택권을 가질수록 더욱 오래 망설인다.

– 위쪽 5번 예문을 the+비교급, the+비교급의 형태로 바꾼 문장이 6번 예문이다. 5번 예문의 앞쪽 절의 형용사(many)가 붙은 어구(many choices)를 문두로 끌어내서 the+비교급으로 나타내었고, 뒤쪽 절에서의 부사(long)를 문두로 끌어내서 the+비교급으로 나타내었다(many choices의 비교 급은 more choices이다).

7) The earlier (주어+동사), the better (주어+동사)
　　　　　　생략　　　　　　　　　　생략

이르면 이를수록 더 좋다.

– 위 표현은 the+비교급, the+비교급 뒤에 주어+동사가 생략된 관용적인 용법이다. 굳이 예문을 하 나 언급하자면 다음과 같은 문장이 나오게 된다.

→ **The earlier** (you get up), **the better** (your health becomes).
당신이 일찍 일어날수록 당신의 건강은 더욱 좋아진다.

12. 라틴어(junior/senior/superior/inferior/prefer)의 비교 표현

영어식 표현	라틴식 표현	비고
older than/①	senior to/②	
younger than/③	junior to/④	
better than/⑤	superior to/⑥	than은 접속사, to는 전치사
worse than/ ⑦	inferior to/⑧	
like~more than/⑨	prefer~ to/⑩	

1) He is three years **older**   **than**   I.
　　　　　　　　 형용사　　 접속사　 주격

2) He is three years **senior**   **to**   me.
　　　　　　　　 형용사　 전치사　 목적격

   (= He is senior to me by three years.)
   그는 나보다 3살 많다.

– 위 1번과 2번 예문은 같은 의미이고 1번 예문이 영어식 표현, 2번 예문이 라틴식 표현이다. 1번 예
  문의 than이 접속사라서 뒤에 오는 인칭대명사는 주격(I)이 와야 하며(구어에는 me가 오기도 한다),
  2번 예문의 to가 전치사라서 뒤에 오는 인칭대명사는 목적격(me)이 와야 한다.

3) He is three years **younger**   **than**   she.
　　　　　　　　 형용사　　　 접속사　　 주격

4) He is three years **junior**   **to**   her.
　　　　　　　　 형용사　 전치사　 목적격

   (= He is junior to her by three years.)
   그는 그녀보다 3살 어리다.

– 위 3번과 4번 예문은 같은 의미이고 3번 예문이 영어식 표현, 4번 예문이 라틴식 표현이다. 3번 예
  문의 than이 접속사라서 뒤에 오는 인칭대명사는 주격(she)이 와야 하며(구어에는 her가 오기도 한
  다), 4번 예문의 to가 전치사라서 뒤에 오는 인칭대명사는 목적격(her)이 와야 한다.

5) This machine is **better**   **than**   that one.
                                  형용사   접속사   주격

6) This machine is **superior**   **to**   that one.
                                  형용사   전치사   목적격

이 기계는 저 기계보다 좋다.

– 위 5번과 6번 예문은 같은 의미이고 5번 예문이 영어식 표현, 6번 예문이 라틴식 표현이다. 5번 예문의 than이 접속사라서 뒤에 오는 that one은 주격이며, 6번 예문의 to가 전치사라서 뒤에 오는 that one은 목적격이다.

7) This machine is   **worse**   **than**   that one.
                                  형용사   접속사   주격

8) This machine is   **inferior**   **to**   that one.
                                  형용사   전치사   목적격

이 기계는 저 기계보다 안 좋다.

– 위 7번과 8번 예문은 같은 의미이고 7번 예문이 영어식 표현, 8번 예문이 라틴식 표현이다. 7번 예문의 than이 접속사라서 뒤에 오는 that one은 주격이며, 8번 예문의 to가 전치사라서 뒤에 오는 that one은 목적격이다.

9) I **like** this chair **more than** (I like) that one.
                            접속사   목적격

10) I **prefer** this chair   **to**   that one.
                           전치사(= over)   목적격

나는 이 의자가 저 의자보다 좋다.

– 위 9번과 10 예문은 같은 의미이고 9번 예문이 영어식 표현, 10번 예문이 라틴식 표현이다. 9번 예문의 than이 접속사이며 주어+동사(I like)가 생략된 채 목적어(that one)만을 나타내고 있다. 그리고 10번 예문의 to(=over)가 전치사라서 뒤에 오는 that one은 목적격이다.

13. very, too, so 표현의 구분

very, too, so의 공통점은 셋 다 부사라서 형용사나 부사를 수식할 수 있다는 점이며 차이점은 뒤에 어떤 어구(어절)가 오느냐에 따라 각기 쓰임이 다르다는 점이다.

1) He ran **very** fast. (○)
　　　　　　부사　　부사

2) He ran **too** fast. (○)
　　　　　　부사　　부사

3) He ran **so** fast. (○)
　　　　　　부사　　부사

그는 매우(너무) 빨리 달렸다.

- 1~3번 예문의 경우는 부사인 very, too, so 가 각각 fast(부사)를 수식하고 있으므로 어법적으로는 틀린 점은 없다.

He ran	very	slow	to keep pace with his wife so that he could keep pace with his wife	• 단문(긍정)/⑥ • 복문(목적)/⑥-1
	so		that he came in last that he couldn't catch the bus	• 복문(결과/긍정)/④ • 복문(결과/부정)/⑤-1
	too		to catch the bus	• 단문(부정)/⑤

4) He ran **so** slow __that he came in last.__
　　　　　　　　　　　부사절(결과/긍정)

그는 너무 늦게 달려서 마지막으로 들어왔다.

4-1) (= He ran slow enough to come in last.)

- 위 4번 예문은 문장 전체가 복문(주절+종속절)이고 that절이 부사절(종속절)인데 이때 주절(He ran slow)의 부사(slow)를 수식할 수 있는 부사는 so만 가능하다.

5) He ran **too** slow __to catch the bus.__
　　　　　　　　　　부사구

그는 너무 늦게 달려서 버스를 탈 수 없었다.

5-1) (=He ran **so** slow __that he couldn't catch the bus.__)
　　　　　　　　　　　　　　　　부사절(결과/부정)

- 위 5번 예문은 문장전체가 부정의 의미를 가진 단문(동사가 하나)으로 쓰였는데 이때 부사(slow)를 수식할 수 있는 부사는 too만 가능하다('so+(형용사/부사)+that과 so that+(can, will)~의 표현' 참조).

6) He ran **very** slow to <u>keep pace with his wife.</u>
　　　　　　　　　　　　　부사구

　　그는 부인과 속도를 맞추기 위해서 매우 늦게 달렸다.

6-1) (=He ran **very** slow <u>**so that** he could keep pace with his wife.</u>)
　　　　　　　　　　　　　　　　　부사절(목적)

- 위 6번 예문은 문장 전체가 긍정의 의미를 가진 단문으로 쓰였는데 이때 부사(slow)를 수식할 수 있는 부사는 very를 쓴다.

7) It is not **so** easy <u>to complete the duty in time.</u>
　가주어　　　　　　　　　진주어(명사구-외치)

　　시간 안에 그 임무를 마치기는 매우 쉽지 않다.

8) It is **very** difficult <u>to succeed in red ocean businesses.</u>
　가주어　　　　　　　　　　진주어(명사구-외치)

　　레드오션 사업에서 성공하는 것은 매우 어렵다.

9) It is **too** early <u>to think about a welfare state.</u>
　가주어　　　　　　　진주어(명사구-외치)

　　복지국가에 대해서 생각하는 것은 너무 이르다.

- 위 7, 8, 9번 예문은 주어 자리에 가주어(it)를 두고 진주어인 to부정사구를 외치시킨 구조이다('난이형용사의 it is~to표현' 참조). 이 경우는 형용사 앞에서 so, very, too 모두 수식가능하다.

■ 'It's too early to be optimistic(아직 안심하기에는 너무 이르다)'이 'too~to용법'이 아닌 이유

- 위 예문은 언뜻 보면 it이 비인칭주어인 too~to용법(너무~해서 ~할 수 없다)의 문장 같아 보인다. 그러나 아래 예문을 보고 다시 판단을 해 보자.

10) You are **too** naive <u>to tell a lie.</u>
　　당신은 너무 순진해서 거짓말할 사람이 아니다.

　　⇒ 10-1) You are **so** naive **that** you **can't** tell a lie.

- 위 10번 예문에서 to tell a lie의 주체는 문장 전체의 주어인 you이다. 따라서 10번 예문을 복문인 10-1번 예문으로 전환했을 때 that절(that you can't tell a lie)의 주어(you)가 주절(You are so naive)의 주어(you)와 같아야 한다. 마찬가지로 이 논리를 적용해서 주어진 예문(It's too early to be optimistic)을 복문으로 전환하면 It is so early that it can't be optimistic이라는 문장이 나오게 되는데 이렇게 되면 주절(It is so early)의 주어(it)와 종속절인 that절(that it can't be optimistic)의 주어(it)가 모두 비인칭주어가 되는 비문법적 표현이 나오게 된다(문장 구조상 it이 가주어가 될 수는 없다. 다시 말해서 so~that 구문은 가주어, 진주어 구문이 불가능하다). 따라서 주어진 예문(It's too early to be optimistic)은 it이 가주어이고 to be optimistic 부분이 진주어인 외치(후치) 구조로 봐야 한다. early(부사)를 수식하는 too(부사)는 too~to 용법(너무~해서 ~할 수 없다)과는 관계없는 부사이다.

※그런데 우리가 이 부분에서 간과한 점이 있다. 일반주어(people, we, they)가 that 절의 주어가 되었을 때(It is so early that we cannot be optimistic)는 that 절을 단문으로 바꾸는 과정에서 일반 주어를 지칭하는 for us/for people/for them 이 생략될 수 있다는 점이다(It is too early (for us) to be optimistic).→'절(clause)을 for~to를 이용해서 구로 전환하는 방법' 참조. 만약 이 설명이 유효하다면 이 구문은 too~to 구문(너무~해서~하다)으로 봐도 무방하다고 할 수 있겠다. 물론 이 경우에 주어인 it은 '시간'을 의미하는 비인칭 주어라고 봐야 한다.

It is so early that we can not be optimistic.
비인칭(시간)

→ It is too early (**for us**) to be optimistic.
　　　　　　　　생략 가능

→ It is too early to be optimistic.

14. like, alike/live, alive와 almost, mostly의 구분

■ like, alike/live, alive의 구분

1) It is **like** a wheel. / 그것은 바퀴와 비슷하다.
　　　한정적용법　　명사

2) We are all **alike**. / 우리는 모두 비슷하다(비슷하게 생겼다).
　　　　　　　서술적용법

3) I love **live** music. / 나는 라이브 음악을 좋아한다.
　　　한정적용법　명사

4) He is still **alive**. / 그는 여전히 살아있다.
　　　　　　서술적용법

- like와 live는 한정적용법으로 써야 하는 단어들이며 위 1, 3번 예문처럼 뒤에 피수식명사(a wheel/ music)가 따라와야 한다. 반면에 alike와 alive는 서술적으로 써야 하는 단어이며 위 2, 4번 예문처럼 뒤에 피수식명사가 없어야 한다.

※ 서술적 형용사로만 쓰이는 단어들은 주로 a–로 시작하는 단어들인데 alike와 alive 이외에도 ablaze(타오르는), adrift(표류하는), afloat(떠 있는), aloof(초연한, 냉담한), asleep(잠든), awake(깨어있는), averse(싫어하는), aware(알고 있는), akin(같은, 유사한) 등이 있다.

■ almost, mostly의 구분

5) The movie is **almost** over. / 영화가 거의 끝났다.
= nearly

6) The mechanic **almost** finished his duty.
= nearly
그 기계공은 그의 임무를 거의 끝냈다.

7) We wash our cars **almost** every day.
= nearly
우리는 거의 매일 세차를 한다.

8) The people are **mostly** from Asia.
⇒ Most of the people are from Asia
그 사람들은 대부분 아시아계이다.

9) The books I bought yesterday are **mostly** for my cousin.
⇒ Most of the books I bought yesterday are for my cousin.
어제 산 책들은 대부분 조카를 위한 것이다.

10) I take a walk **mostly** around the park.
⇒ I take a walk mainly around the park.
나는 주로 공원 주위를 산책한다.

- almost는 '거의, 대체로'라는 의미를 가진 부사로서 nearly와 의미가 거의 비슷하며 5, 6, 7번 예문처럼 형용사(over)나 동사(finished), 또는 부사(every day)를 수식해야 하는 경우가 대부분이다. mostly는 '대부분, 주로'라는 의미를 가진 부사로서 8번(people)과 9번(books) 예문처럼 복수명사를 가지고 있는 문장 속에서 쓰이는 경우가 많으며 10번 예문처럼 '주로, 특히(=mainly, chiefly)'라는 의미가 통할 수 있는 곳에 쓰인다.

11) The mechanics **almost finished** their duties. (○)

기계공들은 그들의 임무를 '대부분 끝냈다'.

12) The mechanics **mostly** finished their duties. (○)

'기계공들 대부분'은 그들의 임무를 끝냈다.

15. 수사(數詞) 뒤에 오는 복수명사의 단수 표현

1) This is a **two** story building. (○)
　　　　　수사　명사　피수식 명사

이것은 2층짜리 건물이다.

2) This is a **two** stories **building**. (×)
　　　　　수사　명사　피수식 명사

– 위 2번 예문이 틀리는 이유는 수사(two) 다음의 명사인 stories가 피수식 명사인 building을 수식하면서 형용사적인 성질을 띠기 때문이다. 일반적으로 수사+명사(two stories)가 표현될 때 수사(two) 다음의 명사(story)는 형용사적인 성질을 띠게 된다. 그렇기에 형용사에 –s가 붙는다는 것은 어법적으로도 맞지 않는 것이다(※영문법에서 –s가 붙을 수 있는 조건은 3인칭 동사변화와 복수형 접사를 표시할 때뿐이다). 따라서 형용사적인 성질을 띠기 위해서는 명사 stories에서 복수형 접사인 –s를 제거해서 표현해야 한다.

※단, 피수식 명사(building)가 뒤에 있어야만 한다.

※수사와 명사 사이에 하이픈(–)을 표시하는 것이 보통이지만 어법적인 요구사항은 아니다.

3) She is a **ten year** old girl. (○)
　　　　　수사　명사　형용사　피수식명사

그녀는 10살 된 소녀이다.

4) She is a **ten years** old girl. (×)
　　　　　수사　명사　형용사　피수식명사

– 위 4번 예문이 틀리는 이유는 수사(ten) 다음의 명사인 years가 피수식 명사인 girl을 수식하면서 형용사적인 성질을 띠기 때문이다. 일반적으로 수사+명사(ten years)가 표현될 때 수사(ten) 다음

의 명사(year)는 형용사적인 성질을 띠게 된다. 그렇기에 형용사에 −s가 붙는다는 것은 어법적으로도 맞지 않는 것이다(※영문법에서 −s가 붙을 수 있는 조건은 3인칭 동사변화와 복수형 접사를 표시할 때뿐이다). 따라서 형용사적인 성질을 띠기 위해서는 명사 years에서 복수형 접사인 −s를 제거해서 표현해야 한다.

※단, 피수식 명사(girl)가 뒤에 있어야만 한다.

※5) She is **ten** **years** **old**. (○)
　　　　　　 수사　 명사　 형용사

− 위 5번 예문에서 수사(ten) 다음에 이어지는 명사인 years에 복수형 접사(−s)를 그대로 붙여서 표현하는 이유는 위 1, 3번 예문과는 달리 뒤에 피수식 명사가 없어서 명사적인 성질을 그대로 유지할 수 있기 때문이다.

※수사 다음에 오는 명사라서 형용사적인 성질을 띠게 된다고 설명했는데 좀 더 근본적인 접근법은 명사+명사로 이어지는 어구에서 앞 명사의 형용사적인 성질 때문에 이러한 현상이 일어난다고 봐야 한다. 위 1번 예문(two story building)과 3번 예문(ten year old girl)에서는 명사+명사로 이어지는 구조(story building/year girl)가 보이며 앞쪽 명사(story/year)가 형용사적인 성질을 띠게 되므로 복수형 접사(−s)가 붙지 못한다. 그런데 5번 예문에서는 명사+명사의 구조가 보이지 않으므로 (years+×) 명사(years)가 형용사적인 성질을 띨 이유가 없다. 따라서 원래대로 복수형 접사(−s)가 붙는 것이다.

※ **savings** bank(저축은행) / **resources** policy(자원정책)

− 위 표현들이 명사+명사로 이어진 구조이지만 앞쪽 명사(savings/resources)의 복수형 접사(−s)가 생략되지 않은 채 쓰이는 이유는 이 단어들이 복수형 접사(−s)가 붙은 채 쓰여야 원래 의도하는 의미(saving−절약/savings−저축/resource−수단/resources−자원)를 가질 수 있기 때문이다.

16. used to V/be used to ∼ing/be used to V의 구분

1) He **used**　　　 **to**　 get up early.
　　　과거동사　　부정사
그는 (예전에) 일찍 일어나곤 했다.

− 1번 예문에서 used는 과거의 습관을 의미하는(∼하곤 했다) 과거동사이다. 이 동사는 특이하게도 현재형과 과거분사형이 존재하지 않는다. to는 부정사이다.

2) He is <u>used</u> <u>to</u> <u>getting</u> up early.
　　　　형용사　전치사　동명사

(= He is accustomed **to getting** up early.)

그는 일찍 일어나는 데 익숙하다.

– 2번 예문에서 used는 '익숙하다'는 의미를 지닌 형용사이며 to는 전치사이다. 따라서 getting은 전치사(to)의 목적어가 되는 동명사이다.

3) This machine is <u>used</u> <u>to</u> <u>wash</u> shoes.
　　　　　　　　　　과거분사　부정사

그 기계는 신발을 세척하는 데 이용된다.

– 3번 예문에서 used는 '사용하다'는 의미를 지닌 타동사 use의 과거분사(p.p)이며 1, 2번 예문과 달리 3번 예문은 수동태(be+p.p)이다. to는 부정사이다.

17. nothing but과 anything but의 표현

1) He is <u>nothing but</u> a singer. / 그는 가수일 뿐이다.
　　　　　= only

1-1) For the cash-strapped businessman, **nothing but** his family was more important than money.
　　　　　　　　　　　　　　　　　　= except

현금이 부족한 그 사업가에게 가족을 제외한 어떤 것도 돈보다 중요치 않았다.

– 위 1-1번 예문의 nothing but은 1번 예문(He is nothing but a singer)에서처럼 하나의 관용적인 어구로써 'only(오직)'라는 의미로 쓰인 표현이 아니라 nothing이 절(nothing but his family was more important than money) 전체의 주어이며, but은 전치사로써 '~은 제외하고'라는 의미로 쓰였다.

2) He is <u>anything but</u> a singer. / 그는 가수가 절대 아니다.
　　　　　= never

제12장 whether/if(~인지 아닌지)

구분	if	whether	비고
명사절	~인지 아닌지	~인지 아닌지	①~⑪
부사절	• 만약~ 라면 **If** she is innocent,she will be exempted from punishment. 그녀가 무고하다면,처벌받지 않을 것이다.	• ~인지 아니든지 간에 **Whether** she is innocent (or not), she will be dismissed. 그녀가 무고하든지 아니든지 간에 해고될 것이다.	

※ '명사절과 부사절에서의 whether' 참조

1. '~인지 아닌지'의 의미로서 if/whether가 사용되는 조건

※ '~인지 아닌지'의 의미로 쓰이는 접속사 if나 whether는 '모른다, 확실하지 않다'는 의미를 가진 표현(동사, 형용사)들이 앞에 오는 경우가 대부분이며 이때 if나 whether는 목적절(명사절)을 접속하는 역할을 한다.

1) I don't know
2) I am **not sure**
3) It is **not certain**
4) She **asks** me   whether(=if) he is in a good condition (or not)
5) She **wonders**
6) I can't see
7) I examine

8) I **confirm**

9) I can **tell**

10) I'll **find out**

11) I **doubt**　　　　whether(=if,that) he is in a good condition

그가 건강이 좋은지 아닌지 ~하다

※ I **have no doubt that** he is a criminal.
　　= am sure that

나는 그가 범인이라고 확신한다

※ Do you mind **if** I take an aisle seat?
　　　　　whether 불가능

제가 통로쪽 좌석에 앉아도 되겠습니까?

2. '~인지 아닌지(명사절)'의 의미로서의 if/whether의 사용법

구분	if절	whether절
주절(주어절)	불가능/④	가능/③
주절(주어절)/목적절의 외치(가주어 it/가목적어 it)	가능/⑤⑮	가능/⑥⑯
주격보어절	불가능/⑩	가능/⑨
타동사의 목적절	가능/①	가능/②
전치사의 목적절	불가능/⑧	가능/⑦
동격절	불가능/⑫	가능/⑪
if to/whether to의 형태	불가능/⑭	가능/⑬

1) I don't know **if** he is in poor health. (○)
　　타동사　　　　명사절(목적절)

2) I don't know **whether** he is in poor health (or not). (○)
　　타동사　　　　　명사절(목적절)

나는 그의 건강이 나쁜지 아닌지 모른다.

– 위 1, 2번 예문처럼 타동사(know)의 목적어(절)를 접속할 때는 if나 whether 모두 '~인지 아닌지'의 의미로 사용이 가능하다

231

3) **Whether** he is in poor health is not clear. (○)
　　　명사절(주어절)

그의 건강이 나쁜지 아닌지는 분명치 않다.

4) **If** he is in poor health is not clear. (×)
　　명사절(주어절)

– 위 3, 4번 예문처럼 '~인지 아닌지'의 의미로서 문장의 주어가 되는 명사절을 접속할 때 whether 는 가능하지만 if는 불가능하다.

5) **It** isn't clear **if** he is in poor health. (○)
　가주어　　　　　　주절(명사절/외치)

6) **It** isn't clear **whether** he is in poor health. (○)
　가주어　　　　　　　주절(명사절/외치)

그의 건강이 나쁜지 아닌지는 분명치 않다.

– 위 5, 6번 예문처럼 if절이나 whether절이 가주어(it)를 두고 외치했을 때는 if나 whether 모두 '~인 지 아닌지'의 의미로서 접속이 가능하다.

7) I am concerned about **whether** he is in poor health. (○)
　　　　　　　　　　명사절(전치사 about의 목적절)

나는 그의 건강이 나쁜지 아닌지 염려된다.

8) I am concerned about **if** he is in poor health. (×)
　　　　　　　　　명사절(전치사 about의 목적절)

– 위 7, 8번 예문처럼 '~인지 아닌지'의 의미로서 전치사(about)의 목적어가 되는 명사절을 접속할 때 whether는 가능하지만 if는 불가능하다

9) The problem is **whether** he is in poor health. (○)
　　　　　　　명사절(주격보어절)

문제는 그의 건강이 나쁜지 아닌지이다.

10) The problem is **if** he is in poor health. (×)
　　　　　　명사절(주격보어절)

– 위 9, 10번 예문처럼 '~인지 아닌지'의 의미로서 be동사(is)의 보어가 되는 명사절을 접속할 때 whether는 가능하지만 if는 불가능하다.

11) The problem **whether** he is in poor health is not cleared. (○)
    명사절(동격절)

　그의 건강이 나쁜지 아닌지의 문제는 해명되지 않았다.

12) The problem **if** he is in poor health is not cleared. (×)
    명사절(동격절)

‒ 위 10, 11번 예문처럼 '~인지 아닌지'의 의미로서 동격절을 접속할 때 whether는 가능하지만 if는
　불가능하다.

13) I don't know **whether to** start today or tomorrow. (○)
    부정사구(명사구)

　(= I don't know whether I should start today or tomorrow.)
　나는 오늘 출발해야 할지 내일 출발해야 할지 모르겠다.

14) I don't know **if to** start today or tomorrow. (×)
    부정사구(명사구)

‒ 위 13, 14번 예문처럼 '~인지 아닌지'의 의미로서 to부정사구(명사구)를 접속할 때 whether to~는
　가능하지만 if to~는 불가능하다.

15) We find **it** uncertain **if** she will attend the competition. (○)
    가목적어　　　　　**목적절(명사절/외치)**

16) We find **it** uncertain **whether** she will attend the competition. (○)
    가목적어　　　　　　**목적절(명사절/외치)**

　우리는 그녀가 그 대회에 참여할지 안 할지 불확실하다고 생각한다.

‒ 위 15, 16번 예문처럼 if절이나 whether절이 가목적어(it)를 두고 외치했을 때는 if나 whether 모두
　'~인지 아닌지'의 의미로서 접속이 가능하다.

3. 명사절과 부사절에서의 whether

	절의 구분	의미	절의 위치이동 가능 여부	구(phrase)로 전환시의 형태
whether	명사절	~인지 아닌지	• 가주어(it) 표기시 주절 외치 가능② • 가목적어(it) 표기시 목적절 외치 가능(5형식)⑥ • 목적절(3형식), 보어절, 동격절 원칙적으로 이동 불가③④⑤ ※ 동격절이 주절보다 긴 경우 가능 The concern is ground-less whether he should return the faulty goods (or not)	to부정사/③-1, ⑤-1
	부사절	~인지 아니든지 간에	주절에 선행할 경우, 구두점(,)으로 주절과의 경계선을 표시함⑦	분사구문으로 전환 • ~ing나~ed/⑪⑫ • being이 생략된 명사, 형용사/ ⑨⑩ • being이 생략된 전치사구/⑬

※ 명사절에서의 whether는 '~인지 아닌지(명사절)의 의미로서의 if/whether의 사용법' 추가 참조

1) <u>**Whether** they will be here in time (or not)</u>　<u>isn't sure.</u>
　　　　　　　명사절(주어절)　　　　　　　　　　　　**불완전한 구조**

– 1번 예문을 보면 whether절을 제외한 문장의 나머지 부분이 주어가 없는 isn't sure만 남게 돼서 불완전한 구조이다. 따라서 whether절은 문장의 주어가 되는 명사절(주어절)이 된다.

2) **It** isn't sure **whether** <u>they will be here in time(or not)</u>.
　가주어　　　　　　　　　　**명사절(진주어-외치)**
　①②그들이 제시간에 여기에 올지 안 올지 확실하지 않다.

– 2번 예문은 1번 예문의 명사절(주어절)을 가주어(it)를 사용해서 외치한 구조이므로 whether절 또한 명사절이 된다.

3) I don't know **whether** I should accept the money(or not).
　　불완전한 구조　　　　　　　명사절(목적절)

3-1) = I don't know **whether** to accept the money (or not)
내가 그 돈을 받아야 할지 모르겠다.

- 3번 예문은 whether절을 제외한 문장의 나머지 부분이 타동사(know)의 목적어가 없는(I don't know) 불완전한 구조이다. 따라서 whether절은 목적어가 되는 명사절(목적절)이 된다.

4) The question is **whether** they will be here in time(or not).
　　　불완전한 구조　　　　　　　명사절(주격보어절)
문제는 그들이 제시간에 여기에 올지 안 올지 모른다는 것이다.

- 4번 예문은 whether절을 제외한 문장의 나머지 부분이 be동사(is)의 보어가 없는 불완전한 구조이다. 따라서 whether절은 주격보어가 되는 명사절(주격보어절)이 된다.

5) The customer voiced concern **whether** he should return the faulty goods(or not).
　　　　完전한 구조　　　　　　　　명사절(동격절)

5-1) =The customer voiced concern **whether** to return the faulty goods(or not).
그 고객은 결함이 있는 물건들을 반환해야 할지에 대해서 염려했다.

- 5번 예문은 whether절이 concern(염려)을 선행사로 두면서 동격절로 쓰인 명사절이다.

6) I find **it** uncertain **whether he will take up the post.**
　　가목적어　　　　　　명사절(진목적어-외치)
나는 그가 그 자리를 맡을지가 확실치 않다고 생각한다.

- 6번 예문은 목적어 자리에 있던 whether절(목적절)을 가목적어(it)를 두고 외치한 구조이므로 whether절 또한 명사절이 된다.

7) <u>**Whether** they will be here in time (or not),</u> <u>we will start as scheduled.</u>
　　　　　　부사절　　　　　　　　　　구두점　　　완전한 구조

8) <u>We will start as scheduled</u> <u>**whether** they will be here in time(or not).</u>
　　　　완전한 구조　　　　　　　　　　　　　부사절

　⑦⑧그들이 제시간에 여기에 오든지 안 오든지 간에 우리는 예정대로 출발할 것이다.

- 7번 예문은 whether절을 제외한 문장의 나머지 부분이 완전한 구조이다. 따라서 whether절은 부사절이 된다. 그런데 7번 예문처럼 절이 문두에 오고 그 뒤에 구두점(,)이 있는 경우에 그 절은 대부분 부사절이라고 보면 된다. 8번 예문에서처럼 정상적인 어순에서는 부사절이 문장 뒤쪽에 위치하게 되는데 이 부사절이 7번 예문에서처럼 문두에 위치하게 되면 주절과의 사이에 구두점(,)이 발생하게 된다.

9) <u>**Whether** pretty or not</u>, she will be hired as a secretary.
　　　　　　　　　형용사
　　부사구(절)(= whether she is pretty or not)
　　예쁘던 아니든지 간에 그녀는 비서로 채용될 것이다.

※분사구문으로 바뀌는 방법은 '절을 동명사(~ing) 또는 분사(~ing/~ed)를 이용해서 구로 전환하는 방법' 참조.

10) <u>**Whether** a student or not</u>, you are eligible for discount coupon.
　　　　　　　　　　명사
　　부사구(절)(= whether you are a student or not)
　　학생이든 아니든지 간에 당신은 할인쿠폰을 받을 수 있습니다.

11) <u>**Whether** implicated in the bribery scandal or not</u>, he will retain his post.
　　　　　　　　分사
　　부사구(절)(= whether he is implicated in the bribery scandal or not)
　　그가 뇌물사건에 연루되었든 아니든지 간에 그의 직책을 유지할 것이다.

12) <u>**Whether** accepting the offer or not</u>, you should always be prudent.
　　　　　　　　分사
　　부사구(절)(= whether you accept the offer or not)
　　그 제의를 받아들이든지 아니든지 간에 너는 항상 신중해야 한다.

13) <u>**Whether** in pain or not</u>, you should complete your duty.
　　　　　　　전치사구
　　부사구(절)(= whether you are in pain or not)
　　아프든 아니든 간에 너의 임무를 완수해야 한다.

※위 9~13번 예문은 '분사구문에서 생략되는 being' 참조.

제13장 접속사

1. doubt if와 suspect that의 구분

1) I **doubt if**(=whether, that) he is your biological father.
   ~아닐 것이다
   나는 그가 너의 생부가 아닐 거라고 의심한다.

2) I **suspect that** he is your biological father.
   ~일 것이다
   나는 그가 너의 생부일 거라고 의심한다.

– 1번 예문은 '생부라는 사실을 의심한다(생부가 아닐 것이다)'라는 의미이고 2번은 '생부가 아닐까 의심한다(생부일 것이다)'는 의미이다. 따라서 doubt 뒤에 이어지는 접속사는 if나 whether, 또는 that이 되지만 suspect 뒤에 이어지는 접속사는 that이 돼야 한다.

※3) I **don't doubt that** he is your biological father.
   나는 그가 너의 생부일 거라고 의심하지 않는다.

– don't doubt는 '의심하지 않는다'는 의미이므로 접속사는 that이 돼야 한다.

2. be proud of how는 맞고 be proud that how는 틀리는 이유

1) I am proud **of**   **how**   much money I have saved by economical life
    동사   전치사   의문부사(접속사)   동사

    style. (○)

    나는 검소한 생활방식 덕에 많은 돈을 저축한 것이 자랑스럽다.

2) I am proud **that**   **how**   much money I have saved by economical
    동사   접속사   의문부사(접속사)   동사

    life style. (×)

– 위 1번 예문의 of how가 맞는지 2번 예문의 that how가 맞는지 판단하는 방법은 다음과 같다.
 1번 예문에서는 접속사가 한 개(how)이며 동사가 두 개(am, have)다. (have는 조동사겸 일반동사
 임. '조동사와 일반동사의 역할을 겸하는 have, be' 참조) 따라서 문장 속에서 '접속사+1=동사의
 개수'라는 영문법의 원칙에 어긋나지 않는다. 그러나 2번 예문을 보면 접속사가 두 개(that, how)이
 므로 영문법 원칙상 동사가 세 개여야 하는데 두 개(am, have)만 보이므로 틀린 문장이다.

※ 그렇다면 2번 예문에서 접속사(that)를 하나 빼면 되는데 그렇게 되면 2형식문장(I am proud)과 명
 사절(how much money I have saved by economical life style)이 나란히 연결되는, 어법적으로
 틀린 문장이 된다.

    → I am proud   **how** much money I have saved by economical life style. (×)
              2형식   명사절

그래서 이 명사절(**how** much money I have saved by economical life style)을 어떡하든 처리해야
하는 문제가 발생하는데 그 방편으로써 전치사(of)를 명사절(how much money I have saved by
economical life style) 앞에 두게 되면 전치사+명사절이 부사구로 처리되면서 문제가 해결된다('전치
사구의 구분(형용사구, 부사구)' 참조). 따라서 2형식 문장(I am proud)+부사구(of how much mon-
ey I have saved by economical life style)가 나란히 연결되는, 어법적으로 완전한 문장이 된다.

                                                         부사구
    → I am proud (**of**   **how** much money I have saved by economical life style).
              2형식   전치사   명사절(전치사의 목적어)

3. 단독부사구와 형용사절(관계절)의 수식을 받는 부사구의 비교

1) At that moment, he fell over a wet rug.
   부사구   주절(main clause)

   그 순간 그가 젖은 카펫 위로 넘어졌다.

2) At that moment _{when(that)} he fell over a wet rug, she was surprised at the sound.
   부사구   형용사절   주절

   그가 젖은 카펫 위로 넘어진 그 순간, 그녀가 그 소리에 놀랐다.

- 위 1번과 2번 예문에서는 주절(main clause)의 위치가 다르다. 2번 예문처럼 '시간'을 의미하는 부사구(at that moment) 뒤에 연결되는 절이 있는 경우에는 그 절이 형용사절이 돼서 앞에 있는 부사구를 수식해야 하며, 구두점(,) 뒤에 오는 절이 주절(main clause)이 된다. ※at that moment 뒤에 때를 나타내는 관계부사인 when(=that)이 생략되었다.

3) Because of the reason, we had to give up our summer vacation.
   부사구   주절(main clause)

   그 이유 때문에 우리는 여름 휴가를 포기해야만 했다.

4) Because of the reason _{that} we had to give up our summer vacation, we could save a
   부사구   형용사절   주절
   significant amount of money.

   여름 휴가를 포기해야만 했던 그 이유 때문에, 우리는 많은 돈을 절약할 수 있었다.

- 위 3번과 4번 예문에서는 주절(main clause)의 위치가 다르다. 4번 예문처럼 '이유'를 의미하는 부사구(because of the reason) 뒤에 연결되는 절이 있는 경우에는 그 절이 형용사절이 돼서 앞에 있는 부사구를 수식해야 하며, 구두점(,) 뒤에 오는 절이 주절(main clause)이 된다.
※because of the reason 뒤에 관계부사인 that이 생략되었다. [관계부사인 why를 쓰지 못하는 이유는 선행사(the reason)가 부사구(because of the reason)의 일부이기 때문이다]

4. so+(형용사/부사)+that과 so that+(can, will)~의 표현

so+(형용사/부사)+that은 '너무~해서~하다'는 '결과'를 나타내는 표현이고 so that+(can, will)은 '~하기 위해서'라는 '목적'을 나타내는 표현이다.

■ so+(형용사/부사)+that(결과/'너무~해서~하다')의 표현

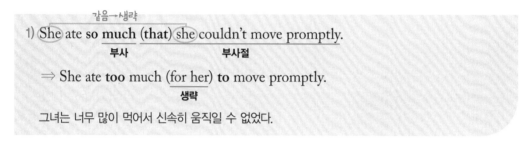

- 위 1번 예문처럼 so(부사)와 that(접속사) 사이에 형용사나 부사(much)가 삽입돼 있고 that절이 부정문(not)인 형태는 '너무~해서 ~못하다'는 표현으로 단문(동사가 하나)인 too~to의 구조로 바꿀 수 있다('절을 for~to를 이용해서 구로 전환하는 방법', 'very, too, so 표현의 구분' 참조).

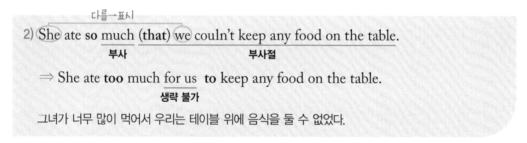

- 위 2번 예문처럼 주절의 주어(she)와 종속절(that절)의 주어(we)가 다른 경우는 단문(동사가 하나)인 too~to로 전환할 때 종속절의 주어를 전치사 for를 써서 나타내야(for us) 한다.

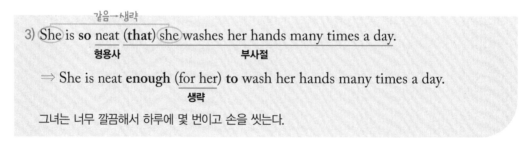

- 위 3번 예문처럼 so(부사)와 that(접속사) 사이에 형용사(neat)나 부사가 삽입돼 있고 that절이 긍정문인 형태는 '너무~해서 ~하다'는 표현으로 단문(동사가 하나)인 enough to~의 구조로 바꿀 수 있다.

4) She saved **so** much money (**that**) her son could borrow some from her.

　　　　　　형용사 +명사　　　　　　　　　　　부사절

　　⇒ She saved much money **enough** for her son **to** borrow some from her.

　　　　　　　　　　　　　　　　생략 불가

그녀가 돈을 많이 저축해서 그녀의 아들이 그녀로부터 돈을 좀 빌릴 수 있었다.

– 위 4번 예문처럼 주절의 주어(she)와 종속절(that절)의 주어(her son)가 다른 경우는 단문(동사가 하나)인 enough to~로 전환할 때 종속절의 주어를 전치사 for를 써서 나타내야(for her son) 한다.

■ so that~(can, will)(목적/'~하기 위해서')의 표현

5) She ate much **so** (**that**) she could gain weight.

　　　　　　　　　　　　　　부사절

　　⇒ She ate much **in order** (for her) **to** gain weight.

그녀는 살찌기 위해서 많이 먹었다. **생략**

– so(부사)와 that(접속사) 사이에 형용사나 부사가 삽입되는 1~4번 예문과는 달리 5번 예문은 so that이 붙어 있으며 '목적(~하기 위해서)'을 나타내는 표현이다. 이 경우는 단문(동사가 하나)으로 전환할 때 in order (for) to가 발생한다.

6) We opened the door **so** (**that**) our kids could come in.

　　　　　　　　　　　　　　부사절

We opened the door **in order** for our kids **to** come in.

　　　　　　　　　　생략 불가

우리는 아이들이 들어올 수 있도록 문을 열었다.

– 위 6번 예문처럼 주절의 주어(we)와 종속절(that절)의 주어(our kids)가 다른 경우는 단문(동사가 하나)인 in order to~로 전환할 때 종속절의 주어를 전치사 for를 써서 나타내야(for our kids) 한다.

※5번과 6번 예문에서처럼 '목적(~을 하기 위해)'을 나타내는 표현인 in order to~에서 in order 부분을 생략해서 to~ 부정사만으로도 표현할 수가 있는데 이것은 우리가 흔히 to부정사의 '부사적 용법'이라고 부르는 표현이다.

- She ate much **to gain weight**.
  부사적용법

- We opened the door for our kids **to come in**.
  부사적용법

※so+(형용사/부사)+that과 so that~(can, will)의 구분

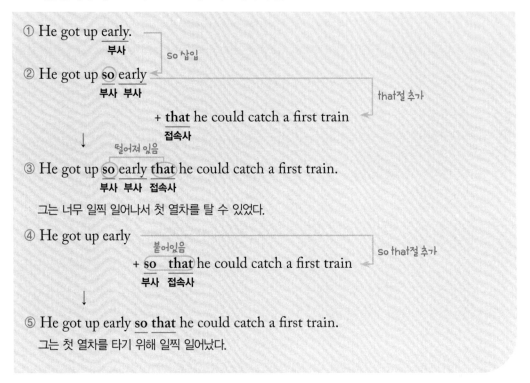

① He got up early.
  부사
  So 삽입
② He got up **so** early
  부사 부사
  that절 추가
  + **that** he could catch a first train
  접속사
  떨어져 있음
③ He got up **so** early **that** he could catch a first train.
  부사 부사 접속사

그는 너무 일찍 일어나서 첫 열차를 탈 수 있었다.

④ He got up early
  붙어있음
  so that절 추가
  + **so** **that** he could catch a first train
  부사 접속사

⑤ He got up early **so that** he could catch a first train.
  그는 첫 열차를 타기 위해 일찍 일어났다.

– 위 1번과 4번 예문을 보면 주절(main clause)은 동일하다(He got up early). 1번 예문의 부사(early) 앞에 so(부사)를 넣어서 수식한 뒤에 that절을 접속사게 되면 '너무~해서 ~하다'라는 '결과'를 의미하는 표현이 되지만, 4번 예문의 early(부사) 뒤에 so(부사)와 that절을 나란히 연결하게 되면 '~하기 위해서'라는 '목적'을 의미하는 표현이 된다. 결국 so(부사)와 that(접속사) 사이에 '형용사/부사' 가 있느냐 없느냐의 차이가 두 구문의 의미상의 차이를 만들게 된다.

※ He won two gold medals in the Olympic games, **so that** he was awarded big bonus.
  =so, therefore
  그는 올림픽에서 금메달 2개를 획득했다. 그래서 큰 보너스를 받았다.

– 구두점(,)이 없는 so that~ 표현이 '~하기 위해서'라는 목적을 의미하는 부사절인 반면에 위 예문 처럼 구두점(,) 다음에 so that절이 오는 표현은 결과를 의미하는 부사절로서 '그래서(so), 그러므로 (therefore)'라는 의미를 가진다.

※ Why don't we eliminate all the cars in the street, **so that** there could be no car accidents?

자동차 사고가 없도록 하기 위해서 거리에 있는 모든 차를 없애는 게 어때?

– 위 예문처럼 '∼하기 위해서'의 용법으로 사용되는 so that 앞에 구두점(,)이 있는 경우도 있다.

5. 절의 종류와 성격/명사절, 형용사절, 부사절

	절의 위치이동 가능여부	구(phrase)로 전환시의 형태
명사절	• 가주어(it) 표기시 주절 외치 가능/①-1, ②-1,③-1 • 가목적어(it) 표기 시 목적절 외치 가능/⑥⑦ • 주격보어절, 동격절 원칙적으로 불가능/④⑤ ※ 동격절이 주절보다 긴 경우 가능(The rumor is groundless that he will be dismissed.)	• to부정사→'절(clause)을 for∼to를 이용해서 구(phrase)로 전환하는 방법' 참조/'it seems that∼의 단문 전환' 참조/'He is said to be a teacher 표현이 나오기까지' 참조/주어가 가주어(it)인 경우 종속어절이며 진주어절인 that절을 구(phrase)로 전환할 때 발생하는 두 가지 현상' 참조
형용사절 (=관계사절)	• 원칙적으로 불가능/⑧⑨⑩ ※ 형용사절이 주절보다 긴 경우 가능(The day will come when you will meet your lost daughter.)	• to 부정사→'when speaking(분사)과 when to speak(부정사)의 차이' 참조/'동사/준동사의 구분도표 및 어법 문제의 이해' 5, 6번 참조 • 분사→'분사구문의 발생 이유' 4-1, 4-2 참조 • 절(clause)을 구(phrase)로 전환하는 2가지 방법 19∼20-1번 참조
부사절	• 주절에 선행할 경우, 구두점(,)으로 주절과의 경계선을 표시함/⑪-1, ⑫-1, ⑬ • that절은 주절에 선행 불가/⑯⑰	• that절에서 to부정사로 전환→'so+(형용사/부사)+that과 so that+(can, will)∼의 표현' 참조 • that절에서 동명사로 전환→'절(clause)을 동명사(∼ing) 또는 분사(∼ing/∼ed)를 이용해서 구로 전환하는 방법' 참조 • that절 이외의 절→분사구문으로 전환 – ∼ing 또는 ∼ed – being이 생략된 명사, 형용사 – being이 생략된 전치사구('분사구문에서 생략되는 being' 참조)

영문법의 종속절(subordinate clause)에는 명사절, 형용사절, 부사절이라는 3가지 종류의 절(clause)이 존재한다. 이 3가지의 절 중에서 명사절, 형용사절은 문장 구조상 절의 위치이동이

대체로 제한적인 반면에 부사절은 비교적 위치이동이 자유로우며 분사구문으로의 전환이 가능(형용사절도 가능)한 절이기도 하다(때와 조건을 나타내는 부사절에서의 미래시제(will)의 생략이유가 부사절의 자유로운 성격을 가장 잘 반증한다. → If he <u>comes</u> earlier, we will start on time).

will come (×)

■ 명사절

주어나 보어, 목적어가 될 수 있는 역할을 하는 절이다. 주어 자리나 목적어 자리에 쓰일 경우에는 그 자리에 가주어(it)나 가목적어(it)를 놓고 외치(후치)를 하는 경우가 대부분이다. ['명사상당어구와 가주어(it)/진주어, 그리고 강조구문' 및 '가주어/가목적어의 발생이유→외치(外置)' 참조]

1) <u>That he is rich</u> is not true.
　　명사절(주어절)

1-1) → It is not true **that he is rich**.
　　가주어　　　　　　진주어(외치)
그가 부유하다는 것은 사실이 아니다.

－ 1번 예문에서 주어가 되는 명사절(that he is rich)을 외치시키고 그 자리에 가주어(it)를 놓으면 1-1번 예문이 된다.

2) <u>How old he is</u> is a secret.
　　명사절(주어절)

2-1) → It is a secret **how old he is**.
　　가주어　　　　　　진주어(외치)
그가 몇 살 인지는 비밀이다.

－ 2번 예문에서 주어가 되는 명사절(how old he is)을 외치시키고 그 자리에 가주어(it)를 놓으면 2-1번 예문이 된다

3) **Whether he will participate in the event** is not sure.
　　　　　　　명사절(주어절)

3-1) → It is not sure **whether he will participate in the event**.
　　가주어　　　　　　　　진주어(외치)
그가 그 경기에 참여할지 안 할지는 확실치 않다.

– 3번 예문에서 주어가 되는 명사절(whether he will participate in the event)을 외치시키고 그 자리에 가주어(it)를 놓으면 3-1번 예문이 된다.

4) My belief is <u>that she will certainly pass the exam</u>.
명사절(주격 보어절)

그녀가 확실히 그 시험을 통과할 것이라는 게 나의 믿음이다.

– 4번 예문은 2형식(주어+동사+주격보어)의 문장이며 that절 이하가 문장 전체의 주격보어로 쓰인 명사절이다.

5) The rumor <u>that he will be dismissed</u> is groundless.
명사절(동격절)

(= The rumor is groundless that he will be dismissed)

그가 해고되리라는 소문은 근거없다.

– 5번 예문은 that절이 the rumor(소문)를 선행사로 두면서 동격절로 쓰인 명사절이다.

6) The rumor has <u>it</u>　　　<u>that she went bankrupt</u>. / 3형식
가목적어　　　진목적어(외치)

그녀가 파산했다는 소문이 있다.

– 6번 예문은 3형식(주어+동사+목적어)의 문장이며, it이 가목적어이고 that절 이하가 진목적어로 쓰인 명사절이다.

7) He found <u>it</u>　strange　<u>that she didn't greet him</u>. / 5형식
가목적어　　　　진목적어(외치)

그는 그녀가 인사를 안 한 것이 이상하다고 생각했다.

– 7번 예문은 5형식(주어+동사+목적어+목적보어)의 문장이며, it이 가목적어이고 that절 이하가 진목적어로 쓰인 명사절이다.

■ 형용사절

흔히 관계절이라고 하는데 관계대명사절과 관계부사절이 있다('관계대명사와 관계부사의 비교' 참조). 관계절은 절 앞에 있는 선행사와 연결되어야 하는 관계로 보통의 경우에는 위치이동이 불가능하다.

8) I know the cafeteria **where(=at which) you met Jane yesterday.**
   　　　　　　　　　　　　　관계부사절(= 형용사절)

나는 네가 어제 제인과 만났던 카페를 안다.

– 위 8번 예문에서 뒤쪽 관계절의 원절은 you met Jane at the cafeteria yesterday이며 이 중에서 the cafeteria가 앞 절(I know the cafeteria)의 the cafeteria와 중복이 되는 부분이며 형용사절이 되는 원인이다.

9) He owns a villa <u>which(= that) he inherited from his father.</u>
   　　　　　　　　　　관계대명사절(= 형용사절)

그는 아버지로부터 상속한 빌라를 소유하고 있다.

– 위 9번 예문에서 뒤쪽 관계절의 원 절은 he inherited a villa from his father이며 이 중에서 a villa가 앞 절(he owns a villa)의 a villa와 중복이 되는 부분이며 형용사절이 되는 원인이다.

10) Women usually don't like winter <u>when(= in which) the weather is severely cold.</u>
   　　　　　　　　　　　　　　　　　관계부사절(= 형용사절)

여성들은 날씨가 매우 추운 겨울을 보통 좋아하지 않는다.

– 위 10번 예문에서 뒤쪽 관계절의 원 절은 the weather is severely cold in winter이며 이 중에서 winter가 앞 절(women usually don't like winter)의 winter와 중복이 되는 부분이며 형용사절이 되는 원인이다.

※ 관계절이 아닌 형용사절이 있긴 하지만 어법문제에서는 잘 다루지 않는다.

I can't forget her excitement <u>when she won the first prize.</u>
　　　　　　　　　　　　　　형용사절(excitement를 수식)

그녀가 일등을 수상했을 때의 흥분을 나는 잊을 수 없다.

■ 부사절

명사절과 형용사절을 제외한 대부분이 부사절이며 좀 독특한 접속사들(though, because, while, if, after, since, as 등)이 포함된 절은 대부분 부사절이다. 우리가 흔히 '분사구문'을 만들어 내기 위해 작업을 하는 절은 대부분 부사절이다. 그리고 부사절의 특징은 극히 예외적인 경우가 있긴 하지만 대부분의 경우 주절보다 선행하기도 하고, 주절보다 후행하기도 하는 등의 위치이동이 자유롭다는 점이다. 단 부사절이 주절보다 선행하는 경우는 구두점(,)을 표시함으로써 주절과의 경계선을 표시한다.

11) I would start now **if you had come here earlier**.
　　　　　　　　　　　　　　부사절

11-1) → **If you had come here earlier**, I would start now.
　　　　　　부사절

네가 좀 더 일찍 왔다면 내가 지금 출발할 텐데.

－ 위 11번 예문의 뒤쪽에 있던 부사절(if you had come here earlier)이 11-1번 예문에서는 문장 앞으로 오면서 구두점(,)을 찍어 주절(I would start now)과의 경계선을 표시했다.

12) I will submit this document **when it is done**.
　　　　　　　　　　　　　　　　부사절

12-1) → **When it is done**, I will submit this document.
　　　　　부사절

다 끝냈을 때 나는 이 서류를 제출할 것이다.

－ 위 12번 예문의 뒤쪽에 있던 부사절(when it is done)이 12-1번 예문에서는 문장 앞으로 오면서 구두점(,)을 찍어 주절(I will submit this document)과의 경계선을 표시했다.

13) **Because I am busy**, I have no time to meet you.
　　　　부사절

바빠서 나는 너를 만날 시간이 없다.

14) He eats less than before, as he knows it is the best way to lose weight.
　　　　　　　　　　　　　　　　　　　　부사절

그는 예전보다 적게 먹는다. 그것이 체중을 줄이는데 최고의 방법이란 걸 그가 알기 때문이다.

15) She listened to music <u>while she waited for her parents.</u>
      부사절

부모님을 기다리는 동안 그녀는 음악을 들었다.

16) I am **happy that** I have just finished the experiment.
      형용사   부사절

(= I am **happy to** have just finished the experiment.)

나는 그 실험을 이제 막 끝내서 기쁘다.

17) We were **surprised** **that** she was in the camp.
      분사(= 형용사)   부사절

(=We were **surprised for** her **to** be in the camp)

우리는 그녀가 그 캠프에 있었다는 사실에 놀랐다.

– 부사절의 특징 중 하나는 위 16, 17번 예문처럼 접속사(that) 앞에 형용사류(happy, surprised)가 오는 경우가 많다는 점이다(단 주어가 it이 아니어야 함). 물론 이 경우는 위 11-1, 12-1, 13번 예문에서와는 달리 종속절(부사절)과 주절의 위치이동이 불가능하다.

※It is essential that we start now라고 표현했을 때는 접속사(that) 앞에 형용사(essential)가 있기는 하지만 that절은 명사절이다. 주어 자리에 있던 명사절(that we start now)을 외치(후치)시키고 그 자리에 가주어(it)를 두었기 때문이다.

※ <u>That we start now</u> is essential.
      명사절(주어절)

⇒ **It** is essential that we (should) start now. / 우리는 지금 출발해야 한다.
   가주어 형용사   진주어(명사절)

6. 전치사와 접속사 기능을 같이 가지고 있는 단어들 (since/until/before/after)

영문법에서는 같은 단어이지만 경우에 따라서 접속사로 쓰이기도 하고 전치사로 쓰이기도 하는 단어들이 다수 존재한다.

1) I have been studying **since** yesterday.
   전치사   명사

   나는 어제부터 공부하고 있다.

2) I have been studying **since** she left for Seoul.
   접속사 주어 동사

   나는 그녀가 서울로 떠난 이후로 공부하고 있다.

3) I haven't recovered fully **since** my seeing a doctor yesterday.
   전치사   동명사

   나는 어제 병원에 간 이후로 완전히 회복하지를 못했다.

4) I will wait for you here **until** tomorrow.
   전치사   명사

   나는 내일까지 여기서 너를 기다리겠다.

5) I will wait for you here **until** you come back.
   접속사 주어 동사

   나는 네가 돌아올 때까지 여기서 기다리겠다.

6) I will wait for you here **until** your coming back.
   전치사   동명사

   나는 네가 돌아올 때까지 여기서 기다리겠다.

7) The movie started **before** noon.
   전치사   명사

   그 영화는 정오가 되기 전에 시작했다.

8) The movie started **before** we arrived at the cinema.
   접속사 주어 동사

   그 영화는 우리가 영화관에 도착하기 전에 시작했다.

9) The movie started **before** our arriving(= arrival) at the cinema.
   전치사   동명사(명사)

   그 영화는 우리가 영화관에 도착하기 전에 시작했다.

10) The ceremony will begin **after** midnight.
                               전치사   명사

    그 의식은 자정이 넘어서 시작할 것이다.

11) The ceremony will begin **after** the president arrives.
                             접속사   주어   동사

    그 의식은 회장이 도착한 후에 시작할 것이다.

12) The ceremony will begin **after** the president's arrival.
                             전치사   명사구

    그 의식은 회장이 도착한 후에 시작할 것이다.

7. 같은 의미지만 접속사와 전치사(구)로 쓰이는 단어들(because/because of/while/during/though/despite)

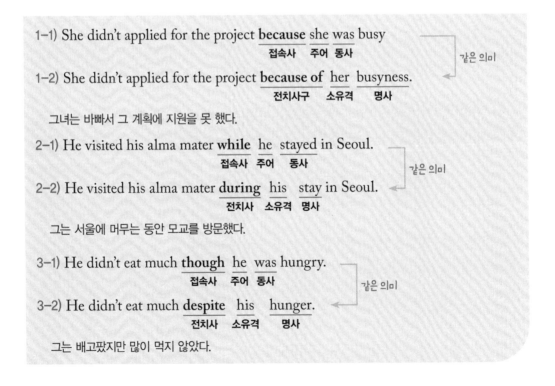

1-1) She didn't applied for the project **because** she was busy
                                 접속사 주어 동사   같은 의미

1-2) She didn't applied for the project **because of** her busyness.
                                 전치사구 소유격 명사

그녀는 바빠서 그 계획에 지원을 못 했다.

2-1) He visited his alma mater **while** he stayed in Seoul.
                             접속사 주어 동사   같은 의미

2-2) He visited his alma mater **during** his stay in Seoul.
                             전치사 소유격 명사

그는 서울에 머무는 동안 모교를 방문했다.

3-1) He didn't eat much **though** he was hungry.
                         접속사 주어 동사   같은 의미

3-2) He didn't eat much **despite** his hunger.
                         전치사 소유격 명사

그는 배고팠지만 많이 먹지 않았다.

8. 접속력 부족으로 인해 발생하는 어법적 제약 사항

영문법에서는 접속사(conjunction)가 절(clause) 또는 문장(sentence) 내에서 과할 정도로 지배력을 발휘하고 있다고 해도 무리가 아니다. 관계사(관계대명사, 관계부사)를 이해하는 가장 기초적인 부분 중 하나가 바로 이 관계사가 가진 '접속력'이다. 이번 판에서는 내용을 따로 쓰기에는 지면이 한정된 관계로 다음에 참조 표기한 내용을 찾아서 학습하기 바란다('콤마(,) 다음에 올 수 없는 관계대명사 that과 what', '분사구문의 발생 이유', '통격과 동명사' 참조).

제14장 **전치사 및 표현**

1. 전치사 in의 대표적 용법

1) She always looks nice **in** jeans.
   착용

   그녀는 청바지를 입으면 항상 좋아 보인다.

2) She just arrived **in** Chicago.
   장소

   그녀가 시카고에 이제 막 도착했다.

3) They were **in** trouble. / 그들은 곤경에 처해 있었다.
   상태

4) Would you speak **in** English?
   수단, 도구

   영어로 말씀해 주시겠어요?

5) He didn't finish the project **in** this way.
   방법, 형식

   그는 이 방식으로 그 프로젝트를 끝내지 않았다.

6) She will be here **in** a few minutes.
   시간의 경과

   몇 분이 지나면 그녀가 여기에 올 것이다.

7) She was born **in** 1930. / 그녀는 1930년에 태어났다.
   때

8) **In** reading books, she always listens to music.
   ~할 때

   책을 읽을 때 그녀는 항상 음악을 듣는다.

2. like의 4가지 품사

1) He is **like** a fish. / 그는 물고기 같다.
　　　　형용사

– 1번 예문에서 like가 is의 보어이므로 형용사이다[이 부분에서 형용사(like)가 목적어(a fish)를 가진다는 의견이 나온 것이다→'목적어를 가지는 형용사들' 참조].

2) He **likes** fishing. / 그는 낚시를 좋아한다.
　　　동사

3) He swims well **like** a fish.
　　　　　　　전치사

　그는 물고기처럼 수영을 잘한다.

4) He swims well **like**　he　is　a fish.
　　　　　　　접속사　주어　동사

　그는 물고기인 것처럼 수영을 잘한다.

– 4번 예문에서 like는 접속사이며 as if(마치 ~처럼)와 의미가 비슷하다.

3. better than과 rather than의 구분

1) I like blue **better than** green.
　　　　　둘 다 좋지만 ~가 더 좋음

　나는 녹색보다 청색이 더 좋다.

2) I like blue **rather than** green.
　　　　　하나는 싫어하지만 하나는 좋아함

　나는 녹색은 싫어하지만 청색은 좋다.

– 1번 예문은 blue와 green 둘 다 좋아하지만 blue를 더 좋아한다는 표현이고 2번 예문은 green은 싫어하지만 blue는 좋아한다는 표현이다.

253

4. 전치사로 쓰이는 to의 표현

※아래에 보이는 to는 모두 전치사이다. 따라서 뒤에 오는 ～ing형은 모두 동명사이다.

1) We are **looking forward to meeting** our kids.
   우리는 아이들을 만나기를 고대하고 있다.

2) I **am used to taking** a walk after lunch.
   (= I am accustomed to taking a walk after lunch.)
   나는 점심 후에 산책하는 데 익숙하다.

3) He came here **with a view to helping** my sister.
   그는 내 여동생을 돕기 위해 여기에 왔다.

4) I am **opposed to hiring** dishonest employees.
   나는 정직하지 않은 직원들을 채용하는 것에 반대한다.

5) **What do you say to going** on a picnic tomorrow?
   내일 야유회를 가는 것이 어떻습니까?

6) We **object to giving** away much money beyond our limit.
   우리는 한도를 넘어서 많은 돈을 기부하는 것에 반대한다.

7) **When it comes to fixing** an automobile, I am an expert.
   자동차 수리라면 내가 전문가이다.

8) He **confessed to stealing** the money.
   그는 그 돈을 훔친 것을 실토했다.

9) His failure in business **contributed to leaving** his family poor.
   그의 사업실패가 가족들을 가난하게 만드는 데 일조했다.

10) She was much **devoted to raising** her twins.
    그녀는 쌍둥이를 키우는데 많은 노력을 기울였다.

11) He **admitted to calling** her late at night.
    그는 밤늦게 그녀에게 전화한 것을 인정했다.

12) They **reacted** very sensitively **to donating** some money.
    (=They responded very sensitively to donating some money.)
    그들은 약간의 돈을 기부하는 것에 매우 민감하게 반응했다.

13) His all efforts were dedicated **to winning** the competition.

그는 그 시합에서 이기기 위해 모든 노력을 쏟아부었다.

14) My car came **close to hitting** a passerby.

내 차가 행인을 거의 칠 뻔했다.

※ The sum is <u>**close to**</u> $1,000.
        = approximately(대략)

총액이 대략 천 달러이다.

15) They are **committed to changing** the company's logo.

그들은 회사로고를 바꾸는데 (현재) 전념하고 있다.

※ They are **committed to change** the company's logo.

그들은 회사로고를 (나중에) 바꾸기 위해 전념하고 있다.

16) There is a certain **advantage to finishing** homework in time.

숙제를 제시간에 끝내는 것에는 확실한 이점이 있다.

17) The tool is **essential**(important, necessary) **to repairing** a car.

그 공구는 차를 수리하는데 필수적이다.

※ The tool is **essential**(important,necessary) **to repair** a car

그 공구는 차를 수리하기 위해 필수적이다.

18) My duties range **from cleaning** offices **to screening** visitors.

내 임무는 사무실 청소에서부터 방문객을 선별하는 것까지 다양하다.

19) The
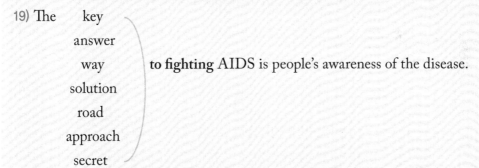
      key
      answer
      way   **to fighting** AIDS is people's awareness of the disease.
      solution
      road
      approach
      secret

에이즈를 치료하기 위한 (해답, 방법, 해결책, 길, 접근법, 비밀)은 그 질병에 대한 사람들의 자각이다.

– 19번 예문처럼 '해결, 방법, 열쇠'를 의미하는 명사들 뒤에는 공통적으로 전치사 to가 올 수 있다.

5. by(~까지)와 until(~까지)의 구분

by(=no later than)는 언급하는 시점까지의 행위의 완료를 나타내며 주로 일회성 행위 또는 지속적이지 않는 행위에 쓰인다. 반면에 until은 언급하는 시점까지의 행위가 지속적인 경우에 쓰이며 '지속'을 의미하는 keep, stay, remain, wait 같은 단어들과 주로 어울린다.

1) We will wait here **until** you come back.
  지속적 행위 → 올 때까지 계속 기다리고 있음
  (우리는 네가 올 때까지 여기서 기다리겠다.)

2) We will tender our reports **by** this Friday.
  일회성 행위→보고서를 금요일까지 한 번 제출함
  (우리는 금요일까지 보고서를 제출할 것이다.)

3) I will pick up my laundry **by** tomorrow.
  일회성 행위 → 내일까지 세탁물을 한 번 찾아감
  (나는 내일까지 세탁물을 찾아갈 것이다.)

4) The patient will be hospitalized **until** he fully recovers.
  지속적 행위 → 회복될 때까지 계속 입원함
  (그 환자는 완전히 회복될 때까지 입원할 것이다.)

5) We will stay at this hotel **until** the end of this month.
  지속적행위 → 이달 말까지 계속 머무름
  (우리는 이달 말까지 이 호텔에 머무를 것이다.)

6) We will check out **by** noon tomorrow.
  일회성 행위 → 내일 정오까지 한 번 퇴실함
  (우리는 내일 정오까지 퇴실할 것이다.)

6. than이 들어간 헷갈리는 표현들

1) She has **no more than** 1,000 dollars.
   = only(오직, ~만)
   그녀는 천 달러만 가지고 있다.

2) She has **no less than** 1,000 dollars.
   = as much as(만큼이나)
   그녀는 천 달러나 가지고 있다.

3) She has **not more than** 1,000 dollars.
   = at most(많아야, 기껏해야)
   그녀는 기껏해야 천 달러를 가지고 있다.

4) She has **not less than** 1,000 dollars.
   = at least(적어도)
   그녀는 적어도 천 달러를 가지고 있다.

5) The presumed thief is **none other than** Tom.
   = very(바로, 다름 아닌)
   추정되는 도둑은 다름 아닌 톰이다.

6) All were examined **other than** Tom.
   = except(제외하고)
   톰을 제외하고 모두가 조사를 받았다.

7. as, so, the same, such+as의 표현

as, so, the same, such 이 4가지 표현들은 뒤쪽에 as가 공통적으로 오게 되는 표현들이다.

- He is **as** kind **as** my brother. / 그는 내 형만큼이나 친절하다.
- He is not **so** kind **as** my brother. / 그는 내 형만큼 친절하지 않다.
- He is not **so** kind **as to** help my brother. / 그는 내 형을 도울 만큼 친절하지 않다.
- He has **the same** book **as** my brother. / 그는 내 형 것과 같은 책을 가지고 있다.
- He is not **such** a kind man **as** to help any other people. / 그는 누구라도 도울 만큼 친절한 사람이 아니다.

8. if ever/if any/if not의 표현

1) He has little, **if any,** money.
                      명사
   그는 (있다고 하더라도) 돈이 거의 없다.

2) He seldom, **if ever,** carries his mobile phone.
                      동사
   그는 (한다고 하더라도) 거의 휴대폰을 가지고 다니지 않는다.

- 1번 예문처럼 if any(~가 있다고 하더라도)는 명사(money)를 부가적으로 수식하는 표현이며, 2번 예문처럼 if ever(~를 한다고 하더라도)는 동사(carries)를 부가적으로 수식하는 표현이다. if any, if ever 둘 다 주로 부정문에 쓰인다.

3) It is necessary, **if not** important, to remove redundancy in your writing.
   중요하지는 않을지라도 네 글에서 중복되는 부분을 제거할 필요가 있다.

- 3번 예문의 if not important는 though it is not important의 약식표현으로 보면 될 듯하며 if not은 '~하지는 않지만(≒though)'의 의미이다.

9. 전치사 with의 대표적 용법

1) She went camping **with** her sisters.
                     수반, 동반(함께)
   그녀는 여동생들과 캠핑을 갔다.

2) She set fire **with** matches.
          도구, 수단(~을 이용해서)
   그녀는 성냥을 이용해서 불을 지폈다.

3) Your tie doesn't go **with** your shirt.
              조화, 일치(~와 어울리는)
   당신의 넥타이와 셔츠가 어울리지 않는다.

4) I saw a house **with** a big garden.
   소유, 구비(~가 있는)

큰 정원이 있는 집을 보았다.

5) She finished the project **with** ease.
   양태(~하게)

그녀는 쉽게 그 프로젝트를 끝냈다.

6) She glanced at him **with** her arms folded.
   부대상황(분사구문을 이끔)

그녀는 팔짱을 낀 채로 그를 힐끔 보았다.

7) **With** little money, she couldn't do anything.
   이유, 원인(~때문에)

돈이 거의 없어서 그녀는 아무것도 할 수 없었다.

8) **With** all his effort, he failed in the exam.
   양보(~에도 불구하고)

그의 모든 노력에도 불구하고 그는 시험에 떨어졌다.

부록 1. 어법 문제 예시 및 풀이요령

1) The results revealed that the army wasn't ready for the enemy's sudden attack, **which/it** had long been the main worry of the country.

- 관계대명사(which)와 인칭대명사(it)의 선택문제이다. 둘의 공통점은 대명사이고 둘의 차이점은 접속력이다. 문장 전체에 동사가 3개(revealed/was/had) 있다. 따라서 접속사는 동사의 개수보다 하나 적은 두 개가 있어야 한다. 그런데 예문에는 접속사가 한 개(that)만 있으므로 한 개가 더 필요하다. 따라서 접속력이 있는 which가 와야 한다. (※ 접속사+인칭대명사를 섞어서 and it으로 쓰면 가능하다.)

① 그 결과는 군대가 적의 갑작스러운 공격에 대비하지 못했다는 것을 보여준다. 그런데 그것은 오랫동안 그 나라의 주요한 걱정거리였다.

2) The reason for the suggestion is **that/what** in the future, eating insects instead of foods might be a reality.

- 접속사 that은 완전한 구조의 절이 이어져야 하고, 관계사 what은 불완전한 구조의 절이 이어져야 한다. 뒤쪽 절(eating insects instead of foods might be a reality)이 2형식의 완전한 구조이다(in the future는 삽입부사구이니 신경 안 써도 된다). 따라서 is의 보어절(명사절)을 접속할 수 있는 접속사 that이 와야 한다.

② 그 제안을 하는 이유는 미래에는 음식 대신에 곤충을 먹는 것이 현실이 될 수 있기 때문이다.

※ 위 2번 문제에서 that은 관계사일 수 없다.주절(The reason for the suggestion is)이 be동사(is)의 보어가 없는 불완전한 구조이기 때문이다.관계사 that을 쓰기 위한 조건은 선행사가 포함된 주절의 구조가 빈 곳이 없이 완전해야 한다.

2-1) I suggested a plan   **that**   everyone could agree to ∨ .
    완전한구조   관계대명사(목적격)
나는 모든 사람이 동의할 수 있는 계획을 제안했다.

3) While workout is very beneficial to our body, it is also good for **development/developing** strong mentality needed in time of crisis.

– 전치사(for)의 목적어로서는 명사적 성질을 띠고 있는 development(명사)나 developing(동명사) 둘 다 가능하다. 그런데 뒤에 오는 명사구인 strong mentality를 처리하기 위해서는 이 명사구를 목적 어로 취할 만한 전치사나 타동사가 와야 한다. 따라서 명사적 성질과 함께 타동사의 성질을 동시 에 가지고 있는 동명사인 developing이 와야 한다.
③ 운동을 하는 것이 우리 몸에 이롭기도 하지만 위기 상황에 필요한 강한 정신력을 기르는 데도 좋다.

4) The window which faces the river is bigger and prettier than **it/that** which faces the forest.

– 인칭대명사(it)와 지시대명사(that)의 선택문제이다(둘 다 the window를 지칭함). 그런데 뒤쪽에 형 용사절(=관계절)(which faces the forest)이 있으므로 형용사절(구)의 수식을 받을 수 있는 지시대 명사 that을 써야 한다('대명사 that(those)을 써야 하는 경우' 참조).
※제한적용법의 관계대명사의 선행사로서 3인칭의 인칭대명사(he, she, it)를 쓰는 경우는 거의 없다.
※혹자는 that 자리에 이론적으로는 the window를 받을 수 있는 대명사인 the one을 써도 될 것 같 다는 생각을 할 텐데 틀린 생각은 아니다. 따라서 the one(the ones)=that(those)이라는 공식이 성 립한다.
④ 강 쪽으로 나 있는 유리창이 숲 쪽으로 나 있는 유리창보다 더 크고 예쁘다.

5) She will do everything she can **gain/to gain** the promotion of the company she works for.

– she can gain the promotion of the company (that) she works for라고 표현하면 형용사절(that she works for)을 끼고 있는 3형식의 완전한 구조가 된다. 앞 절(She will do everything) 또한 3 형식의 완전한 구조이다. 앞뒤 절 둘 다 빈 곳이 없는 완전한 구조라는 건 절과 절 사이에 동격의 접속사인 that이 생략되었거나 관계부사(when, where, why, how, that)가 생략되었음을 의미한다 ('생략된 접속사와 생략된 관계사의 인식' 참조). 그러나 동격절의 선행사는 추상명사이어야 하며 everything이 동격절의 선행사가 될 수는 없다. 그리고 관계부사의 선행사로서도 everything은 적 절치 않다(관계대명사의 선행사로서의 everything은 가능함). 따라서 to gain으로 표현해서 부사구 ('~하기 위해'라는 의미)로 처리하면 앞부분이 She will do everything (that) she can으로 남게 되 는데 이는 She will do everything (that) she can do의 표현을 대동사(can)까지만 줄여서 표현한 것이다('대동사' 2번 참조).
⑤ 그녀가 일하는 회사에서 승진하기 위해서 그녀는 할 수 있는 모든 일을 다 할 것이다.

6) When we entered the park, the crowd gathered around the merry-go-round, **there/where** a famous singer took photos with his fans.

– 지시부사(there)와 관계부사(where)의 선택문제이다. 둘의 공통점은 부사이고 둘의 차이점은 접속력이다. 문장 전체에 동사가 3개(entered/gathered/took) 있다. 따라서 접속사는 동사의 개수보다 하나 적은 두 개가 있어야 한다. 그런데 예문에는 접속사가 한 개(when)만 있으므로 한 개가 더 필요하다. 따라서 접속력이 있는 where가 와야 한다. (※ 접속사+지시부사를 섞어서 and there로 쓰면 가능하다.)

⑥ 우리가 그 공원에 들어갔을 때 군중들이 회전목마 주위로 모여들었는데 거기서 어느 유명한 가수가 팬들과 사진을 찍고 있었다.

7) You can get a cup, a pencil or **however/whatever** item on the shelf around the corner if you pay a little.

– however는 복합관계부사이고 whatever는 복합관계형용사, 복합관계명사, 복합관계부사 모두 가능하다('복합관계대명사, 복합관계형용사, 복합관계부사의 이해' 참조). 뒤에 있는 명사(item)를 수식하기 위해서는 형용사적인 성질을 띤 복합관계형용사 whatever가 와야 한다.

⑦ 돈을 조금만 지불하면 모퉁이 근처 선반에 있는 컵, 연필, 또는 어떤 물건도 구입할 수 있다.

8) **Few/Little** did I realize that I was hurting her so much that she left me without notice.

– 문두에 있는 둘(few/little) 중 어떤 것을 선택해도 부정어이므로 부정어가 문두에 올 때의 도치(did I realized~)가 된다('문두에 부정어가 올 때의 도치' 참조). 그런데 did I realize that~ 부분을 정상적인 어순으로 역추론해 보면 I realized that~으로 표현되는 완전한 3형식의 구조가 되는데 그렇다면 이 3형식 구조에서 존재했던 부사가 문두에 오면서 부정어 도치를 만들어 냈다는 결론에 도달하게 된다(예외적인 경우가 있긴 하지만 일반적으로 부사(구)는 형식에 영향을 미치지 못한다). 그런데 little은 부사로 쓰일 수 있지만 few는 부사로 쓰이지 못한다(형용사, 명사, 대명사로 쓰임). 따라서 부사인 little이 와야 한다('a few, few, a little, little의 표현' 참조).

⑧ 내가 그녀에게 너무 상처를 줘서 그녀가 말없이 떠났다는 사실을 나는 거의 알지 못했다.

9) We didn't notice **that/what** they claimed were irregular phenomena.

- 위 주어진 예문은

  ① We didn't notice the things.

  ② They claimed that the things were irregular phenomena.

  이 두 문장이 관계사를 이용해서 하나의 문장으로 합쳐진 유형이다('삽입절이 들어간 관계대명사절의 표현' 참조).

- ①번 예문과 ②번 예문에서 공통적인 명사가 the things인데 ②번 예문의 that절(that the things were irregular phenomena) 속에 있는 the things는 ①번과 ②번 예문이 합쳐진 9번 예문에서 관계대명사인 that/what으로 바뀌면서 사라지게 된다. 이 과정에서 ②번 예문에서 남는 부분이 They claimed that ~ were irregular phenomena(that은 접속사)가 되는데 여기서 다시 접속사인 that은 9번 예문의 관계사인 that/what으로 기능 이전이 되면서(관계사도 접속력이 있기 때문) 사라진다. 이 과정에서 ②번 예문에서 다시금 남는 부분이 They claimed ~ ~ were irregular phenomena가 된다. 이 부분을 관계대명사인 that/what을 써서 ①번 예문(We didn't notice the things)과 연결하면 We didn't notice the things (that/what) they claimed ~ ~ were irregular phenomena가 되는데 9번 예문에서는 선행사인 the things마저 생략돼 있다. 따라서 생략된 선행사인 the things를 포함한 관계대명사는 흔히 '선행사를 포함한 관계대명사'인 what을 써야 한다.

  ⑨ 우리는 그들이 '불규칙한 현상'이라고 주장하는 것을 알아차리지 못했다.

  ※ We didn't notice <u>a strange stone</u> <u>that</u> they claimed was a jewel.
  　　　　　　　　　　　선행사　　　　관계사

  ⇒ We didn't notice **what** they claimed was a jewel.
  　　　　　　　　선행사를 포함한 관계사

  (우리는 그들이 보석이라고 주장하는 이상한 돌(것)을 목격하지 못했다.)

10) She will abandon **however/whatever** she is scheduled to inherit from her father.

- 위 예문의 앞 절(she will abandon)이 타동사(abandon)의 목적어가 비어있는 불완전한 구조이고 뒤 절(she is scheduled to inherit from her father)도 타동사(inherit)의 목적어가 비어있는 불완전한 구조이다. 그런데 however는 복합관계부사이고 whatever는 복합관계대명사이다('복합관계대명사, 복합관계형용사, 복합관계부사의 이해' 참조). 따라서 앞 절과 뒤 절에 필요한 명사 두 개의 역할을 할 수 있는 복합관계대명사인 whatever(=anything that)가 와야 한다.

  ⑩ 그녀는 그녀의 아버지로부터 상속받기로 되어 있는 어떤 것이든지 간에 포기할 것이다.

※whatever 대신에 what을 써도 어법적으로는 무리가 없지만 의미론적으로는 다소 차이가 있다.

- She will abandon whatever~ / 어떤 것이라도 포기하겠다
- She will abandon what~ / 어떤 것을 포기하겠다

---

11) (　　　) formerly involved in bribery scandal with public servants, he afterward carried on his business in a clean and transparent way

① once　　② despite　　③ though　　④ besides

- 괄호 뒤에 보이는 involved가 동사가 아닌 이유가, 앞에 부사(formerly)만 있고 주어가 없기 때문이다(영문법에서 주어 없이 동사가 되는 경우는 명령문밖에 없다). 따라서 이 구문은 분사구문이고 involved는 분사이다. 분사구문은 정상적인 절을(특히 부사절) 구로 전환시키는 경우에 나오는 문형이다. 특히 이 예문처럼 문두에 분사구문이 오고 구두점(,)으로 주절(he afterward carried~)과의 경계선을 나타내는 경우는 대부분 부사절을 분사구문으로 전환한 형태이다. 따라서 부사절을 이끌 수 있는 접속사인 once와 though가 정답 후보군이다(despite와 besides는 전치사라서 불가능하다). (그러나 굳이 부사절이라고 인식하지 않더라도 분사구문으로 바뀌기 이전의 구문의 형태는 접속사가 들어간 정상적인 절의 형태라고 생각하면 접속사인 once와 though 중에서 정답을 유추할 수가 있다.) 예문 앞쪽 분사구문에 bribery scandal(뇌물 사건)이라는 좋지 않은 표현이 있고 주절 쪽에 in a clean and transparent way(깨끗하고 투명한 방법으로)라는 좋은 표현이 있다. 따라서 부사절과 주절과의 의미상의 반전을 이룰 수 있는 접속사인 though(~에도 불구하고)가 들어가야 한다(once는 ~하게 되면, ~하자마자 라는 의미이다). 분사구문의 원 표현은 Though he was formerly involved in bribery scandal with public servants 이다('분사구문의 역추론 방법' 참조). 분사구문(Though formerly involved in bribery scandal with public servants) 중에 원절의 접속사인 though를 그대로 표시한 이유는 접속사 추론의 오류를 방지하기 위해서이다('분사구문에서 접속사가 남는 이유' 참조). 물론 표시된다고 해도 접속사는 아니다. 접속사라면 뒤에 주어+동사의 어순이 따라야 하는데 이 분사구문은 주어도 없거니와 involved는 동사가 아니라 이미 분사이기 때문이다.

⑪ 예전에 공무원들과의 뇌물 스캔들에 관련된 적이 있긴 하지만, 그는 그 후에 깨끗하고 투명한 방식으로 그의 사업을 이끌어 갔다.

---

12) When they search a house for evidence, policemen must present a search warrant (　　　) that they have got an approval from a judge.

① confirming　　② confirmed　　③ confirm　　④ confirmation

- 위 12번 예문에서 접속사가 두 개(when, that) 있다. 따라서 문장 속의 동사의 개수는 접속사의 개수보다 한 개 많은 세 개를 사용할 수 있다. 그런데 이미 문장 전체에 동사가 세 개(search, present, have) 있다. 따라서 빈칸은 동사(confirm/confirmed)가 오지 못하고 준동사(to confirm/con-firming)가 와야 한다(영문법에서 준동사는 to부정사, 동명사, 분사이다). to confirm은 선택지에 없으므로 분사인 confirming이 정답이 된다.

※confirmed가 정답이 아닌 이유: 문장 속에 동사가 이미 세 개(search, present, have)가 있기 때문에 confirmed는 과거동사가 아닌 과거분사여야 하는데 그렇게 되면 뒤에 오는 명사절(that they have got an approval from a judge)을 목적어로 가질 수 없는 형태(~ed)의 분사라서 틀린다(목적어를 가질 수 있는 분사의 형태는 ~ing임).→'자동사의 분사/타동사의 분사' 참조.

※confirmation이 정답이 아닌 이유: 문장 속에 명사 세 개(명사+명사+명사절)(a search warrant/confirmation/that they have got~)가 나란히 이어지는 어법적으로 불가능한 상황이 일어나기 때문에 틀린다.

⑫ 증거를 찾기 위해 집을 수색할 때, 경찰관들은 판사로부터 승인을 받았다는 사실을 입증하는 수색영장을 제시해야 한다.

– 이번에는 좀 다른 관점에서 정답을 유추해 보자. 위 12번 예문에서 빈칸이 위치한 앞까지의 표현 When they search a house for evidence, policemen must present a search warrant가 어법적으로 부족한 부분이 없이(의미론적으로는 모르지만) 완벽하다. when절(When they search a house for evidence)은 3형식의 완전한 구문이고, 주절(policemen must present a search warrant) 또한 3형식의 완전한 구문이다. 이 말은 빈칸 이하의 부분(_____ that they have got an approval from a judge)이 이미 3형식으로 결정이 난 주절(policemen must present a search warrant)의 형식에 영향을 미치지 않는 독립적인 구문이 돼야 한다는 의미이다. 위 4개의 선택지 중에서 뒤에 오는 that절을 끼고 독립적인 구의 형태를 취할 수 있는 유형은 분사구문밖에 없다. 분사는 ~ed와 ~ing 두 종류가 있다. 빈칸 뒤에 분사의 목적어가 되는 명사절(that they have got an approval from a judge)이 있으므로 목적어를 가지는 분사의 형태(~ing)인 confirming이 와야 한다.

13) In his newly released history book, not only _____, but there are also no interesting stories.
   ① are there no brave characters
   ② no brave characters are there
   ③ no brave characters there are
   ④ there are brave characters
   새로 출간된 그의 역사책에는, 용감한 주인공뿐만 아니라 흥미로운 이야기도 없다.

– 부정어(not only)가 문두에 올 때의 도치를 생각해서 이해해야 한다('문두에 부정어가 올 때의 도치' 참조). there is (are)~ 구문은 유도부사 there가 문두에 와서 주어+동사의 도치가 일어난 구조이긴 하지만, 도치가 일어날 때는 유도부사 there가 마치 주어인 것처럼 어법적인 변화가 발생한다. there are not only no brave characters가 원문이다. 부정어 not only가 문두로 가면서 마치

there가 주어, are가 동사처럼 인식돼서 are there~의 구조로 변한다. 따라서 1번이 정답이다('절을 구로 전환하는 방법' 25번 참조).

14) (　　　　) his wife a secretary, William seldom misses an important engage-ment.

① for　　② with　　③ during　　④ through

그의 와이프가 비서라서 윌리엄은 좀처럼 중요한 약속을 놓치지 않는다.

– 영문법에서 위 예문처럼 명사 두 개(his wife,a secretary)가 나란히 오는 경우는 with가 들어간 분사구문, 4형식 구문과 관계대명사(목적격, 보어격), 관계부사, 동격밖에 없다. 4형식 구문은 두 개의 명사 앞에 타동사가 있어야 하고, 관계사나 동격의 경우에는 두 번째 명사 뒤에 동사가 따라와야 한다('생략된 접속사와 생략된 관계사의 인식' 참조). 위 예문은 4개의 선택지 중에 어느 것도 타동사가 아니므로 4형식 구문은 아니다. 위 예문은 두 번째 명사(a secretary) 뒤에 동사가 보이지 않고 콤마(,)를 이용해서 또 다른 절로 이어지므로 분사구문이다. 원 문장은 As his wife is a secretary, William seldom misses an important engagement이다. 종속절(As his wife is a secretary)에서 접속사 as를 없애면 그에 따라 종속절의 동사인 is가 being으로 바뀐다(his wife being a secretary/'분사구문의 발생 이유' 참조). 여기서 명사(a secretary) 앞에 위치한 being은 다시 생략이 가능하다(his wife a secretary/'분사구문에서 생략되는 being' 참조). 이대로 쓰면(his wife a secretary) 독립분사구문이 되는 것이고 위 예문의 정답이 되기 위해서 with를 추가하게 되면 그냥 분사구문이 된다('with가 들어간 분사구문의 표현' 참조).

※ 그러나 with가 들어간 분사구문에서 이처럼 명사 두 개가 나란히 이어지는 경우 원칙적으로는 being이 생략되지 않는다. 시중에 돌아다니는 어법 문제를 독자들에게 쉽게 이해시키기 위해서 저자가 어법적 요소를 섞어서 풀이하였다.

부록 2. 토익, 토플, 수능 유사 단어

see-saw-seen/보다

sow-sowed-sowed/파종하다, 씨를 뿌리다

saw-sawed-sawed/톱질하다

sew-sewed-sewed/(옷을) 꿰매다

compliment/칭찬(=applause)

complement/보충(=supplement)(하다)

libel/명예훼손(=defamation)

level/수준, 수평(명), 평평한(형), 평평하게 하다(동)

lever/지레, 수단(=means)

liver/간

label/상표, 꼬리표

laver/(먹는) 김(≒seaweed)

rebel/반란자(명), 반란을 일으키다(동)(=revolt)

revel/주연(≒banquet), 술잔치(를 하다)

contend/주장하다(=argue), 다투다

content/내용, 알맹이(명), 만족하여(형)(=satisfied)

consent/동의(하다)[=agree(ment)]

deliberate/숙고하다(동)(=consider),사려 깊은(형)
　　　　　　(=considerate)

delicate/섬세한(=fine), 예민한, 미묘한(=subtle)

fist/주먹

feast/축제(=festival)

feat/위업, 업적(=achievement)

disease/질병(=malady)

decease/죽다(=die)

die/죽다

dye/염색하다

form/형성하다(=shape)

foam/거품(=bubble)

royal/왕의, 왕족의

loyal/충성스런(=allegiant), 성실한(=sincere)

rigorous/준엄한, 엄격한(=strict)

vigorous/정력적인, 활력에 찬(=strong)

mourn/슬퍼하다(=grieve)

moan/신음하다(=groan)

conception/개념(=idea), 임신(=pregnancy)

perception/인지, 인식(=recognition)

inception/처음(=scratch), 도입, 발단

frame/뼈대(≒skeleton), 구조(를 만들다)
flame/불꽃(≒blaze), 화염

favor/호의, 부탁(=request)
flavor/맛(=savor), 양념(=seasoning)

fiber/섬유(=texture)
fever/열(≒heat), 열광(=craze)
fervor/열정(=passion)

absolute/절대적인
obsolete/쓸모없는(=useless)

marble/대리석
marvel/놀라다(at)(=surprise)

ideal/이상(적인)(형)
idol/우상

literal/글자 그대로의, 문자의
literary/문학의
literate/읽고 쓸 수 있는, 문맹이 아닌

proper/적절한(=adequate)
prosper/번영하다(=thrive)

reform/개혁하다(≒restructure)
perform/이행하다(=execute), 공연하다, 수행하다

lunch/점심(=midday meal)
launch/(배를) 진수하다, 발진시키다(=catapult)

promotion/승진, (판매) 장려(≒encouragement)

proportion/비율(=ratio)

vast/광대한(=expansive)
vest/조끼(=waistcoat)

roar/으르렁거리다, 포효하다
rear/뒤의(형)(=back), 기르다(동)(=foster)
roam/배회하다. 돌아다니다(=wander)

soak/흡수하다, 젖다
seek/찾다, 추구하다(≒pursue)
suck/빨다, 핥다

sour/(맛이) 신(=acid)
soar/날다(=fly)

flatter/아첨하다
flutter/퍼덕거리다,(날개 치며) 날다

stationary/정지된(=static)
stationery/문방구, 문구

swell/부풀다, 팽창하다
dwell/거주하다, 살다(=live)

artificial/인공적인, 인위적인
superficial/표면적인, 겉으로 보이는(≒seeming)
superstition/미신

graze/(소가) 풀을 뜯어 먹다
glaze/유리창을 끼우다
glare/번쩍번쩍 빛나다

principal/교장 선생님, 원금(↔이자), 중요한(형)
principle/원리, 원칙(=theory)

current/현재의(형)(=present), 흐름, 해류(명)
(=flow)
currency/통화, 화폐

autograph/(스타들의) 자필서명
autobiography/자서전

substitute/대체하다(=replace)
subscribe/(신문 따위를) 구독하다(to), 기부하다
(=donate)

valid/유효한(=effective)
void/공허(명), 무효의(형)(=invalid),
vacant/비어 있는(=empty)

lap/무릎, (주로의) 한 바퀴
lapse/시간의 경과, 착오, 실책(=mistake)

weep/울다(=sob), 흐느끼다
whip/채찍질하다

grasp/움켜쥐다, 이해하다(=understand)
grab/움켜잡다, 채다
grip/꽉 쥐다, 움켜쥐다, 이해하다(=comprehend)

grief/슬픔(=sadness)
brief/간결한(형)(=short), 브리핑하다(동)(on)

grass/풀
brass/놋쇠, 금관악기, 높은 지위에 있는 사람

glass/유리

broad/넓은(=wide)
board/판자(=plank), 위원회(=committee)

vain/헛된(=futile)
vein/정맥, 맥락(=context)

vague/어렴풋한(=obscure)
vogue/유행(=fashion)
rogue/불한당, 깡패(≒hooligan)

colony/식민지
colonel/육군 대령

coach/지도자, 마차(=carriage)
couch/소파(=sofa)

savor/맛, 풍미(=flavor)
savior/구세주

sever/자르다. 끊다(=separate)
severe/심한, 모진(=austere)
several/몇몇의(=a few)

rob/훔치다, 빼앗다(=strip)
rub/문지르다(=scrape)

freight/화물(=burden)
fright/공포(=horror)

print/인쇄물, 출력하다
flint/부싯돌

269

clutch/꽉 쥐다(=grip)

crutch/목발

treat/다루다(=deal with), 대접하다

trout/송어

invisible/보이지 않는(=unseen)

invincible/적이 없는, 무적의(=unbeatable)

bless/(신의) 은총을 내리다

bliss/행복(=happiness)

blister/물집, 수포

inject/주입(주사)하다, 삽입하다(≒insert)

reject/거절하다(=refuse)

eject/몰아내다, 쫓아내다(=expel)

umpire/심판(=referee)

empire/제국

strife/투쟁, 싸움(=conflict)

stripe/줄무늬

sprite/요정(=fairy)

sprout/싹이 트다

diplomacy/외교

diplomat/외교관

diploma/졸업장

warfare/전쟁(=war)

welfare/복지(=well–being)

farewell/안녕, 작별(=good–bye)

fault/과실, 잘못(=mistake), 결점(=defect)

default/채무불이행(≒bankruptcy)

retain/유지하다(=keep)

restrain/제지하다, 방해하다(=stop)

refrain/그만두다, 삼가다, 참다(from)

restrict/제한하다(=limit), 금지하다

corps/(군대의) 군단, 단체, 집단

corpse/시체(=body), 송장

perpetrate/(죄를) 저지르다(=commit)

penetrate/꿰뚫다, 관통하다(=pierce)

gem/보석(=jewel)

germ/세균(≒bacterium), 병원균

herb/풀잎, 약초

hub/중심(≒center), 축

custom/관습(=habit)

customs/관세(=tariff), 세관

costume/옷, 의상

salvage/구조, 구난(=rescue)

savage/야만의, 미개한(=barbarous)

straight/곧은(형), 똑바로(부)

strait/해협(=channel)

throne/왕좌, 옥좌

throng/군중(=mob, crowd)

rein/억제하다, 누르다(in)

reign/통치(하다)(=govern)

snake/뱀

sneaker/운동화

sneak/몰래 움직이다

rot/썩음(명), 썩다(동)(=decay)

riot/폭동(=uprising)

sole/오직 하나의(=single), 외로운(=lonely)

soul/영혼, 사람(=person)

breach/파괴, 어김, 균열(명), 법을 위반하다(동)
　　　(=violate)

bleach/표백(하다)

preach/설교(하다)(=sermon)

formidable/가공할만한(=terrible), 엄청난

favorable/호의적인, 우호적인

lesson/교훈(≒moral), 학습

lessen/줄이다(=decrease)

leadership/지도력, 지도층

readership/독자층

rod/장대(=pole)

nod/고개를 끄덕이다

hair/머리카락

heir/(남자) 상속인

hare/산토끼

banish/추방하다(=expel)

vanish/사라지다(=disappear)

converse/대화하다(동)(=speak), 거꾸로의, 역의(형)

reverse/반대의, 거꾸로의(형)(=opposite), 거꾸로
하다, 뒤집다(동)

inverse/반대의, 전도된(반대, 역)(명)

reserve/보존하다, 예약하다(=book), 비축, 예비(명)

preserve/보존하다(동), 금렵지(보호구역)(명)

deserve/~할만하다,~할만한 가치가 있다(=worth)

alter/변하다(=change)

altar/제단, 제대

butter/버터

barter/물물교환(하다)

reduce/줄이다(=decrease)

recede/물러나다(=withdraw), 퇴각하다

retreat/퇴각하다(동)(from), 휴양지(명)(=resort)

retire/은퇴하다(from)

contract/계약(하다), 수축하다, 병에 걸리다
　　　(=catch)

contraction/수축(=shrink)

construct/건설하다

globe/지구, 공(=ball)

glove/장갑

degree/온도, 정도(=extent), (학사, 석사, 박사) 학위

decree/법령, 포고, 강령

grade/학년, 등급(을 매기다)
grace/우아함, 세련미(=refinement)

trust/신뢰(=credit)
thrust/(로켓 따위의) 추진력(=impulse)

concern/기업체, 염려, 관계(하다)
discern/구분하다(=distinguish)

omit/빠뜨리다(=leave out), 생략하다
vomit/토(하다)(=throw up)

stake/말뚝, 지분(=share), 이해관계
steak/스테이크(저민 고기)
streak/줄(=line), 연속(=series)

mode/양식, 방식(=method)
mood/기분, 느낌(≒feeling)

loyalty/충성(=allegiance)
royalty/왕권, 특허권 사용료

generation/세대,(전기 따위의) 발전
generator/발전기(=dynamo)

humility/겸손(=humbleness)
humiliation/굴욕, 치욕(=disgrace)
humidity/습도(=dampness)

human/인간(명), 인간의, 인간적인(형)
humane/자비로운(=benevolent)

clue/단서, 실마리(=key)
glue/(접착하는) 풀

abroad/해외로(부)
aboard/탑승하고(전), 타고(부)

stab/(칼 따위로) 찌르다(=pierce)
step/걸음, 보행
staff/막대기(=pole), 간부, 직원(=employee)

bowel/창자·내장(=intestine)
vowel/모음(↔consonant(자음))

comprehend/이해하다(=understand)
apprehend/염려하다(=worry), 체포하다(=arrest)
reprehend/꾸짖다(=blame)

pain/고통(=distress)
pains/수고, 노고

cord/줄, 끈
code/법전, 암호, 강령

opposite/반대편의(형), 반대쪽(명)
opponent/반대하는(형), 적, 상대(명)

gravity/중요함(=importance), 중력
gravitation/중력

gratification/만족(=satisfaction)
gratitude/감사(=appreciation)
grievance/불만(=dissatisfaction)

commodity/일용품(~s)(≒necessities)

accomodation/숙박시설(=lodging)

torment/고통(=pain)

torture/고문, 고통(≒suffering)

turmoil/소란, 소동(=bustle)

inhibit/금지하다(=ban)

inhabit/살다, 거주하다(=live)

inherit/(재산을) 상속하다

inherent/고유한, 본래의(=intrinsic)

meditate/숙고하다(=consider)

mediate/중재하다, 조정하다(=arbitrate)

undergo/겪다, 경험하다(=experience)

undermine/황폐화하다, 훼손하다(=mar)

property/재산(=fortune), 특징(=trait),
　　　　 부동산(=real estate)

propriety/적당함, 적정성(=adequacy)

proprietor/소유자, 점유자(=owner)

historic/역사적으로 유명한

historical/역사적인(historically:역사적으로)

brand/상표(=trademark)

blend/섞다(=mix)

daily/매일매일의(=everyday)

dairy/낙농의

ordinary/보통의(=common), 일반적인

ordinance/법령, 조례

ordeal/시련, 고난(=trial)

ordain/(성직을) 주다

rage/분노(=fury)

range/범위가 ~에 이르다(from/to)

bite/물다

bait/미끼

tidy/깔끔한, 말쑥한(≒neat)

tardy/느린(≒slow), 완만한

factor/요인(명)(=element), 고려하다(동)(in)

fact/사실(=truth)

stay/머무르다,~인 채로 있다(=remain)

stray/길을 잃다, 다른 길로 들어서다

steep/가파른, 급경사진

stiff/경직된, 완고한(≒stubborn)

cancer/암

cancel/취소하다(=call off)

command/명령하다(=order)

commend/칭찬하다(=praise)

commence/시작하다(=start)

prefer/좋아하다, 선호하다(=like)

refer/언급하다, 참조하다(to)

infer/추론하다(=reason)

drift/표류하다, 떠다니다
draft/설계, 도안(=sketch), 징병(=conscription)

spice/양념(=seasoning)
spouse/배우자

sustain/유지하다(=keep), (손해를) 입다(=incur)
suspend/매달다(=hang), 중지시키다(=stop)

warn/경고하다(=alert)
wane/약해지다(=weaken), 작아지다
wean/젖을 떼다, 이유시키다
wand/(마법의) 지팡이

spoil/망쳐놓다, 못쓰게 만들다(≒destroy)
spill/쏟다, 엎지르다

wind-wound-wound/(시계태엽 따위를) 감다, 돌리다
wound-wounded-wounded/상처를 입히다(=injure)

genuine/진짜의(=real)
generous/관대한, 아량이 넓은(=benevolent), 돈을 잘 쓰는

ingenious/영리한(=clever)
ingenuous/솔직한(=frank)
ingenuity/발명의 재주(≒creativity)
indigenous/고유한, 본래의(to)(=innate)

fiction/소설(=novel), 허구(=fabrication)
friction/마찰, 불화(=conflict)

eruption/(화산의, 감정의) 분출(=burst), 폭발
interruption/방해, 훼방(=interference)

evolution/전개, 발전, 진화(=development)
revolution/혁명,(지구의) 공전

surrender/항복하다, 포기하다(=renounce)
slender/날씬한, 홀쭉한(=slim)
slander/비방하다(=defame)
splendid/멋진, 근사한(=excellent)

state/상태, 국가, 주
statue/상, 동상(=figure)
status/지위(=position)
statute/법(=law)
stature/키, 신장, 높이(=height)

passion/열정, 정열(=enthusiasm)
fashion/유행(=trend)

contemplate/숙고하다(=consider)
contemporary/동시대의(사람)

discretion/신중(=carefulness), 분별, 식별
discrepancy/불일치, 모순(≒contradiction)
disparity/불일치, 불균형(≒imbalance)

fragment/파편, 조각(=scrap)
fragrant/냄새 좋은, 향내 나는
flagrant/극악한(=notorious), 엄청난

announce/알리다, 공표하다(=publicize)

denounce/비난하다(=condemn)

renounce/포기하다(=abandon)

pronounce/발음하다, 공표하다(≒proclaim)

populace/대중, 민중(=common people)

population/인구

popularity/인기

popular/인기 있는

populous/인구가 조밀한(=dense), 사람이 붐비는

faction/도당(≒partisan), 당파

fraction/파편, 단편

descent/하강(≒fall), 낙하

decent/버젓한, 점잖은

hostility/적대심(=enmity)

hospitality/환대, 대접(=welcome)

hospitalization/입원

deter/막다, 금지하다(=prohibit)

defer/연기하다(=postpone)

illusion/환상, 환영, 착각

delusion/현혹, 기만(≒deception)

illumination/조명(=lighting)

illustration/삽화, 예시, 설명(≒explanation)

intend/의도하다, 의미하다(≒mean)

intent/의도, 목적(명)(=purpose), 열심인(형)(=bent)

intention/의도, 목적(=intent)

intense/격렬한(≒violent), 심한(≒severe)

adapt/적응시키다, 순응하다(to)

adept/숙련된(=skilled), 정통한

versatile/다재다능한(=many sided)

volatile/휘발성의, 폭발성의

respectfully/공손히(=politely), 친절히

respectively/각각

eminent/저명한(=famous)

imminent/급박한(=urgent)

inspiration/영감, 격려(≒encouragement)

respiration/호흡(=breath)

perspiration/땀, 발한(=sweat)

aspiration/열망, 갈망(=desire)

conspiration/공모, 결탁(=collusion)

childlike/어린애 같은

childish/유치한

digest/요약(하다)(=summary), 소화하다

digestion/소화

congestion/(교통) 혼잡(=jam), 붐빔

confident/확신하는(=sure)

confidential/은밀한, 내밀한(=secret)

economical/경제적인(절약하는)(=thrifty)

economic/경제의, 경제학의

capricious/변덕스러운(=wayward)

precarious/불확실한(=uncertain)

lighting/조명(=illumination)

lightning/번개

shift/이동(하다), 변화, (근무) 교대 조

shaft/손잡이(=handle), 자루

razor/면도날(칼)

laser/레이저

purse/지갑(≒wallet)

purge/숙청하다(=liquidate)

resent/분개하다/(=furious)

repent/후회하다(=regret), 회개하다

peer/동료, 또래(=companion)

pier/선착장, 부두(=wharf)

blaze/불길, 화염(≒flame), 번쩍거림

blade/면도날, 칼날

approach/접근하다(=near)

reproach/비난하다(=reprimand)

brim/가장자리(=edge)

broom/빗자루

groom/신랑(명)(=bridegroom), 다듬다, 손질하다
(동)(=trim)

gloom/슬픔, 우울(=melancholy)

installment/할부금, 월 납입금

installation/(기계, 프로그램 따위의) 설치(≒es-
tablishment)

instillation/(사상의) 주입(=indoctrination)

context/문맥, 전후 상황(≒vein)

pretext/구실, 핑계(=excuse)

strive/애쓰다, 노력하다(=try)

thrive/번성하다(=prosper)

testimony/증언, 선서, 증거(=proof)

testament/유언(=will), 입증, 증거

momentary/순간의, 찰나의(=temporary)

momentous/중요한(=important)

persecution/박해, 구박(≒suffering)

prosecution/(검찰의) 기소, 소추, 검찰 당국

attitude/태도, 자세

altitude/고도, 높이(=height)

aptitude/적성, 자질(=talent)

latitude/(지구의) 위도, 위선, 범위, 재량

longitude/(지구의) 경도, 경선

delude/속이다(=deceive)

deluge/홍수(=flood)

implore/애원하다, 탄원하다(=plead)

explore/탐험하다, 모험하다

deplore/한탄하다, 개탄하다(=lament)

cause/이유(=reason), 명분(≒object)
clause/조항, 단서, 절(구절)

former/이전의, 전의(=previous)
formal/공식적인, 정식의(≒official)

remain/(없어지지 않고) 남다(≒linger), 머무르다
(=stay)
remains/유적(≒heritage)

remnant/나머지, 잔여, 찌꺼기(=scrap)
remainder/나머지(=the rest)
reminder/기억나게 하는 사람(것)

adore/숭배하다(=worship)
adorn/장식하다, 꾸미다(=ornament)

attain/성취하다(=achieve), 도달하다(=reach)
pertain/속하다(to)(=belong to)

revise/고치다, 개선하다(=amend)
devise/고안하다, 만들다(=invent)

trivial/사소한(=petty)
trifle/사소한 것, 하찮은 것
stifle/숨 막히게 하다, 질식시키다(=suffocate)

integrity/성실, 정직(=honesty)
integration/통합(≒consolidation), 완성

mend/고치다(=repair), 수선하다
amend/(법률 따위를) 고치다, 개정하다(=revise)

delete/지우다(=erase)
deplete/고갈시키다(=exhaust)

spate/대량, 다수(of)(=plenty)
spite/악의, 원한(=grudge)

preposition/전치사
proposition/제안(=proposal), 명제

promise/약속(하다)
premise/전제, (건물의) 구내

censor/검열하다, 검열관
censure/비난, 질책(=condemnation)
consensus/일치(=agreement)
census/인구조사

condole/조상(弔喪)하다
console/위로하다(=comfort)
condone/용서하다(=pardon)

ethnic/인종의, 민족의(=racial)
ethics/윤리, 도덕(=morals)
authentic/진짜의(=real)

aesthetic/미학의, 미술의
anesthetic/마취의(형), 마취제(명)(=narcotic)

miser/구두쇠, 수전노
misery/불행, 고통(=suffering)

inflict/타격을 주다, 형벌을 과하다(=impose)
afflict/괴롭히다, 고통을 주다(=torment)

aggregate/모으다(동)(=gather), 총계의(형)(=total)
aggravate/악화시키다(=worsen)

mutual/서로 간의, 상호 간의
mature/성숙한, 무르익은(=ripe)

embark/시작하다(on)(=launch)
embargo/금지하다(=ban)

withhold/보류하다(≒reserve), 미루다(≒postpone)
withstand/저항하다, 버티다(=resist)

boon/혜택(=benefit)
boom/급속한 경기 확장, 상승

brisk/활발한, 활달한(≒active)
brink/가장자리(=verge), 벼랑
blink/(눈을) 깜박이다

desertion/버림, 유기(≒abandonment)
assertion/단언, 주장(=insistence)

exclaim/외치다, 주장하다
proclaim/선언하다, 포고하다(=declare)
acclaim/갈채를 보내다(=applaud)
claim/주장하다, 요구하다(=demand)

haughty/오만한(=arrogant)
naughty/장난기가 있는(=mischievous)

fit/적합한(형), 발작(=stroke), 경련(명)
pit/(땅의) 구덩이, 구멍

wreath/화환(꽃)
wrath/분노(=anger)

onset/공격(=attack)
outset/시작, 발단(=start)

ally/동맹, 연합(=alliance)
alloy/합금(철)

alley/뒷골목, 샛길
allay/가라앉히다, 누그러뜨리다(=mitigate)
alleviate/누그러뜨리다(=mitigate)

haphazard/우연한 일(명), 되는 대로의(형)(=random)
hazard/위험(=danger)
haze/아지랑이(=mist), 흐림

resolve/결심하다(=decide), 해결하다
dissolve/(가루를) 녹이다, 용해하다, 해산하다(=disband)
absolve/용서하다, 면제하다(=exempt)(from)

rag/넝마, 누더기(=tatter)
rug/깔개, 양탄자(≒carpet)

signature/서명
signatory/서명 국가

quality/질, 품질
qualification/자격

yolk/(달걀) 노른자

yoke/굴레, 멍에

informal/비공식적인(=nonofficial)
informative/정보가 되는, 유익한

indignity/모욕(=insult), 경멸
indignation/분개(=anger)

limb/사지, 손발
limp/절뚝거리다(=lame/형)

liquid/액체(=fluid)
liquor/술(=alcohol)

liquidity/유동성(시중에 돈이 많음)
liquidation/청산(회사 따위의), 폐지

harsh/거친(=rough)
rash/경솔한(형)(=hasty), 발진(명)
lash/채찍질(하다)
lavish/아낌없는, 흥청망청 쓰는(=extravagant)

rid/제거하다(of)(=get rid of)
lid/뚜껑

diagnosis/진단
prognosis/예지, 예측(=expectation)

plank/판자, 널빤지(=board)
flank/옆구리, 측면

refill/보충하다(=supplement), 다시 채우다
repeal/무효로 하다(=void)

repel/쫓아내다(=kick out)

lucrative/돈벌이가 되는, 수지 타산이 맞는(≒
profitable)
ludicrous/익살맞은(=funny), 우스운

anecdote/일화(≒legend), 이야기
antidote/해독제

defuse/(폭탄의 신관을) 제거하다, (염려 따위를)
완화하다(=ease)
diffuse/흩뜨리다, 뿌리다(=scatter)

intimate/친밀한(=familiar)
intimidate/위협하다(=threaten)

describe/묘사하다(=portray)
prescribe/(약을) 처방하다
inscribe/(문자, 기호 따위를) 새기다, 파다(=carve)
ascribe/~에 기인하는 것으로 여기다(to)(=attri-
bute)

trump/날조하다, 만들어내다(up)(=fabricate)
tramp/쿵쾅거리며 걷다(on)

distort/왜곡하다(=pervert)
extort/빼앗다, 강탈하다(=steal)

demolish/부수다, 파괴하다(=destroy)
admonish/훈계하다, 타이르다(=advise)

exhausted/피곤한(=tired)
exhaustive/철저한(=thorough)

279

emerge/나오다, 나타나다(=appear)

immerse/담그다, 몰입시키다(≒absorb)

emergence/출현(=appearance)

emergency/응급상황(≒contingency)

vegetable/채소, 식물인간

vegetation/식물(집합적)(=plants)

deduction/공제(tax deduction/세액공제)

abduction/납치(=kidnapping)

address/연설하다(=speak), 해결하다(=resolve)

redress/고치다, 바로잡다(=remedy)

hamper/방해하다(=block)

tamper/(의도적으로) 고치다(with), 수정하다

impart/주다(=give)

impair/손상하다(=hurt)

import/수입하다(동), 수입품(명)

impurity/불순함(↔purity)

impunity/처벌받지 않음(↔punishment)

impudent/뻔뻔한(=brazen)

imprudent/경솔한(=rash)

pouch/작은 주머니

poach/밀렵하다

porch/현관

perch/(새의) 횃대(=roost)

expend/(돈 따위를) 쓰다, 소비하다(=spend)

expand/확대하다, 팽창시키다(=swell)

bloat/부풀리다(=swell)

float/떠다니다(=drift)

errand/심부름

errant/행동이(잘못된)

underline/강조하다(=focus)

underlie/~의 근거가 되다,~을 뒷받침하다(≒
base)

reckon/셈에 넣다, 간주하다(as)(=consider)

beckon/손짓하다, 신호하다(=signal)

autonomy/자치, 자율(≒self-regulation)

anatomy/해부(학)

autopsy/시체 해부, 부검

crumble/무너지다(=collapse)

crumple/(종이 따위를) 구기다

capricious/변덕스러운(=wayward)

precarious/불확실한(=uncertain)

remuneration/보상(=compensation), 급여

enumeration/나열, 열거

sauce/양념, 조미료(=seasoning)

saucer/찻잔 받침대, 접시

volt/전압, 전류

bolt/나사, 못(명), 튀어나가다(동)

marital/결혼의

maritime/바다의, 해상의

display/전시하다(=show)

deploy/배치하다(=station(동))

desperate/필사적인, 절망적인(=hopeless)

disparate/상이한, 공통점이 없는(≒different)

despise/경멸하다(=look down on)

despite/~에도 불구하고(=in spite of)

navigation/(배, 비행기의) 운항, 항해(≒voyage)

aviation/비행(=flying)

quell/가라앉히다(=calm), 진압하다

quench/(갈증을) 적시다, 불을 끄다(=extinguish)

resin/송진(가루)

raisin/건포도

clog/막다(=block), 방해하다

cloak/외투, 겉옷

reinforce/강화하다(=strengthen)

enforce/(법을) 집행하다, 강제하다

expedition/탐험, 탐험(대)

expediency/편법, 방편

heroine/여주인공

heroin/헤로인, 마약

complicate/복잡하게 하다(=complex)

implicate/연루시키다, 관련시키다(=involve)

emphatic/강조적인, 단호한(=resolute)

empathic/감정이입의, 동정심이 가는

bet/내기하다, 장담하다(=assert)

vet/검증하다(=verify), 조사하다

brace/준비하다, 대비하다(for)(=ready for), 치열교
정기(명)

embrace/환영하다, 받아들이다(=welcome)

stimulate/자극하다(=spur)

stipulate/명문화하다, 규정하다

sturdy/튼튼한(=strong)

studious/학문을 좋아하는

outage/정전(=blackout)

outrage/난폭, 침범, 위반(=violation)

provoke/성나게 하다(=irritate), 도발하다

revoke/취소하다(=cancel)

invoke/(감정, 법 따위를) 불러내다(≒stir), 호소하다

rebuke/꾸짖다(=reprimand)

rebuff/퇴짜놓다(=reject)

refuse/거절하다(=reject)

refute/(주장 따위를) 반박하다

waver/흔들리다(≒sway)

waive/면제하다(=exempt)

evaluate/평가하다(=estimate)
evacuate/대피시키다, 비우다

indescribable/형언할 수 없는, 묘사할 수 없는
indiscriminate/무차별적인, 무분별한

aberration/일탈, 탈선(=derailment)
abbreviation/생략, 약어, 줄임말

fret/초조하게 하다(≒irritate)
ferret/족제비(명), 사냥하다(out)

forgo/～없이 때우다(=do without)
forge/꾸며 내다, 위조하다(=counterfeit)

illicit/불법의(=illegal)
elicit/끌어내다, 유도하다(=entice, draw)

implicit/은연중의, 암묵의(≒tacit)
explicit/공공연한, 명백한(=evident)

recess/쉼, 휴식(=pause, leisure)
recession/불황, 경기후퇴(=slump)

clap/손뼉 치다(=applaud)
clamp/옥죄다, 억압하다(on)(=suppress)

distill/(술을) 증류하다
instill/(사상 따위를) 주입하다(=infuse)

sputter/갑자기 약해지다(=weaken)
spurt/뿜어 나오다, 분출하다(≒erupt)

appropriation/충당, 할당(=allocation)
appropriateness/적절성(=adequacy)

compost/퇴비, 비료(≒fertilizer)
composure/침착, 냉정(=calmness)

secret/비밀(의)(≒undercover)
secrete/(액체 따위를) 분비하다

discreet/분별 있는, 사려 깊은(=careful)
discrete/따로따로의, 별개의(=separate)

invention/발명(품)
inventory/재고(목록)

expedient/편법의, 편리한
expeditious/날쌘, 신속한(=prompt)

dynamic/역동적인, 동적인(↔static)
dynastic/왕조의, 왕조에 관한

assent/동의(하다)(=agree)
ascent/상승, 등반(=climb)

dissent/불찬성(하다)(=disagree)
descent/하강(≒fall)

parliamentary/의회의, 국회의
preliminary/예비의(=provisional), 준비의

weld/용접하다
wield/(권력을) 휘두르다(=exert)

282

consul/영사, 집정관
counsel/조언하다 (=advise)

forfeit/상실하다(≒lose), 몰수되다
counterfeit/위조의, 가짜의(형), 위조하다(동)
(=forge)

project/계획(명), 발사하다(동)(=shoot)
projectile/포물체, 사출물(로켓, 어뢰, 미사일)

exploration/탐험, 탐구
exploitation/개발, 착취

bereave/뺏다, 앗아가다(=strip)
believe/믿다(=trust)

incite/자극하다(=stimulate), 선동하다
entice/꾀다, 유혹하다(=tempt)

exclusion/배제, 제외
excursion/소풍(≒picnic), 야유회

eloquent/달변의, 설득력 있는
elegant/고상한(=graceful), 품위 있는

insult/모욕, 경멸(=contempt)
insulate/차단하다, 격리하다(=isolate)

stream/개울, 시내(=creek)
streak/줄, 선(=line), 연속(=series)

adjourn/휴회하다(=recess)
adjacent/근처의(=near)

fetch/(가서) 가져오다(=retrieve)
patch/헝겊 조각

incursion/침입, 습격(=attack)
excursion/소풍, 야유회(=picnic)

formulate/만들어내다(≒make), 공식화하다
promulgate/(법령을) 공포하다

government/정부(≒administration)
governance/통치(=reign), 관리, 지배(=control)

privilege/특권(≒perk)
prestige/위신, 명성(≒fame)

sermon/설교하다(=preach)
summon/소환하다(=call)

ruin/망치다(=spoil)
ruins/유적(=remains)

stigma/오명(=disgrace), 오점, 결점
enigma/수수께끼(=riddle)

heaven/천국, 낙원(=paradise)
haven/항구(=port), 피난처(=shelter)

equal/같은(=same)
equitable/공정한, 공평한(=fair)

pedestrian/보행자(=walker)
pediatrician/소아과 의사

serene/고요한(=calm), 평온한
sane/제정신의, 분별 있는(=discreet)

depot/정거장(=stop), 창고(=storage)
deport/(본국으로) 송환하다, (국외로) 추방하다
(=expatriate)

seize/붙잡다(=grasp), 이해하다(=comprehend)
cease/멈추다, 그만두다(=stop)

futile/쓸모없는(=obsolete)
fertile/비옥한(=fruitful), 기름진

grind-ground-ground/(맷돌로) 갈다, 가루로 빻다.
ground-grounded-grounded
/기초를 두다(=base), (비행기를)이륙 못 하게 하다

paint/그림(그리다)(=depict), 페인트(칠하다)
faint/어렴풋한(형), 기절하다(≒collapse)

bond/유대, 결속(≒connection)하다
band/무리(=company), 단결시키다(=unite)

placate/달래다(=soothe), 회유하다
plate/접시(=dish),(금속의) 판

complex/복잡한(형), (아파트, 건물) 단지(명)
complexion/안색, 혈색

tenet/(집단의) 주의, 교의, 교리(=doctrine)
tenant/차가인, 소작인

conjure/(영혼을) 불러내다, 그려내다,

생각해내다(=imagine)
conjecture/추측하다(=suppose)

subsidy/보조금(=grant)
subside/가라앉다, 잠잠해지다(=tranquilize)

limitation/제한, 한정(=restriction)
litigation/(법적인) 소송(=lawsuit)

velocity/속도(=speed)
vicinity/근처(=nearness)

sage/현인(=a wise man), 철인(哲人)
saga/무용담, 모험담(≒legend)

appear/나타나다(=emerge),~인듯하다(=seem)
appease/달래다(=soothe)

inert/활발하지 못한(=inactive), 생기가 없는
exert/(힘, 권력을) 휘두르다(=wield), 발휘하다

plague/전염병(에 걸리게 하다), 괴롭히다(=tease)
plaque/장식판, (치과의) 플라크

heel/(발) 뒤꿈치
hill/언덕
heal/치료하다(=cure)

sober/술 취하지 않은, 진지한(=serious)
somber/어두컴컴한(=dark), 우울한(=depressed)

stalk/줄기(명), 몰래 다가가다(동)
stock/줄기, 주식(=share), 비축하다(=store)

stoke/불을 지피다, 선동하다, 부추기다(=fan)

appraisal/평가, 감정(=estimation)
reprisal/앙갚음, 보복(=revenge)

elaborate/정성 들인(형), 공들인(형). 정성 들여 만들다(동), 상세히 설명하다(on)
illiterate/문맹의, 읽고 쓸 수 없는

nationalize/국유화하다
naturalize/귀화시키다

avenue/가로수길, 수단(=method)
revenue/세수, 국가의 수입(=income)

gruel/죽
cruel/잔인한(=brutal)

tusk/상아, 엄니
dusk/땅거미(≒twilight)

flight/비행(=flying), 도주(=escape)
plight/곤경, 궁지(=adversity)

veteran/고참병, 참전군인
veterinarian/수의사

bolt/나사못(명), 탈당하다, 달아나다(동)
revolt/반란(을 일으키다)(=rebel)

magnet/자석
magnate/실력자, 정치적 거물

blister/물집, 수포
bluster/(바람이) 거세게 불다, 날뛰다

casual/격식을 차리지 않은(=informal), 우연한(=accidental)
causal/원인이 되는, 인과관계의

precipitation/투하, 낙하(=fall), 강수량(=rainfall)
participation/참여(=taking part in)

opaque/불투명한(≠transparent)
oblique/비스듬한, 기울어진(=slanting)

distract/산만하게 하다, 시선을 돌리다(=divert)
detract/줄이다, (가치, 명성을) 떨어뜨리다(≒depreciate)

crave/열망하다, 갈망하다(=desire)
grave/중요한(형)(=important), 무덤(명)(=tomb)

insistent/주장하는, 집요한
persistent/완고한, 지속적인
resistant/저항하는
consistent/일관성 있는, 조화된

equal/같은(=same)
equitable/공평한(=square)

suspense/걱정, 불안(≒worry), (영화의) 긴장감(≒tension)
suspension/매달기, 완충장치, 중지(=cease)

article/(신문의) 기사,(규칙의) 조항, 항목

articulate/분명한(형)(=evident),
　　　똑똑히 발음하다(동)

commemorate/기념하다, 축하하다(=congratu-
late)
commensurate/상응한, 비례한(=equal)

assure/보증하다, 납득시키다(=convince)
assuage/누그러뜨리다, 약화시키다(=alleviate)

adversary/적, 상대(=enemy, opponent)
adversity/역경, 고난(=hardship)
anniversary/기념일

entity/실체, 존재, 사업체(=business)
entirety/전체(=whole), 온전함

dissension/의견 차이(≒conflict)
detention/구류, 유치(=custody)

moral/도덕적인, 윤리적인(=ethical)
mortal/반드시 죽는

vent/(감정 따위를) 드러내다
bend/구부리다(≒crook), 숙이다

incarcerate/투옥하다(=imprison)
incinerate/태우다(=burn)

euphoria/행복, 기쁨(=bliss)
euphemism/완곡한 표현

discipline/훈육, 규율(을 하다=teach)

disciple/제자(≒pupil)

preparation/준비(=readiness)
reparation/배상, 보상(=compensation)

shabby/초라한, 누더기의(=worn)
shoddy/싸구려의, 조잡한(=coarse)

stagger/비틀거리며 걷다
swagger/뽐내며 걷다

apathy/냉담, 무관심(=indifference)(apathetic)(형)
empathy/감정이입(empathic)(형)
emphasis/강조(=stress)(emphatic)(형)

reliance/의존(=dependence)
reliability/신뢰성(=credibility)

respectable/존경할만한(=honorable)
respective/각각의
respectful/공손한(=courteous, polite)

imaginative/상상력 있는, 창의적인(=creative)
imaginable/상상할 수 있는
imaginary/상상 속의, 가상의

sensible/분별있는, 현명한(=rational)
sensitive/민감한, 예민한
sensual/관능적인, 육감적인(≒sexy)
sensory/감각기관의
sensuous/오감에 의한

sip/술을 홀짝이다(한번 마심)(명)

sap/약화시키다, 수액을 짜내다(수액)(명)

discipline/훈육, 규율(을 하다=teach)
disciple/제자(≒pupil)
decipher/암호를 해독하다(=decode)

coarse/조잡한, 조악한(=shoddy)
hoarse/목이 쉰(=husky)

fester/(상처가) 곪다
foster/기르다, 조장하다(=raise)

snail/달팽이
snare/덫, 올가미(=trap)

overt/명백한, 공공연한(=explicit)
covert/은밀한(=secret)
coveted/욕심나는, 탐나는(=desired)

entangle/헝클어지게 하다, 얽히게 하다
estrange/이간하다, 멀리하다(≒distance)

layout/배치, 설계(=arrangement)
outlay/경비, 비용(=expense)

reflect/반영하다, 반성하다, 반사하다
deflect/피하다(=avoid), 비껴가게 하다

foment/빚다, 조장하다(=foster)
ferment/발효하다, 법석을 떨다

palpable/명백한, 분명한(=obvious)
palatable/맛난, 기분 좋은(=delicious)

embroil/말려들게 하다, 관련시키다(=implicate)
embroider/자수를 놓다, 꾸미다

congress/의회, 국회(=parliament)
congregation/모임, 회의, 집합(=assembly)

diverge/갈리다, (의견 따위가) 나뉘다(≒divide)
divulge/드러내다(=reveal)

쉽게 풀어쓴
고급
영문법

개정3판

펴낸날 2025년 1월 15일

지은이 이종한
펴낸이 주계수 | **편집책임** 이슬기 | **꾸민이** 이슬기

펴낸곳 밥북 | **출판등록** 제 2014-000085 호
주소 서울시 마포구 양화로 156 LG팰리스 917호
전화 02-6925-0370 | **팩스** 02-6925-0380
홈페이지 www.bobbook.co.kr | **이메일** bobbook@hanmail.net

© 이종한, 2025.
ISBN 979-11-7223-057-9 (13740)